19.6.09

für Bernhard

bis zu Deinem 60. Geburtstag
bist du einige Schritte gegangen. Nun herzlichste Wünsche
für die nächsten!

deine Barbara

Gehen

Aurel Schmidt

Gehen

Der glücklichste Mensch auf Erden

Verlag Huber
Frauenfeld Stuttgart Wien

Bibliografische Information der Deutschen Bibliothek
Die Deutsche Bibliothek verzeichnet diese Publikation in der
Deutschen Nationalbibliografie; detaillierte bibliografische
Daten sind im Internet

ISBN 978-3-7193-1446-0

Umschlag und Grafische Gestaltung: Arthur Miserez, Frauenfeld
Umschlagmotiv: Felix Vallotton, La grève blanche, Vasouy, 1913
Gesamtherstellung: Huber PrintPack AG, CH-8501 Frauenfeld
Einband: Buchbinderei Burkhardt AG, Mönchaltorf
Printed in Switzerland

Inhaltsverzeichnis

Vorwort

Das Gehen geht dem Weg, der Zeit,
dem Raum, der Erfahrung, dem Wort,
dem Wissen, der Welt voraus.

Das reine, ungetrübte Vergnügen beim Gehen besteht oft darin, unterwegs zu sein, ungebunden, ohne Absicht oder Zwang, irgendwo anzukommen. Solange wir gehen, geht das Leben weiter. Der Gang ist auch eine Metapher für·den Lebenslauf. Der Weg ist nicht das Ziel , wie oft gesagt wird – er entsteht im und durch das Gehen.

Wenn man erst einmal angefangen hat, auf das Thema einzugehen, gelangt man bald zur Feststellung, dass es möglich ist, am Beispiel des Gehens fast alles zu erklären, was sich auf dieser Welt ereignet.

Wer sitzt, denkt an Besitz. Wer geht, ist bewandert. Das ist mehr als ein Wortspiel. Gehen erweitert den Horizont. Stationäre, sitzende, beharrende auf der einen und mobile, neugierige, umherschweifende, das Weite suchende Lebensweise auf der anderen Seite stehen sich gegenüber wie zwei konträre Lebenskonzepte.

Die körperliche Erfahrung steht im Vordergrund. Aber daneben stellt sich bald auch einmal heraus, dass das Gehen genau so sehr ein Modell für das Lesen und das logische Denken ist. Alle drei Vorgänge gleichen sich, in allen drei Fällen wird das selbe Vorgehen und eine gemeinsame Methode befolgt: von A bis Z, Schritt für Schritt, kontinuierlich. Bis der Ablauf in Fleisch und Blut eingegangen ist.

Das Wohlbefinden, das durch den Akt des Gehens – in der Stadt, im Wald, über Wiesen, in den Bergen – entsteht, ist unbeschreiblich. Oft genug weitet es sich zu einem reinen Glücksgefühl aus. Wer geht, ist der glücklichste Mensch auf Erden.

Dabei ist dieses Glück so einfach zu erreichen wie nichts anderes auf der Welt. Zwei Beine genügen. Keine Ausrede! Auf geht es.

A. S.

Basel, im November 2006

1. Präambel

Erste vorsichtige Schritte

Was geht hier vor? Aufbrechen, losziehen, ausschreiten, marschieren. Wohin soll es denn gehen? Das ist nebensächlich. Gehen heisst, ein Bein vor das andere setzen, sich auf den Weg begeben, etwas in Gang setzen. Alles Weitere kommt von allein.

Vertrauen in die Tätigkeit des Gehens zu haben, ist eine sinnvolle Einstellung. Das Wort ist aus dem Althochdeutschen «sinnan» abgeleitet und bedeutete ursprünglich so viel wie reisen, gehen, streben. Der Bedeutungswandel von der körperlichen Fortbewegung zum Begriff, der etwas Geistiges meint, ist erst später eingetreten.

Gehen ist das Einfachste auf der Welt. Scheint es. In Wirklichkeit ist es die schwierigste, komplexeste, vieldeutigste Sache der Welt. Zwei Füsse gehören dazu, aber ohne Kopf geht es nicht, sonst wird das Gehen zum Leerlauf. Das ist vorläufig alles, was ich sagen kann.

Gehen ist vieles in einem: Technik, Kunst, Lust. Die Bedeutungen überschneiden sich. Der Körper wird in Bewegung versetzt und auf der Erdoberfläche an einen anderen Ort verschoben. Die Theorie des Gehens ist auch eine Theorie der Bewegung, die aber ebenso sehr den Körper betrifft wie das Denken, so wie den Peripatetikern im antiken Athen Gang und Gedanke eine einzige Sache war, die sie in einen Zusammenhang und Ablauf brachten.

Wer anfängt, über das Gehen nachzudenken, kommt gleich vom Hundertsten ins Tausendste. So kann es einem dabei ergehen. Die Brüder Grimm meinten, dass das Wort «gehen» nach Form und Gehalt so reich entwickelt sei, dass «dessen erschöpfende Behandlung ein Werk für sich wäre», und benötigten in ihrem «Deutschen Wörterbuch» 100 Spalten für ihre Klassifikation. «Überhaupt», so bemerkt Jacob Grimm dazu, «geht der Begriff der Bewegung dabei so mannigfach aus dem Sinnlichen oder Sichtbaren ins Gedachte, Unsinnliche, nur Empfundene über, dass es unmöglich ist, die Fälle zu erschöpfen».

Was die Füsse tun, ist die Verkörperung dessen, was auch der Geist und die Gedanken anstreben. Sie bewegen sich, sie machen Fortschritte.

Die Assoziationen, die sich anbieten, sind so vielfältig und überraschend, der Umgang mit dem Wort so weitreichend, dass man nicht so schnell an ein Ende kommt. Niemand entgeht dem Thema. Seine Weitläufigkeit verfolgt die Menschen sozusagen auf Schritt und Tritt. Das merkt man am besten, wenn man anfängt, ausführlicher auf das Thema einzugehen. Dann geht einem ein Licht auf. Der Umgang mit dem Wort, das die Handlung des Gehens beschreibt, ist unerschöpflich.

Wo anfangen also? Ganz einfach mit dem ersten Schritt, anders geht es nicht. Der zweite und dritte Schritt, also das Vorgehen, das sich aus der sukzessiven Schrittfolge ergibt, ist ohne den ersten unmöglich. Das ist die einzige Methode, die Erfolg verspricht. Nur so kann es weitergehen.

«Methode» ist eine Wortschöpfung aus dem Griechischen und setzt sich aus «meta» (neben, zwischen, mitten) und «hodos» (Weg, Fahrt, Reise, Weg, Strasse, eigentlich alles, was mit Bewegung zu tun hat) zusammen. Die Methode ist also der richtige Weg, auch wenn er nicht unbedingt auf Anhieb ans

Ziel führen muss. Manchmal kann ein Umweg sinnvoll sein und genauso sicher an den vorgenommenen Ort führen. Das ist eine Sache des Urteils. Wenn das Ziel erreicht ist, war der zurückgelegte Weg der richtige. Mit dem Kopf durch die Wand gehen zu wollen, ist selten klug, der Umweg unter Umständen vernünftiger, jedoch ohne dabei auf Abwege zu geraten. Zwischen Umwegen, Abwegen und Auswegen zu unterscheiden, darin besteht die Kunst des Gehens.

Nicht einmal das Ziel ist entscheidend. In der körperlichen Bewegung, das heisst, in der Ausführung bestimmter Bewegungen mit den Beinen, liegt alles, worauf es ankommt. Wer geht, ist auf dem besten Weg. Wäre ich ein Flaneur, würde ich jede Methode ausschlagen und mich ganz meinen momentanen Eingebungen überlassen. Aber ich habe andere Absichten im Sinn, ich will dieses Buch schreiben, mit dessen ersten Zeilen ich soeben angefangen habe.

Meine Gedanken auf den richtigen Weg bringen, heisst also, den richtigen Weg einschlagen, die richtige Methode anwenden. Ich habe ein genaues Ziel vor Augen, aber ich möchte einen bestimmten Weg zurücklegen, auf dem ich im weiteren Verlauf verschiedene Überlegungen anstellen kann.

Wenn man die Etymologie bemüht, wird man erfahren, dass gehen von der indogermanischen Wurzel «ghe(i)» abgeleitet ist und vieles heisst: klaffen, leer sein, verlassen, (die Beine) spreizen, schreiten. Es sind gähnende Abgründe, die sich beim Gehen auftun und überwunden werden müssen. Gehend wird der Raum abgemessen, durchschritten, hinter sich gelassen, zurückgelegt, aber das geschieht merkwürdigerweise durch die Herstellung einer Leere, die zwischen dem Schritt von einem Bein zum anderen entsteht. Genau so, wie das Spazieren auf den Raum (von lat. «spatium», davon franz. «espace», engl. «space») Bezug nimmt, durch den sich der Spaziergänger bewegt. Ist er endlich am Ziel angekommen, hat er den Raum hinter sich gelassen, mag die Welt gross oder klein und der Weg im Rückblick lang oder kurz gewesen sein.

Ich suche einen Zugang zu meinem Thema. Ich unternehme einfache Gehübungen und absolviere eine Anzahl bestimmter Schrittfolgen, die mich voranbringen sollen und bei einer gewissen Stetigkeit wohl auch tatsächlich voranbringen werden. Dieses Buch soll wie ein Spaziergang, wie eine Exkursion verlaufen (von lat. «ex-currere», herauslaufen) und am Ende einen Diskurs ergeben (eine methodische Abhandlung, von lat. «currere», laufen, rennen). Ich gehe so vor, dass ich von Einfall zu Einfall voranschreite, nicht ganz absichtslos, aber ohne meinen Plan zu verraten, dafür in der geheimen Hoffnung, genug Raum zu überwinden, um am Ende an einem Punkt anzukommen, wo ich sagen kann, dass ich ein Stück weit voran gekommen bin und der zurückgelegte Weg mit einem Erkenntnisgewinn verbunden war.

Was gehen bedeutet

Dabei steht noch völlig in den Sternen, was *gehen* eigentlich genau bedeutet. Die Wörterbücher scheinen sich darauf geeinigt zu haben, dass mit dem Verb gemeint ist, sich in aufrechter Haltung aus eigener Kraft auf den Füssen schrittweise fortzubewegen. Stützbein und Schwingbein führen dabei in koordinierter, in Fleisch und Blut eingegangener Weise bestimmte Bewegungen aus (sonst wäre es ein Humpeln oder Hinken), die der Fortbewegung beziehungsweise dem aktiven Ortswechsel dienen. Darauf werden wir noch eingehen.

Fortbewegungsarten gibt es viele, solche ohne Gliedmassen (durch Kriech-, Schlängel- und peristaltische, wellenförmig zusammenziehende Bewegungen) und solche mit Extremitäten. Das sind in den meisten Fällen die Beine. «Das Gehen ist

auf dem Land die am weitesten verbreitete Fortbewegungsmethode», schreibt doch wahrhaftig der «Meyer» 1973. Geändert
haben wird sich daran seither nicht viel, aber man könnte beim
Lesen aller Erklärungen, die auf keine Kuhhaut gehen, leicht
der Befürchtung erliegen, nie wieder einen Schritt tun zu können, ohne dabei zu stolpern und zu straucheln. Gehen ist in der
Praxis jedoch zum Glück weniger kompliziert als die akkura-
ten, aber meistens umständlichen Beschreibungen des Gehens
vermuten lassen.

Darüber hinaus eignet sich das Verb gehen vortrefflich, um
die halbe Welt zu erklären. Wie geht es? Gut, danke, es geht
gut, besser, aufwärts, oder es geht schlecht oder überhaupt
nicht, also miserabel. Gehen heisst in diesem Kontext so viel
wie funktionieren, passen, zutreffen. Sonst geht die Post ab.
Nur wenn nichts mehr geht, nicht nur im Casino («rien ne
va plus»), steht es schlecht, dann tritt ein Stillstand ein, ein
Eingehen im Sinn von Verkümmern oder Untergehen im Sinn
von zu Grund gehen, sang und klanglos. Und Sie! Sie können
gehen! Es ist definitiv aus zwischen uns. So ist das gemeint mit
dem Gehen, nicht zu verwechseln mit dem Fremdgehen.

Die Welt, also alles, «was der Fall ist» (Ludwig Wittgenstein),
geht durch das Wunderwort gehen in einem Möglichkeits-
oder Unmöglichkeitsszenario auf. Es geht oder es geht nicht,
entweder das eine oder das andere. You create your own reali-
ty. So geht es auf der Welt und unter den Menschen zu und her.
Mit dem Verhältnispaar gehen/nicht gehen ist die binäre Formel für das einfachste Weltverständnis-Schema gegeben. Das
Gehen stellt gewissermassen den Zugang zur Welt her, das
Nichtgehen vereitelt ihn.

Im Unterschied zum Diskurs, der streng folgerichtig vorgeht, ist der Exkurs ein Streifzug, bei dem es, wie bei der Exkursion, gestattet ist, auch mal ein wenig auszuscheren, also die
ausgetretenen Pfade zu verlassen, links und rechts des Wegs ins

Feld hinauszutreten und zu sehen, was die Abschweifung, das Ausserhalbliegende, nicht direkt Dazugehörende für Überraschungen bereithält.

Was für den Diskurs gilt, trifft gleichermassen auch für die Prozedur zu (von lat. «procedere», vorgehen, vorwärtsschreiten). Das logische Denken ist ein Prozess im Sinn eines Hergangs, noch besser eine Prozession, ein feierlicher Aufzug. Damit ist keine Präferenz für den einen oder anderen Weg des Denkens gemeint, es geht lediglich darum, sichtbar zu machen, wie die Sprache das Denken prägt und wie das, was wir sagen, einem tieferen Kontext entspricht, dem es unterliegt. «Der Fortschritt bewegt sich auf geraden Wegen; aber die krummen Wege ohne Zielstrebigkeit sind die Wege des Genius», hat, frei übersetzt, der englische Dichter William Blake (1757–1827) in seinen «Sprichwörtern der Hölle» gesagt.

Aber das Spiel mit der Sprache erschöpft sich damit noch nicht. Der lateinische Ausdruck für gehen, laufen, rennen, «currere», eröffnet ein weites Bedeutungsfeld. Wenn auf der abendlichen Stolzierstrecke, dem Korso, das Schaulaufen stattfindet und die Menschen einander begegnen, müssen sie zu ihrem Erstaunen feststellen, dass sie Mitläufer sind, also im wörtlichen Sinn Konkurrenten, die ebenfalls auffallen und sich zeigen wollen und zu diesem Zweck einander den Weg abschneiden und den Rang ablaufen. Auch auf dem Korridor, dem Verbindungstrakt in der Wohnung, begegnen sich die Konkurrenten. Der Kurier hat es eilig, dem Empfänger die Nachricht zu überbringen, der Korsar setzt die Segel und nimmt Kurs auf sein eroberungswürdiges, Beute versprechendes Ziel.

Auch das lateinische «ambulare» (herumgehen) hat sich in der deutschen Sprache eingebürgert. Das Ambulatorium ist die sanitäre Station, wo wir vorbeigehen und uns pflegen lassen, wenn es uns nicht gut geht, falls wir nicht mit der Ambulanz hingebracht werden müssen. Mit der Präambel ist die Einleitung gemeint, die der Verfassung vorausgeht. Und wer keine Ambitionen hegt, wird nichts erreichen noch bewegen. Auch diese vorläufigen Bemerkungen sind eine Präambel und Ouvertüre. Sie führen in das Buch ein.

Gehen heisst, die erforderlichen Vorkehrungen zu treffen, damit etwas geschehen kann und am Ende auch tatsächlich geschieht. Zuletzt ist die Bedeutung von *gehen* und *leben* identisch. Ich gehe, du gehst, wir gehen: nach Hause, auf die Reise, durchs Leben. Das Gehen ist eine Ars ambulandi, eine Gehkunst oder vielmehr eine Lebenskunst.

Gehen auf einem Waldweg, in den Bergen, auf einem Boulevard in Paris. Oder dort, wo es keine Wege gibt, also jeder Schritt einen Weg erst pfaden muss, zum Beispiel im Tropenwald, wo eine Schneise geschlagen werden muss, oder in der Wüste, wo die Wege in den Sternen geschrieben stehen. Die Aboriginals in Australien überziehen das Gelände mit einem Netz von Wegen, die sie mit ihren Liedern nachvollziehen und die als Songlines nur in ihrer Vorstellung bestehen. Aber diese Lieder oder Songlines sind «gleichzeitig Karte und Kompass», wie der Gewährsmann und Experte Arkady, ein Aboriginal, Bruce Chatwin in seinem Buch «Traumpfade» erklärt hat. Jeder totemistische Ahne streut auf seiner Reise durch das Land eine Spur von Wörtern und Noten neben seine Fussspuren, die Traumpfade bilden, die sich wie Verkehrswege zwischen den Stammesniederlassungen erstrecken. Heute nehmen zwar auch die Aboriginals den Zug oder das Auto. Aber früher war es so.

Das ist das geheime Gesetz des Gehens. Das «Gehsetz», wie Thomas Schestag sagt. Wir sind schon unterwegs, bevor wir den ersten Schritt getan haben.

Ich gehe. Meinen Weg. Konsequent. Voran. Das ist meine Form von Souveränität. Ich bin ein marschierendes Bewusstsein durch das Marschieren.

Der Mensch ist, so haben wir gesehen, ein Läufer. Ich bin, also bin ich unterwegs. Also am Leben. Das ist mein Beweggrund. So wird es sein: Gehen, um zu *werden*, zum Beispiel ein Läufer, der ein Mensch ist, der seinen Weg geht.

Das Leben muss richtigerweise als Lebenslauf verstanden werden. So kann es einem dabei ergehen. Gewissermassen ist das Gehen eine Symbolisierung des Lebens. Jetzt geht mir ein Licht auf.

Mobilität nach menschlichem Mass

Friedrich Nietzsche hat in «Menschliches, Allzumenschliches» eine Typologie des Reisenden aufgestellt und ihn in fünf Grade klassifiziert:

> Die des ersten, niedrigsten Grades sind solche, welche reisen und dabei gesehen *werden* – sie werden eigentlich gereist und sind gleichsam blind; die nächsten sehen wirklich selber in die Welt; die dritten erleben etwas infolge des Sehens; die vierten leben das Erlebte in sich hinein und tragen es mit sich fort; endlich gibt es einige Menschen der höchsten Kraft, welche alles Gesehene, nachdem es erlebt und eingelebt worden ist, endlich auch notwendig wieder aus sich herausleben müssen, in Handlung und Werken, sobald sie nach Hause zurückgekehrt sind. – Diesen fünf Gattungen von Reisenden gleich gehen überhaupt alle Menschen durch die ganze Wanderschaft des Lebens.

Nietzsche hätte sich anstatt auf den Reisenden auch, wie an anderer Stelle, auf den «Wanderer» beziehen und ihn in die gleichen fünf Klassen einteilen können, er wäre zum gleichen Ergebnis gekommen. Reisen einerseits, gehen oder wandern andererseits, also unterwegs sein, in Bewegung sein, ist eine Art

Verwandlung, eine geistige Höherentwicklung, an der Nietzsche so sehr gelegen war. Eine Möglichkeit, sich selbst zu ent-
werfen und herzustellen. Ein Versuch, die eigene innere Welt
mit der äusseren in Übereinstimmung zu bringen. Eine Art des
Zu-sich-Kommens.

Die Wege zum Begehen widersetzen sich dem Konformis-
mus der Highways. Dass der Weg das Ziel sei, sagt inzwischen
schon die Automobilwerbung. Aber dahinter versteckt sich ein
Irrtum. Zum Gehen sind die Wege da, die Strassen sind zum Fahren bestimmt. Das ist ein Unterschied. Die heimliche Absicht der
Automobilindustrie ist es, das Gehen durch das Fahren zu ersetzen und das Auto zu einer Prothese des Menschen zu machen.

Das Gehen ist, im Unterschied zum Fahren, die einfachste,
bequemste, auch die toleranteste Form der Fortbewegung
(«fahren» ist eine alte Bezeichnung für jede Form von Fortbewegung, zu Fuss, zu Pferd, im Wagen; geblieben sind davon neben den fahrenden Scholasten die Fahrenden, die ohne feste
Bleibe umherziehen, und die Wallfahrer; siehe Glossar). Gehen
ist eine humane Mobilität: nach menschlichem Mass, *per pedes
apostolorum.*

Zwei Beine genügen. George Macaulay Trevelyan, der englische Historiker, meinte, er habe «zwei Ärzte», nämlich sein
linkes und sein rechts Bein. Damit kann man weit kommen.
Die Einschränkung der körperlichen Bewegung am Sabbat im
fundamentalistischen Judentum war dagegen eine Unterdrü-
ckung des Gehens, ein Gehverbot, eine regelrechte *Gehbehinde-
rung.* Gefangene, wenn sie inhaftiert und eingekerkert werden,
sollen nicht (davon-) laufen können, aber noch mehr sollen sie
ihrer Bewegungsfreiheit beraubt und in ihrem Mobilitätsbe-
dürfnis eingeschränkt werden. Der Geist mag frei bleiben, die
Strafe betrifft ausdrücklich die vitalen Erwartungen des Körpers, dem enge Grenzen gesetzt werden. Ein paar Schritte im
Gefängnishof müssen genügen, wie dem Mönch der Aufent-

halt im Kreuzgang, wenn er seine Gottesbetrachtung für kurze Zeit unterbricht und seine Zelle verlässt. Dem einen wie dem anderen wird ein Gehen im Kreis verordnet, auf einem vorgeschriebenen Parcours, ohne Abweichung, ohne Auslauf, ohne Aussicht, voranzukommen, ausser am Ende wieder in der engen Gefängnis- und Mönchszelle.

Ein Leben und Treten an Ort und Stelle ist das, zwar mit vielen Schritten, aber ohne den geringsten Fortschritt, wo es darauf ankäme, dass die Füsse einen so weit weg wie möglich tragen und die Funktion von *Flügeln* bekommen.

Am Ende ist das Gehen im Kreis wie zum Beispiel im Gefängnishof ein repetitives und mechanisches, sinn- und zweckloses, eigentlich überflüssiges Gehen, das anschaulich macht, wie sehr jede Bedeutung verloren geht, wenn es auf die maschinelle Ausführung von Beinbewegungen reduziert wird und nicht auch der Kopf dabei ist.

Die Langsamkeit des Gehens ist heute, in einer Zeit extremer Beschleunigung, alles andere als aktuell. Umso mehr stellt sie eine Qualität dar, die sonst nicht zu haben ist. Sie erlaubt es, sich im Gehen zu orientieren. Die unmittelbar vor mir liegende Strecke bis zur nächsten Wegbiegung, bis zum markanten Baum in einiger Distanz, bis zur Strassenecke im Quartier reicht aus, um zu überlegen, wohin ich weitergehe, wenn ich an der Biegung, beim Baum, an der Strassenecke angekommen bin.

So liegt der Weg vor mir, zugleich unterliegt es meiner Entscheidung, was ich beschliessen und tun werde, nicht umgekehrt, wie das zum Beispiel beim Autofahren der Fall ist, wo ich schon an den Verkehrstafeln vorbeigefahren bin, bevor ich Zeit gehabt habe, um nachzudenken, in welche Richtung es weitergehen soll.

Nicht zuletzt bleibt beim gemächlichen Gehen genügend Zeit, um sich umzuschauen und die durchstreifte Gegend zu betrachten. Wer geht, sieht viel, wer viel geht, sieht mehr, und wer viel sieht, weiss am Ende mehr. Diese Erfahrung hatte schon Johann Gottfried Seume (1763–1810) auf seinem berühmten «Spaziergang» nach Syrakus im Jahr 1802 gemacht. Später hat Nietzsche sich auf das Sehen unterwegs als Markenzeichen des höher entwickelten Individuums bezogen.

Zuletzt stellt sich das Gehen als Lowtech heraus, ohne Anschluss an eine motorische Kraft oder an ein «Gestell» (Martin Heidegger). Kein spezieller Aufwand ist erforderlich, und die angeborene Muskelkraft reicht weit. Reissende Flüsse, über die keine Brücke führt, eisige Bergketten, über die keine Passstrasse führt, legen vielleicht ein Hindernis in den Weg. Aber dann gibt es Umwege um diese Hindernisse herum, und die Betätigung des Gehens wird weder aufgehalten noch auch nur eingeschränkt.

Gehen ist immer möglich, zu jeder Stunde, bei Tag und bei Nacht, bei jedem Wetter, unter allen Umständen. Hindernisse bilden niemals einen Grund, das Gehen gewissermassen zu umgehen. Sie machen es höchstens unumgänglich, einen anderen Weg zu suchen und einzuschlagen und deswegen ein paar Stunden oder vielleicht Tage später anzukommen. Aber das bedeutet nicht, sich vom Gehen abhalten zu lassen. Martin Heidegger wusste nicht, ob er den Weg ins Freie finden würde, den er suchte, aber er wollte zufrieden sein, sagte er, «wenn ich mich nur soweit bringe und halte, dass ich überhaupt gehe». *Überhaupt gehen,* das heisst in einem höheren Sinn gehen, in der geheimnisvollen multiplen Bedeutung des *In-Gang-Seins.*

Unsereiner dagegen ist schon zufrieden mit dem einfachen Akt des Gehens im Sinn sowohl eines physischen Erlebnisses wie des reinen Vergnügens, das sich daraus ergibt. Dieses Wonnegefühl erschliesst sich darin, den Körper in Bewegung zu setzen, auf den Weg zu bringen und zu spüren, wie die Körperteile wunderbar ineinander greifen. Läuft die Körpermaschine erst einmal auf vollen Touren, entfaltet sie ihre volle Wirkungskraft und erfüllt sie die ihr zugedachte Aufgabe. Diese kann darin bestehen, die Pampa oder die Wüste oder Grönland auf Schneeschuhen wie Fritjof Nansen zu durchqueren, oder auch nur darin, sich ins Nebenzimmer zu begeben und den Wecker abzustellen. Es kann auch ein *Gedankengang* sein, den alle kennen, die schon an sich selbst einmal die Beobachtung gemacht haben, wie die Gedanken beim Gehen erwachen, munter werden, in Bewegung geraten und einen unglaublichen Schwung annehmen.

Diese Bewegung ist das Kernmotiv jeder Gehaktion, im physischen wie im übertragenen geistigen Sinn. Weil bei jedem Akt des Gehens eine heimliche implizite Bedeutung im Gepäck mitgeführt und mit auf den Weg mitgenommen wird. Gehen und *gehen* sind zweierlei. Das körperliche Gehen ist das eine. Von ihm aus weitet sich das Gehen, die Fortbewegung, der Gang, der Verlauf zu einer umfassenden Metapher für den Prozess des Lebens und der Struktur der Welt.

Friedrich Nietzsche war der Auffassung, dass «ungeheure Märsche» und «beständige Strapazen» gut für das Genie seien. Bekanntlich war er allem Sitzen abgeneigt. Dem «Sitzfleisch», wie er sagte, misstraute er in höchstem Mass, ausser wenn er Georges Bizets Oper «Carmen» hörte. Dann kamen ihm fünf sitzend verbrachte Stunden wie die «erste Etappe der Heiligkeit» vor. Im Übrigen dominiert bei ihm die Metapher des Philosophen als Wanderer und der Wanderschaft des Lebens. Er meinte damit, dass der Körper dem Geist vorausgeht.

Nietzsches Marschiereinstellung passt überraschend zu einem Satz, der aus einer völlig anderen Ecke kommt. Der japanische Dichter Kamo no Chomei aus dem zwölften Jahrhundert machte in seinen «Aufzeichnungen aus meiner Hütte» die Bemerkung, dass die «natürlichen Anlagen» des Menschen gestärkt würden, «wenn man stets zu Fuss geht und sich in Bewegung hält». Gehen wird hier als Lebensmaxime verstanden und Bewegung als Voraussetzung für ein gutes, mit den natürlichen körperlichen Anlagen übereinstimmendes Leben. Das wird auch deutlich, wenn Kamo no Chomei die Aufforderung Buddhas befolgt, sein Herz an nichts zu hängen, also nicht stehen zu bleiben und zu verweilen, ausser höchstens zu nächtlicher Stunde, wenn der Mond vor dem Fenster vorbeizieht. Dann bleibt, für die Zeit der Betrachtung, der Körper stationär, dafür machen sich die Gedanken selbstständig und suchen das Weite.

«Der neue Mensch steht weder rechts noch links – er geht», schrieb der Schriftsteller Herbert Meier. «Er ist unterwegs». Er kann, weil er *on the way* ist, viele Orte kennen lernen, viele Ideen sammeln und sich auf diese Weise einen Eindruck von der Vielfalt der Welt machen, was ihm zu Hause verwehrt bleibt. Das ist eine pragmatische Einstellung, die jede ideologische Anfälligkeit zurückweist. Gehen kommt vor allem anderen.

Dass dabei Fehler vorkommen und Irrtümer unterlaufen können, ist nicht weiter erstaunlich. Es kann geschehen, dass der falsche Weg eingeschlagen wird. Man kann sich verlaufen, verirren, das Risiko ist nie ausgeschlossen. Der Weg ist ein Synonym für den Versuch, etwas zu tun, ohne jeden bevorstehenden Schritt in allen Konsequenzen vorauszusehen. Nur Mutwille ist unerlaubt. Wenn der Weg falsch war, muss und kann der richtige gesucht und ein neuer Anlauf unternommen werden. Der Weg ist immer ein Wagnis.

Das ist eine Einstellung, die nur von jenen missbilligt wird, die ihr Leben im Sitzen verbringen und selber nichts unternehmen, aber andere davon abhalten zu handeln. Meistens sind dies Menschen, die voller Ressentiment aus dem Fenster die Welt betrachten, die Gesellschaft der «Hinterweltler» und «Nimmer-Frohen», eine «Rasse», von der Nietzsche, der sie hasste, behauptete, sie habe «keinen esprit in den Füssen» und könne nicht einmal gehen. «Die Deutschen», die er im bitterbösen Geist der Abrechnung von «Ecce homo» meinte (aber die Aussage darf ohne weiteres verallgemeinert werden), «haben zuletzt gar keine Füsse, sie haben bloss Beine...» Um was damit zu machen? Zu stampfen und zu trampeln, fürchte ich.

Im Unterschied dazu hatte Nietzsches «Fuss» ein unbändiges Bedürfnis «nach Takt, Tanz, Marsch, er verlangt von der Musik vorerst die Entzückungen, welche in *gutem* Gehen, Schreiten, Springen, Tanzen liegen».

Gehen und denken, bis die Gedanken in eine *leichtfüssige,* tänzerische Bewegung geraten. Anders gibt es kein Entkommen aus dem Gedankenmief.

Der Weg als Film verstanden

Wenn das mechanische, maschinelle Gehen auf der einen Seite und das metaphorische auf der anderen Seite zwei verschiedene *Vorgänge* sind, so bedingen sie sich doch gegenseitig. Der Weg und der Diskurs unterliegen den gleichen Gesetzen. Sie sind Vorgänge, bei denen einmal die Person unterwegs von Ort zu Ort kommt und einmal von einem Gedanken zum nächsten sich eine Vorstellung bildet. Man ist im einen wie im anderen Fall am Ende nicht mehr dort, wo man am Anfang, am Ausgangsort, war. Der Flaneur mag stehen bleiben, sich umkehren, unerwartet eine andere Richtung einschlagen und nach einer Stunde vor dem gleichen Schaufenster vorbeikommen, vor dem er vor einer Stunde schon einmal gestanden hat. Der Gehende wird das nie tun. Er hat trotzdem kein Ziel. Hauptsache ist: Er geht, bewegt sich, marschiert. Gehen ist eine *Besinnungstat.*

Zerlegt man den Akt des Gehens, gelangt man schnell zu erstaunlichen Ergebnissen. Gehen lässt sich am besten als *kine-*

matografischer Vorgang erklären. Die Filmtechnik hat viel zum besseren Verständnis beigetragen. Wie beim Gehen ein Bein vor das andere gesetzt wird und sich daraus ein Weg ergibt, der zurückgelegt wird, der aber nicht sichtbar ist, sondern nur aus der örtlich und chronometrisch gemessenen Veränderung hervorgeht, so ergibt sich im Film aus der Aufeinanderfolge von 24 Bildern in der Sekunde eine Bewegung, die nur eine Illusion ist und auf die Trägheit des Auges zurückgeführt werden muss. Ein Behinderung des guten Funktionierens muss das nicht sein. Das Auge hat nur nichts anderes getan, als innerhalb einer minimen Zeitdauer, nämlich einer Sekunde, 24 Bilder angeschaut, auf denen ausschnittweise verschiedene Positionen eines Bewegungsvorgangs zu sehen sind. Das Übrige hat das Hirn besorgt. Es hat die Bewegungsillusion generiert.

Seit den fotografischen Versuchen von Eadweard Muybridge (1830–1904) und Jules-Etienne Marey (ebenfalls 1830–1904) können wir das Gehen in einer für die Augen zugänglichen Art und Weise untersuchen und die Körperbewegungen in die Sequenzen, aus denen sie sich zusammensetzen, zerlegen und besser verstehen.

1876–78 unternahm der aus England in die USA eingewanderte Engländer Muybridge in Sacramento und in Palo Alto auf dem Gut des kalifornischen Eisenbahn-Zars und Pferdezüchters Leland Stanford erste Versuche, mit 12, später 24 nebeneinander aufgestellten Kameras den Vorbeilauf eines Pferdes in fotografische Reihenbilder aufzunehmen. Mit den erzielten Ergebnissen konnte Stanford den Beweis vorlegen, dass es im Galopp eines Pferdes einen Augenblick gibt, in dem keines der vier Beine des Tiers den Boden berührt.

Ungefähr zur gleichen Zeit entwickelte der Franzose Marey in Frankreich sein «fusil photographique», ein Gerät, das einem Gewehr glich, mit dem es möglich war, Bewegungen zum Beispiel von Vögeln im Flug zu verfolgen und von dieser

Bewegung zwölf Aufnahmen in der Sekunde auf eine rotierende Glasplatte zu fixieren. Muybridge und Marey experimentierten im Anschluss an die Laterna magica später mit einfachen Projektoren und stellten auf diese Weise die Voraussetzungen für die Filmtechnik her.

In den 1880er- und 1890er-Jahren unternahm Muybridge weiterführende Versuche. Er liess Menschen vor der Kamera auftreten, meistens nackt, was einen drolligen Eindruck machte. Sie stiegen Treppen hoch, hoben einen Ball vom Boden auf, erhoben sich von einem Stuhl oder legten sich seitlich auf den Boden nieder. Diese Bewegungsstudien erschienen 1901 unter dem Titel «The Human Figure in Motion».

Sie erlaubten es einerseits, Bewegungsvorgänge zu analysieren, und andererseits mit Hilfe der noch primitiven Fototechnik den illusionären Charakter der Bewegung zu dokumentieren. Das 19. Jahrhundert war von der Bewegung in technischer ebenso wie ästhetischer Hinsicht fasziniert. Man braucht sich in diesem Zusammenhang nur an die Studien von Pferden und Tänzerinnen des Malers Edgar Degas (1834–1917) zu erinnern, die fast zeitgleich mit den Versuchen von Muybridge und Marey entstanden.

Es war die Zeit, als die Menschen zum ersten Mal genauer als je zuvor wahrnahmen, was sie sahen. Vielleicht bildeten die Experimente von Muybridge und Marey aber auch in grösserem Mass die Grundlage für analytische Erhebungen allgemeiner Art. Alte Exerzierreglemente hatten zuvor schon von militärischen Bewegungsmustern genaue Untersuchungen angestellt und zum Beispiel die Schrittlänge millimetergenau gemessen, um sie als Grundlage für den Drill festzuschreiben. Genau zehn Jahre nach Muybridges Werk, im Jahr 1911, veröffentlichte der amerikanische Ingenieur Frederick Winslow Taylor (1856–1915) sein Werk «The Principles of Scientific Management», in dem er die bisher gewonnenen Erkenntnisse über die Zerlegung eines Arbeitsvorgangs in einzelne Phasen so weiterführte, dass es möglich war, die Handgriffe eines Arbeitsvorgangs zu standardisieren. Auf diese Weise leistete Taylor einen beträchtlichen Beitrag zur tayloristischen Normierung und Rationalisierung des industriellen Arbeitsprozesses und zur Einführung der Fliessbandarbeit.

Die Frage, die sich aus den Überlegungen zu Muybridge und Marey ergibt, dürfte vor allem die sein: Wo ist der Weg geblieben? Wenn die Bewegung aus dem unmerklichen, nicht wahrnehmbaren Zwischenraum innerhalb einer dichten Bilderfolge besteht, also aus der Leere, die erst überwunden werden muss, wenn die 24 Bilder in Sekundenschnelle hintereinander als Film projiziert werden, dann ist der Weg in Analogie zum hier angestellten Vergleich mit dem Film nichts anderes als die Leere zwischen zwei Schritten beziehungsweise zwischen dem alternierenden Abheben und Aufsetzen einmal des rechten und einmal des linken Fusses. Der Raum ist immer ein *Zwischenraum.*

Das heisst wiederum, dass es den Weg gar nicht gibt, sondern nur ein Vorher und ein Nachher, eine Abfolge von Schritten, Bewegungen, Ortsveränderungen. Vorher war ich dort, jetzt bin ich hier. Der Weg ist die Überwindung des leeren oder nicht lokalisierbaren Raums. Wir haben es beim Begriff des Spaziergangs und des Raums schon gesehen. Was im Verlauf der Ausführung einer Anzahl von aufeinanderfolgenden Schritten geschehen ist, war die Zurechtlegung beziehungsweise Zurücklegung des Weges.

Für Detektiv Quinn, die Hauptperson in Paul Austers Roman «Stadt aus Glas», wurden durch das Herumgehen in der Stadt «alle Orte gleich».

Die Bewegung war entscheidend, die Tätigkeit, einen Fuss vor den anderen zu setzen und sich einfach von seinem eigenen Körper tragen zu lassen. Durch das ziellose Wandern wurden alle

Orte gleich, und es war nicht mehr wichtig, wo er sich befand. Auf seinen besten Gängen vermochte er zu fühlen, dass er nirgends war. Und das war letzten Ende alles, was er verlangte: nirgends zu sein.

Kein Ort, nirgends. Gehen ist das, was Quinn am liebsten tat, «aber er ging nie wirklich irgendwohin, sondern ging einfach, wohin ihn seine Beine trugen». Der Weg ist nicht fassbar ausser als erfolgte, vollendete Tat des Schreitens.

Bruce Chatwin zitiert ein Sufi-Handbuch, in dem es heisst, dass der Derwisch am Ende seiner Reise seine Rolle als Wanderer aufgegeben hat und mit dem Weg eins geworden ist. Ein Buddhist wird wahrscheinlich insofern beipflichten, als er die Auffassung vertritt, dass er sich nicht auf den Weg begeben kann, bevor er nicht selber zum Weg geworden ist, so wie der Maler nicht malen kann, solange er nicht zum Pinsel geworden ist.

Davon gibt es mit den berühmten Zeilen des spanischen Dichters Antonio Machado (1875–1939) eine europäische Variante: «Caminante, no hay camino, / se hace camino al andar» (Marschierer, es gibt keinen Weg / der Weg entsteht beim Laufen).

Es gibt Einsichten, die universell sind. Der Satz von Machado kommt tatsächlich schon beim chinesischen Philosophen Zhuangzi (der von etwa 369 bis 286 vor unserer Zeitrechnung lebte) in dessen Werk «Wahres Buch vom Südlichen Blütenland» vor: «Ein Weg kommt zustande, indem er begangen wird.» Das erste Kapitel des chinesischen Klassikers trägt übrigens den Titel «Unbekümmertes Wandern» und meint die Freiheit, die der Mensch gewinnt, wenn er sich von allem Irdischen freimacht und auf den Weg (Lebensweg) begibt. Darum hinterlässt ein guter Wanderer keinerlei Fussspuren («Tao Te King», XXVII). Der Zen-Buddhismus kennt das Bild vom weglosen Weg. «Schon vor dem ersten Schritt ist das Ziel er-

*Mit jedem Schritt muss
der aufrechte Gang
neu gewonnen werden.*

Helmut Milz, Der wiederentdeckte
Körper. Vom schöpferischen Umgang
mit sich selbst.

Der Mensch in Bewegung. Foto von Eadweard Muybridge aus «The Human Figure in Motion».

Gehen ist Fortbewegung,
die keiner Regeln bedarf.

Dieter Garbrecht

reicht», steht im zen-buddhistischen Werk «Die torlose Schranke» (auch «Zutritt nur durch die Wand», jap. «Mumonkan», chin. «Wu-men-kuan»).

Dies alles berechtigt zur Konklusion, dass der Weg die Umsetzung einer Idee, eines Vorhabens, eines Projekts in eine Tat ist, die im Raum und in der Zeit stattfindet. Der deutsche Altphilologe Otfried Becker schliesst daraus, dass, wer einen Weg zurücklegt, dadurch «zum Urbild des Handelnden» wird, von dem man sagen kann, dass er zur Konkretisierung der Welt und zugleich zu ihrer Erfahrung beiträgt. Mit dem «Durchlaufen eines Stücks Wirklichkeit» wird das Wegbild zum «Denkbild», schreibt er in seiner Untersuchung über die Weg-Metapher im frühgriechischen Denken. «Das mannigfache Verhalten des Menschen zu seiner Welt und von da aus das Verhalten dieser Welt selbst, wie es sich dem Verstehen eines solchen Bewusstseins erschliesst, wird im Bild des Weges erkannt und gedeutet.»

Die Welt ist für Becker die Bewältigung einer gestellten Aufgabe, für die das Gehen als Metapher steht.

Gehen, sehen, verstehen

Man muss sich also auf den Weg machen. Nicht der Weg ist das Ziel, wie oft gern behauptet wird, sondern der Weg ist das Ergebnis der Metamorphose des Gehenden: Wer geht, verwandelt sich in den Weg. Der Weg ist die Welt selbst. Die Stubenhocker dagegen erfinden die Welt, auf die sie sich zu ihrer Beweisführung berufen. Sie legen sie so lange zurecht, bis sie sicher sind, dass ihnen kein Fehler mehr nachgewiesen werden kann. Wie der folgende philosophische Disput vor bald 400 Jahren zeigt.

Als René Descartes (1596–1650) in seiner berühmten Abhandlung «Discours de la méthode pour bien conduire sa raison, et chercher la vérité dans les sciences» (1637, Von der Methode des richtigen Vernunftsgebrauchs und der wissenschaftlichen Forschung) den Satz prägte: «Cogito ergo sum» (Ich denke, also bin ich), der wahrscheinlich der berühmteste Kernsatz der Philosophiegeschichte ist, stellte das einen Versuch dar, den Zweifel gegen alle Anfechtungen und Täuschungsmanöver des Denkens in den Zeugenstand zu rufen. Eigentlich meinte Descartes: Ich *zweifle,* also bin ich. Denn wenn es *etwas* gibt, das denkt beziehungsweise zweifelt, dann muss *ich* es sein. Es kann kein anderer und nichts anderes sein, das ist ausgeschlossen. Infolgedessen muss die Authentizität des Gedachten von jeder betrügerischen Anfälligkeit befreit sein.

Pierre Gassendi (1592–1655), Philosoph und Mathematiker, antwortete Descartes in seiner ebenso berühmten Replik, dass dieser sich, wenn er sich zur Begründung des eigenen Seins auf das Denken berief, dann genauso gut in der Lage sein müsse, sich auf jede beliebige andere Tätigkeit berufen zu können. Das war eine Annahme, die Descartes entschieden ablehnte. Man dürfe keineswegs die Schlussfolgerung ziehen: «Ambulo ergo sum» (Ich laufe, also bin ich): Die Täuschung und Irreführung des Geistes kann nur durch den Akt des Denkens widerlegt werden, nicht aber durch irgendeine alltägliche Verrichtung wie Holz hacken oder Feuer anzünden, meinte Descartes. Oder eben wie zum Beispiel gehen.

Damit hatte Descartes den ersten Versuch einer kritischen und rationalen Erkenntnistheorie geliefert, die nur leider den kleinen Schönheitsfehler aufwies, dass sie davon ausging, aus dem reinen Denken Gewissheit beziehungsweise Zweifel abzuleiten. Dabei hätte der Philosoph nur zu stolpern brauchen, und er hätte ein für alle Mal Bekanntschaft mit der Realität gemacht.

Descartes macht hier bei allen seinen Verdiensten den Eindruck von jemand, der nicht unter die Menschen geht und sich unter ihnen umsieht, um seine Ansichten zu verifizieren. Eher gleicht er jenen Reisenden, von denen Nietzsche sagt, dass sie «Land und Volk von der Eisenbahn aus kennen lernen». Bequem im Zug oder irgendeinem Fahrzeug sitzen, vorbeifahren und aus dem Fenster schauen trägt aber wenig zur Erkenntnis bei – ein Argument, das uns noch beschäftigen wird.

Die Naturwissenschaften waren lange Zeit eine solche Konstruktion des reinen Geistes. Es dauerte lange, bis die Menschen bereit waren, ihren Augen oder dem Experiment eher zu glauben als ihren dogmatischen Überzeugungen und den verbreiteten Glaubenssätzen, die bis ins Mittelalter durch Aristoteles geprägt und unwidersprochen hingenommen wurden. Dass man sich eines Tages entschloss, die Natur zu beobachten anstatt sie als Metapher zur Kenntnis zu nehmen, war ein grosser Schritt in der Wissenschaftsgeschichte.

Experimente und Nachprüfungen wurden unternommen, um den Geheimnissen der Natur auf die Spur zu kommen. Einer, der zu diesem Wandel einen wesentlichen Beitrag geleistet hat, war der deutsche Gelehrte und Theologe Albertus Magnus (1200–1280), dessen Grundmaxime lautete: «fui et vidi expiri» (ich war dabei und sah es geschehen). In ihrem Buch «Das Verständnis der Natur» hat die Philosophin Karen Gloy die Geschichte des Experiments und die allmähliche Abkehr von magischem und biblischem Denken beschrieben und den neuen Geist, den Albertus Magnus verkörperte, damit zu erklären versucht, dass dieser «viele Reisen unternahm, und zwar gemäss den Regeln des Dominikanerordens zu Fuss». Sie vermutet, dass er bei seinen Wanderungen als fahrender (marschierender, siehe oben) Scholar mit offenen Augen für die Natur, das heisst aus eigener *Anschauung* heraus, unterwegs gewesen sei und auf diese Weise «erstaunliche Kenntnisse der Mineralogie, Physik, Botanik und Zoologie» erworben habe. Immer vorausgesetzt, dass die Beschwernisse des Wanderns nicht allzu gravierend waren, was ja oft vergessen wird.

Das ist noch ein weiterer Hinweis auf den Gang zu Fuss als Methode der Erkenntnisgewinnung. Gehen, sehen, verstehen. Ein identischer Prozess. Die Herkunft des Wissens aus dem Akt des Gehens stellt sich als überraschende Feststellung heraus. Ganz abwegig ist die Idee von Karen Gloy keineswegs. Seume wird später das Gleiche sagen. Viele andere werden es wiederholen. Es gehört zum aufgeklärten Repertoire.

Gehen ist eine Erweiterung des Lebensraums, je nachdem, wie weit der Radius der Mobilität gezogen wird, wie es eine Erweiterung des Horizonts ist, womit eigentlich das Denken gemeint wird.

2. Mobilität

Gehen als Akt der Selbstvergewisserung

Gehen um der Erkenntnis willen ist kein schlechter Grund. Aber gibt es noch andere Erklärungen für das Gehen? Warum gehen die Menschen überhaupt, und warum gehen sie weiter als bis zum Laden um die Ecke, um Kartoffeln und Pantoffeln und noch ein paar andere Sachen einzukaufen? Warum machen sie sich auf den Weg, warum sind sie unterwegs, was *bewegt* sie, was für Motive haben sie, was zieht sie fort, welcher Stimme und Stimmung folgen sie?

Die Antwort ist eine Spur einfacher, als es aussieht. Sie müssen gehen, weil sie sich ein Ziel gesetzt haben und nicht anders können – oder aber aus dem umgekehrten Grund, weil sie gerade *kein* Ziel haben. Weil sie keine Wahl getroffen haben, weil eine unbändige Lust oder Neugier oder ein Bedürfnis nach Bewegung sie treibt, was wiederum bedeutet, dass sie aus reinem Vergnügen und ästhetischer Erfahrung, das durch das Gehen vermittelt wird, unterwegs sind. Weil das Leben gestaltet werden muss, damit es wahrgenommen werden kann, und das Gehen ein wunderbares Mittel ist, um diese Agenda zu realisieren. Weil das Gehen also eine *Lebenseinstellung* ist.

Die Gründe für das Gehen können also ebenso gut Zwang und Notwendigkeit sein wie Freiheit und Selbstbestimmung.

Diejenigen, die zu Hause bleiben und keinen plausiblen Grund sehen, um sich auf den Weg zu machen, können die anderen nicht verstehen, die ihr Leben lang unterwegs sein wollen, genauso wie diese jene nicht begreifen können. Es ist gut denkbar, daheim zu bleiben und in Gedanken weit in der Welt herumzukommen. Ist der Kapitän jemand, der durch die Meere navigiert, oder eher jemand, der sich auf der Kommandobrücke nicht von der Stelle bewegt und eine imaginäre Reise im Kopf unternimmt, wenn er sein Schiff durch die Wassermassen manövriert? Der Schweizer Schriftsteller Paul Nizon hat sein «Nomadisieren» in der Stadt, sein Umherziehen von einem Schreibatelier in Paris zum anderen als «Vorbeistationieren» bezeichnet.

Warum gehen, rätseln die einen. Warum *nicht* gehen, sinnieren die anderen. Beides ist möglich.

Gehen als Zwang oder Pflicht ist aber kaum, was gewöhnlich unter diesem Begriff verstanden wird. Die unter Zwang Gehenden können nicht anders, ihnen wird das Gehen wie von einer fremden, anonymen Instanz diktiert. Wenn sie gehen, ist keine Lust, keine Begeisterung damit verbunden, sondern das Gehen wird zu einem befehlsmässigen, mechanischen, repetitiven Ablauf. Man müsste dann von Marschieren sprechen oder sogar Exerzieren, wie bei den Soldaten auf dem Kasernenhof.

Etwas anderes ist das Gehen, das aus dem Drang nach einem Ausweg aus einer desperaten Situation erfolgt. Die Melancholiker gehen, um sich zu entkommen, wenn sie nur könnten, und gehen meistens maschinell, getrieben, gehetzt, freudlos. Das Gehen ist für sie im besten Fall eine Kur, eine Therapie.

«Gestern abend musste ich hinaus», klagt Johann Wolfgang Goethes Werther. Das Tal steht unter Wasser. «Nachts nach eilfe rannte ich hinaus.» Aber es ist nicht wegen der Naturkatastrophe, dass er ins Freie eilt, sondern wegen der inneren Unruhe, für die die äusseren Umstände ein Abbild sind. Wenn die Wehmut überhand nimmt, «so muss ich fort, muss hinaus! und schweife dann weit im Felde umher». So klettert Werther auf einen Berg oder sucht er einen Pfad durch einen unwegsamen Wald: «Da wird mirs etwas besser!» Bei Lotte, der Frau, die er hoffnungslos liebt, hält er es nicht mehr aus. «Mir wäre besser, ich ginge.» Und stürmt los. Gattungsgeschichtlich wie thematisch orientiert sich der Sturm und Drang an Gewaltsmärschen, wie sie später Nietzsche dem Genie empfiehlt. In Werthers Fall überwindet die Motorik des Gehens alle Unzulänglichkeiten des Lebens oder hilft wenigstens ein Stück weit dabei.

Bei Karl Krolow heisst das so: Späth, der Anti-Held in der kleinen Erzählung «Im Gehen», «wollte einiges im Gehen loswerden. Er wollte es abstreifen. Er wollte das, was anhänglich war, vergessen.» Auch dazu ist das Gehen ein passables Mittel.

Späth leidet an einer Depression. Was wie ein Spaziergang aussieht, den er unternimmt, ist nur «eine Form von Ablenkung, von Zeitvertreib», als vorübergehende Abhilfe seines Leidens. Er setzt «einen Fuss vor den anderen, mechanisch» und bewegt sich lediglich in einer «sich mehrfach wiederholenden Mechanik des Füsse-Gebrauchens». Es sieht so aus, als würde die Körpermaschine das Kommando übernehmen und die sich ihres Rechts bemächtigende animalische Konstitution den quälenden Gedankenfluss ausschalten. Die Füsse lenken und regulieren in diesem Fall das Individuum, nicht der Kopf. Die Gravitation gibt den Ausschlag, nicht der Geist.

Dagegen ist das Gehen im artistischen und ästhetischen Sinn, als Herstellung eines Lebenskunstwerks verstanden, etwas anderes: ein Fliegen fast. Es muss absichtslos erfolgen, aus freien Stücken, vom eigenen Begeisterungsdrang motiviert. Anders verdiente das Gehen diese Bezeichnung nicht. Der englische Literaturwissenschafter Robin Jarvis spricht von einem «voluntary departure», einem freiwilligen beziehungsweise vorsätzlichen Aufbruch. Sich auf den Weg machen, das ist auch etwas, das mit einer unbändigen Lust und Erwartung verbunden ist.

Der Geher muss, wenn er einer sein will, der diesen Namen verdient, typologisch ein *Müssiggänger* sein, einer, der etwas Unnützes, Überflüssiges, Entbehrliches unternimmt und viel Zeit und Ruhe hat, um den eigenen Gedanken nachzugehen, jedoch keiner, der unter einem Zwang steht. Ausserdem muss der Geher eine «ambulante Nachdenklichkeit» entwickeln, wie Franz Hessel, der Berliner Flaneur aus den 1920er-Jahren, gemeint hat.

Nur dann, aber dann bestimmt, kann das Gehen zu einem Akt der Selbstbestimmung werden. Ich gehe, weil es mein Entschluss ist, weil ich mich darauf einlasse, weil es meine Wahl ist *für* eine mobile, aktive, autonome und *gegen* eine sesshafte und stationäre Lebensweise. Nur darum *bin* ich im cartesianischen Sinn, wenn ich gehe, nicht jedoch deshalb, weil ich einem bestimmten inneren Kommando gehorche, eine bestimmte Anzahl Körperbewegungen in einer bestimmten zweckmässigen Reihenfolge und unter bestimmten äusseren Umständen auszuführen.

In einem Brief aus dem Jahr 1840 schrieb der dänische Philosoph Sören Kierkegaard (1813–1855) an Henriette Kierkegaard, seine Schwägerin:

Verlieren Sie vor allem nicht die Lust zu gehen; ich gehe mir jeden Tag das tägliche Wohlbefinden an und entgehe jeder Krankheit; ich habe meine besten Gedanken angegangen, und ich kenne keinen Gedanken, der so schwer wäre, dass man ihm nicht entgehen könnte. Selbst wenn man in der Art hinter seiner Gesundheit her ginge, dass diese immer eine Sta-tion voraus wäre – *ich würde doch sagen: Gehen Sie!* Es ist ja auch offenbar, dass man durch beständiges Gehen dem Wohlbefinden nahe kommt, wie es einem möglich ist, selbst wenn man sich ihm nicht ganz nähert, – *aber mit Stillsitzen, und je mehr man stillsitzt, desto näher kommt man dem Unwohlsein nahe.* Nur in der Bewegung ist Gesundheit und Erlösung zu finden.

Kierkegaard kommt dann auf eine Episode zu sprechen, in deren Verlauf er anderthalb Stunden unterwegs gewesen war, viel hatte denken können und «mit Hilfe der Bewegung wirklich selbst ein äusserst angenehmer Mensch» geworden war. Er wollte mit seinen neu gewonnenen Gedanken nach Hause eilen, um sie aufzuschreiben, wurde aber unterwegs aufgehalten, in ein unnützes, störendes Gespräch verwickelt – und «so war alles verloren». Anstatt nach Hause zu gehen musste er seinen Gang neu aufnehmen.

In diesen Passagen kommt einiges zusammen: das körperliche Wohlbefinden, das durch das Gehen erlangt wird, mithin Gesundheit, sogar «Erlösung»; die Gewinnung und Verarbeitung von Gedanken, die durch den Akt des Gehens zustande kommt; die Herstellung der Identität von Körper und Geist. Kierkegaard war keiner Melancholie verfallen, er hatte sie im Gegenteil gelingend kuriert: gehenderweise.

Gehen als körperliche Kur, aber ebenso auch als Anregung des Geistes. Angeblich hatte sich der französische Naturwissenschafter Georges Cuvier (1769–1832) im Muséum d'histoire naturelle in Paris mehrere Arbeitszimmer eingerichtet, von denen jedes einzelne für ein bestimmtes Arbeitsgebiet mit den jeweils dafür erforderlichen Büchern, Instrumenten und Specimen ausgestattet war. Fing eine Arbeit an, ihn zu ermüden, wechselte er von einem Cabinet in das andere. Auch nur ein kurzer Gang kann schon viel bewirken.

Paul Lafargue hat diese Geschichte überliefert und sie einer Beschreibung von Karl Marx, dessen Schwiegersohn er war, zur Zeit von dessen Londoner Exil vorausgestellt. Marx war ein ebenso unermüdlicher Schaffer wie Cuvier, aber nicht mit den gleichen Mitteln dotiert wie jener. Um sich zu erholen oder einfach nur, um den Kopf zu lüften, hatte er keine andere Möglichkeit, als das Arbeitszimmer zu durchschreiten. «Von der Tür zum Fenster war der zurückgelegte Weg durch einen Streifen, so schmal wie eine Fährte in der Prärie, auf dem durchgewetzten Teppich markiert.» Jeder noch so beschränkte Gang reicht aus, um die Gedanken auf den Weg zu schicken.

Gehende Philosophen, wandernde Dichter

Natürlich ist hier die Rede von zwei heimlichen Peripatetikern, zwei gehenden Philosophen, die in der Bewegung des Gehens, auch wenn es bei Marx nur ein Auf- und Abgehen war, ihre Gedanken entwickelten.

Mit den Peripatetikern, den gehenden Philosophen, beginnt die abendländische Philosophie. Im antiken Athen konkurrierten vier einflussreiche Schulen miteinander: die *Akademie* des Platon, benannt nach dem Ort in der Nähe eines Heiligtums des altattischen Heros Akademos; die *Stoa Poikile,* die von Polygnotos ausgemalte Säulenhalle, die der Schule der Stoiker den Namen gab; der *Garten* des Epikur sowie der *Peripatos,* die von Aristoteles 335 vor Chr. gegründete und seinen Nachfolgern betriebene Schule, nach den Wandelhallen («peripatoi») eines Gymnasions benannt, das neben dem Lykeion (davon Lyzeum) lag, dem heiligen Hain des Apollo Lykaios.

Das Wort «peripatos» bedeutet im allgemeinen Sprachgebrauch zunächst so viel wie Spaziergang oder Promenade, später auch Wandelhalle, in der man spazieren ging und sich unterhielt, insbesondere die Hallen der öffentlichen Gymnasien, die ursprünglich militärische Sportplätze waren (davon der Ausdruck Gymnastik), bis sie auch der geistigen Bildung (Gymnasium) dienten.

Das Eigenartige der peripatetischen Schule bestand darin, dass die philosophischen Gespräche im Gehen geführt wurden, woraus sich die Bezeichnung der Schule, der Peripatetiker, erklärt. Wobei das Gehen, wie schon angedeutet, eine ideale Methode war, um den Gedankenfluss zu animieren.

An allen diesen Orten, mit denen die verschiedenen philosophischen Schulen verbunden waren, wurde gelehrt, studiert, debattiert, wurden Vorträge gehalten, Streitgespräche geführt und Symposien veranstaltet.

Auch die Platonischen Dialoge sind aus einer, manchmal zufälligen, Begegnung von guten Bekannten hervorgegangen, die sich unterwegs in der Stadt trafen und zu einem gemeinsamen Spaziergang aufbrachen, zum Beispiel, um andere Bekannte zu besuchen. Man denke etwa an den Anfang der Dialoge «Symposion» oder «Phaidros». «Ich erzähl' Dir alles, was Lysias gesagt hat, wenn Du mich ein Stück weit begleitest», sagt Phaidros zu Sokrates. Die beiden machen sich also auf den Weg, zwei von unzähligen schrulligen Kerlen aus dem sokratischen Bekanntenkreis, die umherziehen, nicht selten von einem Gelage zum anderen, oft in trunkener Seligkeit, und dabei seltsame und hoch gescheite Gespräche führen.

Gehenderweise beginnt also in einem glücklichen Moment die abendländische Philosophie. Danach ist es lange still. Erst die Mönche in den Kreuzgängen der Klöster haben im späten Mittelalter und in der beginnenden Neuzeit die antike Tradition der ambulatorischen Gespräche wieder aufgenommen. Was die heutigen Nachfahren der alten Philosophen angeht, sind sie immer noch auf den öffentlichen Plätzen anzutreffen, wo sie ihre Gespräche führen und in die Sonne blinzeln, aber sie tun selten einen Schritt und stehen meistens herum oder sitzen im Café oder Kapheneion. Vom italienischen Filmregisseur Federico Fellini wird berichtet, dass er sich gern, um eine Unterhaltung zu führen, in ein Auto setzte und mit seinem Gesprächspartner kreuz und quer durch Rom fuhr.

Reisen war lange Zeit nur zu Fuss möglich. Aber bei einer durchschnittlichen Tagesleistung von 40 Kilometern konnte man in kurzer Zeit doch ordentlich weit kommen. Eine Ausnahme bildeten Reisen zu Pferd. Entwickelt hat sich die Zivilisation zur Hauptsache entlang von Flüssen, Seen und Küsten, zum Beispiel rund um das Mittelmeer, weil die Schifffahrt lange Zeit das praktischste Verkehrsmittel war.

Vor allem waren es Soldaten, die in der Welt herumkamen, ebenso Mönche und Pilger, die *per pedes apostolorum* unterwegs waren. Im Mittelalter zogen die Scholaren, die fahrenden Schüler, durchs Land. Im Begriff des Wallfahrens wiederum kommt auch die Tätigkeit des Wallens zum Ausdruck, womit zunächst ein unstetes Umherschweifen gemeint war. Später erhielt der Ausdruck die Bedeutung von gehen und pilgern. Goethes Werther, wenn er die Postkutsche verlässt, «um zu Fusse jede Erinnerung ganz neu, lebhaft, nach meinem Herzen zu kosten», sagt von sich, er habe die «Wallfahrt» nach seiner Heimat mit «aller Andacht eines Pilgrims» vollendet. «Ja wohl ich bin nur ein Wandrer, ein Waller auf der Erde!» Auch pilgern (von lat. «pelegrinus», Fremder, auch Wanderer) ist eine Bezeichnung für das Unterwegssein in der Fremde, im konkreten Sinn für eine Wallfahrt nach Rom.

Die Wallfahrt des Pilgers ist schliesslich zur Metapher für die *Lebensreise* oder Nietzsches «Wanderschaft des Lebens» schlechthin geworden. Das Leben ist eine Reise, wie sie der Pilger unternimmt, zunächst in einem kirchlichen, religiösen, später in einem säkularisierten und allgemeinen biografischen Sinn.

1848 empfahl Kierkegaard in einem Brief J. L. A. Kolderup-Rosenvinge, viel spazieren zu gehen.

Dass Sie spazieren ist das Wichtigste. Ich, der nichts von Politik versteht, verstehe dafür das Spazierengehen von Grund auf. Meine Anschauung des Lebens ist des Geistlichen: «das Leben ist ein Weg» – deswegen gehe ich. Wenn ich nur gehen kann, fürchte ich nichts, nicht einmal den Tod; denn solange ich gehen kann, entgehe ich allem. Wenn ich nicht gehen kann, fürchte ich alles, besonders das Leben; denn wenn ich nicht gehen kann, will nichts gehen.

Der Höhepunkt in der Geschichte des Gehens wird in dem Moment erreicht, wenn um die Mitte des 18. Jahrhunderts in der Schweiz die Alpen entdeckt werden und zahlreiche reisende Besucher in das Land kommen und um 1800 im Lake District in England die englische Romantik mit William Wordsworth und Samuel Coleridge als den Hauptexponenten, die grosse Wanderer waren, einsetzt (siehe Kapitel 5 und 6).

Vorausgegangen waren in den ersten Jahren des 18. Jahrhunderts zahlreiche Alpenreisen, die der Schweizer Naturforscher Johann Jacob Scheuchzer (1672–1733) unternahm, zur Hauptsache zu Fuss und mit dem Ziel, Naturforschung zu betreiben. Fast zur gleichen Zeit besuchte der Herausgeber der Zeitschrift «The Tatler» und «The Spectator», der Engländer Joseph Addison (1672–1719), den Kontinent und legte am Genfersee beim Anblick der Savoyer Alpen die Grundlage für die Theorie des Erhabenen. 1728 erfolgte die Alpenreise von Albrecht von Haller (1708–1777), die weitreichende Folgen für die Geschichte über die Alpen haben sollte.

Wanderungen zum Zweck des Naturstudiums oder des politischen Studiums der republikanischen Freiheit (in der Schweiz in der zweiten Hälfte des 18. Jahrhunderts) sowie Bildungsreisen bildeten einen vielfältigen Grund, sich auf Reise zu begeben. Die Grand Tour folgt dagegen anderen Zielen und wird in der Geschichte des Reisens beziehungsweise Gehens kaum berücksichtigt.

In Anbetracht der Verkehrsmittel der Zeit war es unumgänglich, Reisen oder grosse Teile davon zu Fuss zu unternehmen. Man sollte nicht vergessen, dass das englische «travel» (Reise) und das französische «travail» (Arbeit) die gleiche etymologische Wurzel habe.

Wohl gab es das Pferd, Kutschen, Wagen aller Art wie den Char-à-banc, später Dampfschiffe, die Eisenbahn und noch später das Flugzeug, aber lange Zeit waren alle diese Beförderungsmittel, besonders wenn sie neu waren, nur wenigen Auserwählten vorbehalten. Auch die Sänfte wurde bei unzähligen Gelegenheiten eingesetzt. Frauen liessen sich in den Anfangszeiten der Alpenbegeisterung auf Berge (zum Beispiel das Faulhorn) und über Pässe der Schweizer Alpen (die Gemmi) tragen. Der deutsche Volkskundewissenschafter und Kulturhistoriker Wilhelm Heinrich Riehl (1823–1897) nennt als Transportmittel sogar das Kamel.

Gegen die Kutsche, Zeit zum Nachdenken

Unter Berücksichtigung aller dieser Umstände ist es nicht weiter erstaunlich, dass die Kutsche lange Zeit ein merkwürdiges Kapitel in der Geschichte des Reisens aufschlägt. Am merkwürdigsten deshalb, weil sie als Beförderungsmittel häufig auf dezidierten Widerstand stiess, vor allem, aus naheliegenden Gründen, bei den Fussgängern.

Deutlich wurde sie als Symbol für Luxus und Liederlichkeit, Faulheit und Eitelkeit angesehen. Zum Beispiel im Gedicht «Trivia, or, The Art of Walking the Streets of London» aus dem Jahr 1716 von John Gay (1685–1732), dem Autor von «The Beggar's Opera». In ratternden Kutschen und vergoldeten Karossen fahren die Parvenüs in London an den Hof, zu White's Chocolate-House in der St. James' Street, zu einer Versammlung oder ins Theater. Gay jedoch war zu Fuss unterwegs, was ihn, wie er hoffte, vor der Missgunst der Kritiker retten würde. Der Fussgang wird auf diese Weise zu einer Form von Sozialkritik. Der Titel «Trivia» nimmt auf die antike Göttin Hekate Bezug, die Beschützerin von Wegen und vor allem Weggabelungen (Trivia, Dreiweggöttin).

Gay imitiert und parodiert in dem Werk Vergils «Bucolica» und schlägt so eine Brücke vom edlen Landmann der Antike zum neuzeitlichen Stadtbewohner. Sein Gedicht fragt danach, «how to walk clean by Day, and safe by Night», wie man sauber am Tag und sicher bei Nacht unterwegs sein könne. Denn die Strassen sind dreckig, es herrscht Gedränge, Taschendiebe und Strassenräuber treiben ihr übles Handwerk, und in den verwinkelten Strassen kann man sich leicht verirren. Gay schreibt eine Sozialstudie avant la lettre, macht Bemerkungen über Kleidung und Schuhwerk im Sommer und im Winter, über das Wetter, über die Misslichkeiten, denen man beim Gang durch die Strassen der Stadt ausgesetzt ist, und empfiehlt etwa, welche Strassen bedenkenlos benützt werden können und welche lieber nicht. Man stellt unverzüglich einen Zusammenhang mit den Gemälden von William Hogarth aus der gleichen Zeit her.

Der Verzicht auf die Kutsche («Möge die stolze Kutsche nie mein Schicksal sein») stellt mithin einen moralischen Überlegenheitsanspruch dar. Es ist zugleich Ausdruck einer tugendhaften Einstellung und Protest gegen das neue urbane Leben zu Gays Zeit.

In «Mein Sommer 1805» machte der deutsche Schriftsteller Johann Gottfried Seume geltend:

Ich halte den Gang für das Ehrenvolleste und Selbständigste in dem Manne, und bin der Meinung, dass alles besser gehen würde, wenn man mehr ginge. Man kann fast überall bloss des we-

gen nicht recht auf die Beine kommen und auf den Beinen bleiben, weil man zu viel fährt. Wer zuviel in dem Wagen sitzt, mit
dem kann es nicht ordentlich gehen ... So wie man im Wagen
sitzt, hat man sich sogleich einige Grade von der ursprünglichen
Humanität entfernt. Man kann niemand mehr fest und rein ins
Angesicht sehen, wie man soll: man tut notwendig zu viel oder zu
wenig. Fahren zeigt Ohnmacht, Gehen Kraft.

Auf seiner im Jahr 1801 erfolgten Fussreise von Deutschland
(einem grossen, historischen Fussmarsch, siehe Kapitel 5) nach
Sizilien hatte Seume allerdings zugegeben, dass er auf Pferd
und Wagen nur deshalb verzichten musste, weil er das Geld
dafür nicht aufbringen konnte. Dafür war die Humanität
gerettet. Den Wagen benützte er trotzdem gelegentlich, aber
nur «so weit wie nötig», während er zu Fuss ging «so weit ich
konnte». Er musste sich eben der Humanität anpassen, während zum Beispiel Karl Philipp Moritz (1756–1793), verärgert
über die Tatsache, in seiner Eigenschaft als Fussgänger bei jeder
Gelegenheit als «Wundertier» angesehen zu werden, sich
überlegte, ob er seine 1782 in England unternommene Reise
fortsetzen sollte. (Siehe Kapitel 5)

Für Louis-Sébastien Mercier (1740–1814), Autor eines
«Tableau de Paris», waren Kutschen und Kabriolets Statussym-
bole. «Ein eigener Wagen ist nun einmal das Ziel, dem jeder
Mensch auf dem steinigen Weg des Erfolgs nachstrebt.» Ohne
eigenes Gefährt bist Du niemand, schrieb er. Sein Trost war
eine ironische Hilfskonstruktion: «Der Geist fährt in der Kutsche, aber das Genie geht zu Fuss.»

Gehen ist eine geistvolle, geniale Tätigkeit, an die das Fahren in der Kutsche nie herankommt. Der Fussgänger kenne
keinen Hochmut, schrieb der amerikanische Schriftsteller
John Burroughs (1837–1921) auf einer Reise in England, er
«schaut auf niemanden herab» wie zum Beispiel der in der

Kutsche Fahrende. Wer nicht die einfache Gabe des Gehens zu würdigen weiss, wer den Geher als Eindringling verjagt, wer als Strasse nur die grossen Haupt- und Durchgangsstrassen kennt («highway», «carriage-way»), so proklamiert Burroughs mit Blick auf seine Landsleute, «ist auf dem besten Weg in eine noch viel grössere Degeneration».

Nicht so weit geht Gudrun M. König in ihrem Buch «Eine Kulturgeschiche des Spaziergangs». Für sie verband sich mit dem Zufussgehen im Unterschied zur Fortbewegung mit der Kutsche noch eher «ein demokratisches Moment», ein sichtbares Zeichen des bürgerlichen Gleichheitspostulats. Das war zur Zeit, als die Angehörigen des Bürgertums gerade anfingen, interesseloses Wohlgefallen an der Natur zu bekunden und einen erbauenden Blick auf sie zu werfen. Der Spaziergang in städtischen Parkanlagen und hinaus aus der Stadt ins Freie wurde als «öffentliche Inszenierung bürgerlichen Wohlstands» und als Versuch bürgerlicher Selbstidentifikation verstanden.

Zu jener Zeit, also um das Jahr 1800, war das Spazierengehen bereits eine stilisierte, klassenspezifische Art des Gehens und etwas anderes als eine mit einem Denkprozess und einem bestimmten Aktionsprogramm verbundene Tätigkeit. Denn das Gehen bestand seit jeher im dezisiven Akt des Gewinns von individueller Autonomie. Vielleicht deshalb sollte später der französische Dichter Saint-Pol-Roux (1861–1940) sagen: «Man kann nur zu Fuss reisen, andernfalls wäre der Mensch nichts als bewegtes Gepäck» («bagage animé»). Und der deutsche Strafrechtler Eduard Osenbrüggen (1809–1879), ein begeisterter Besucher der Schweiz, meinte, der «Eisenbahnreisende» würde, falls er je zu Fuss die Trient-Schlucht passieren sollte, schnell seine «schläfrige Existenz eines Eisenbahnobjects» verlieren.

Die alten Einwände gegen die Kutsche werden jetzt auf die Eisenbahn übertragen. Die Argumente bleiben die gleichen.

Im Fahrzeug wird der Mensch zum Objekt degradiert, ist die weit verbreitete Meinung. John Burroughs hatte gemeint, dass der Geher sich vom Zuschauer («spectator») zum Teilnehmer («participator») verwandle. Ausgestiegen also! Auf die Beine, ihr Geher!

Das alles sind gute, aber nicht die einzigen Gründe, sich seiner Beine und Füsse zu bedienen. Die Frage muss weiter gefasst und noch einmal gestellt werden: Warum gehen? Warum sich der häufig damit verbundenen Mühen unterziehen? Was gibt es Anziehendes, dass sich eine Ortsveränderung lohnt, zu Fuss natürlich? Weil damit, so könnte die Antwort lauten, erstens eine Unabhängigkeit und Selbstvergewisserung verbunden ist, zweitens eine körperliche Tätigkeit, die in Hochstimmung versetzt, drittens eine Lust, die das Individuum über seine Grenzen hinaus trägt. Diese vielfältigen Erfahrungen beim Gehen werden in der Literatur immer wieder beschrieben.

An erster Stelle in diesem Kontext sollte der Essay «Walking» (Vom Gehen) von Henry David Thoreau (1817–1862) genannt werden, der einen Monat nach dem Tod des amerikanischen Schriftstellers und Naturalisten veröffentlicht wurde. Thoreau verbrachte die meiste Zeit seines Lebens in Concord, Massachusetts, davon zwei Jahre in einem selbtgebauten Haus («cabin») am Waldensee. Diese Zeit und seine Philosophie hat er im Buch «Walden oder Hüttenleben im Walde» festgehalten.

Thoreau war jemand, der jeden Tag vier Stunden durch die Wälder und über Hügel und Felder von Neu-England spazieren ging, um seine Lebensgeister zu erhalten. Seine ausgedehnten Spaziergänge waren für ihn «das Unternehmen und Abenteuer des Tages». Umso mehr wunderte er sich über Handwerker und Krämer, die den ganzen Tag in ihren Läden verbrachten und von denen die meisten «mit überschlagenen Beinen dasitzen – als wären die Beine zum Sitzen geschaffen und nicht zum Stehen und Gehen».

Ich, der ich nicht einen einzigen Tag in meinem Zimmer bleiben kann, ohne einigen Rost anzusetzen, und wenn ich mich manchmal erst um die elfte Stunde zu einem Gang davongestohlen habe oder um vier Uhr nachmittags, zu spät, um den Tag zu retten, da die Schatten der Nacht schon begannen, sich mit dem Tageslicht zu vermischen, dann war mir, als hätte ich eine Sünde begangen, die ich sühnen müsse – ich bekenne, dass ich erstaunt bin über die Ausdauer, ganz zu schweigen von der inneren Unempfindlichkeit meiner Nachbarn, die sich Wochen und Monate, ja Jahre hindurch den ganzen Tag in Läden und Büros fesseln.

Um ein Spaziergänger, das heisst ein freier Mensch, zu werden, muss man Vater, Mutter, Bruder, Schwester, Frau, Kind und Freunde verlassen. Man muss seine Schulden bezahlt, sein Testament gemacht und alle Angelegenheiten geregelt haben, «dann bist du bereit zu einem Gang», meinte Thoreau. Ein Gang, der ihn meistens nicht viel weiter führte als in die unmittelbare Umgebung, die für ihn aber jeden Tag unzählige Entdeckungen und Überraschungen bereithielt.

Auf meinen nachmittäglichen Gängen möchte ich gern alle meine morgendlichen Beschäftigungen und meine Verpflichtungen gegenüber der Gesellschaft vergessen … Auf meinen Wanderungen möchte ich gern zu meinen Sinnen zurückkehren. Was habe ich im Wald verloren, wenn ich an etwas ausserhalb des Waldes denke?

Eine Frage, die sich in einer überraschenden Parallele auch der französische Essayist Michel de Montaigne (1533–1592) gestellt hatte (siehe Kapitel 6). «Wenn ich einsam in einem hübschen Wäldchen spazierengehen und sich meine Gedanken mit fremden Gegenständen eine Zeitlang beschäftigen, so ziehe ich sie wieder auf den Spaziergang, auf das Wäldchen, auf das Vergnügen dieser Einsamkeit und auf mich zurück.»

Auf diese Weise wird die Tätigkeit des Gehens zu einem meditativen Akt, den Thoreau und Montaigne meinen. Mit Peripatetik hat das nicht viel zu tun, eher stellt sie sich als «souci de soi» (Michel Foucault) heraus, als bewusste Lebensführung im Sinn antiker Weisheitslehre. Was Thoreau angeht, so galten seine Spaziergänge der Entdeckung der Wildnis (Bäumen, seltenen Pflanzen und wilden Früchten, deren Standorte er alle kannte, auch Tieren, vor allem Vögeln), weil er überzeugt war, «dass in der Wildnis die Rettung der Welt liegt». Darum schweifte er durch Wälder und über Felder. «Was würde aus uns werden», fragte er, «ergingen wir uns nur in einem Garten und auf einer Promenade?» Er vertrat auch die Ansicht, dass das Erwerbsleben dem Menschen nicht genügend Zeit lasse, um das Leben menschenwürdig zu gestalten. Die Menschen sind viel zu sehr von ihren Geschäften in Anspruch genommen. Der Spaziergang, als eigentlich nutzlose Tätigkeit verstanden, frei von umtriebigen, kommerziellen Absichten, erlaubt am besten, das Gehen als gewissermassen unprofitable, jedoch unverzichtbare Lebensgestaltung zu betrachten.

Es ist aufschlussreich, dass zur Berufung zum Gehen gehört, es müsse allein erfolgen. Manchmal war Thoreau mit einem Begleiter unterwegs, meistens jedoch ging er allein. Es gibt keine idealere Voraussetzung, um gehend zu sich zu kommen. Das Gehen lässt genügend Zeit zum Nachdenken, zum Beispiel über die Frage, was ein menschenwürdiges Leben sei, die sich vielleicht schon in diesem Nachdenken erfüllt.

«Ich ziehe es vor, allein zu gehen», schrieb der englische Schriftsteller William Hazlitt (1778–1830), weil er, wie er meinte, Zeit brauche «to collect myself», um sich zu sammeln. Nur allein ist es möglich, seinen Gedanken ungestört nachzuhängen. Die natürliche Umgebung schafft dafür den passenden Rahmen.

Das Gehen solo gewährt die höchste Unabhängigkeit und Freiheit. «Wir begeben uns auf eine Reise hauptsächlich deshalb, um frei von allen Einschränkungen und Ärgernissen zu sein», schreibt Hazlitt. Er lasse die Stadt hinter sich, um sie und alles, was sich darin vorfindet, zu vergessen, zum Beispiel Ellbogenfreiheit («elbow-room») und Gedränge. In einem geschlossenen Raum würde er sich der Gesellschaft durchaus erfreuen, aber draussen, im Freien, sei ihm die Natur Begleitung genug. «Ich kann nicht den Sinn von Gehen und Reden zur gleichen Zeit einsehen. Wenn ich auf dem Land bin, wünsche ich zu vegetieren wie das Land.» «Vegetieren» hat hier nicht die Bedeutung von kümmerlichem Dahinleben, sondern meint den Wunsch, eins zu werden mit dem Land und seiner Vegetation und darin aufzugehen.

Das Sinnen und die innere Sammlung, die Hazlitt sich als Ziel seiner Gänge vornahm, ist in gewisser Weise auch eine Art zu träumen, was selbst eine Umschreibung für das Gehen ist. Für Jean-Jacques Rousseau (1712–1778), den Philosophen und berühmtesten «promeneur solitaire» aller Zeiten, war das ganze Leben nichts anderes als «eine lange Träumerei» gewesen, «in Kapitel gegliedert durch meine täglichen Spaziergänge». Wo das Gehen dem Traum eine Form gibt wie bei Rousseau, ist für Seume der Spaziergang eine Art Traumarbeit. Spazieren gehen war für ihn, wie er bemerkt, «lange Zeit eine meiner Lieblingsträumereien gewesen».

Rousseau war als Botaniker unterwegs, Thoreau als «naturalist», als Naturkundiger. Die Natur, die Geher wie Rousseau oder Thoreau beanspruchen, Wälder, Berge, Täler, Wiesen, das heisst nicht oder noch nicht kultiviertes Land, wird durch den Spaziergänger regelrecht *denaturiert*. Garten, Park, Kiesweg, Promenade, Allee sind Elemente einer Rest-Natur. Der kon-

ventionelle, rollenabhängige, *mechanische* Spaziergänger wird
uns nicht davonlaufen. Wir werden noch auf ihn zurückkommen und ihn näher definieren.

Der glücklichste Reisende unter der Sonne

Der Geher, der diese Bezeichnung tatsächlich verdient, lässt
sich weder treiben noch drängen oder schieben. Er schreitet
aus und zieht dahin, frei, jederzeit Tempo, Weg und Richtung
zu ändern. Er geht geradeaus, ohne sich ablenken zu lassen. So
ist er unterwegs und doch auf kein Ziel fixiert. Dafür befolgt
und erfüllt er sein inneres Programm, die körperliche Bewegung. Das ist es, worauf es ihm ankommt.

Auf diese Weise ist zum Beispiel der englische Schriftsteller
William Coxe (1747–1828) im Jahr 1776 und mehrmals danach durch die Schweiz gereist, als gerade die Natur- und Demokratiebegeisterung für das Land eingesetzt hatte. In seinen
«Sketches on the Natural, Political and Civil State of Swisserland» aus dem Jahr 1779 schrieb er:

> Ich ging langsam meinen Weg ohne meine Reisegesellen auf ihren Pferden zu beneiden; denn ich konnte mich auf ein einladendes Plätzchen niedersetzen, auf die Spitze eines Absturzes klettern, oder dem Schall eines Baches nachgehn. Ich kam endlich in das Rheintal; und hier standen die Tyroler-Alpen vor uns, die so hoch und wild als die von Appenzell sind. Hier bemerkte ich einen grossen Unterschied; denn so mühsam auch das Auf- und Absteigen war, so unterhielt mich doch die Abwechslung der Gegenstände, und machte meine Lebensgeister so rege, dass ich nicht die geringste Ermüdung empfand. Aber in der Ebene, wenn gleich die Aussicht immerfort schön und mahlerisch war, so sah ich doch mit einem Blick meinen ganzen Weg vor mir hinge-

streckt, und konnte also nichts Neues erwarten. Doch tröstete ich mich hierüber; als ich nach einem Marsch von 6 Stunden nach Oberried kam, meinen Rock, wie ein Peripatiker von Profession, über die Schultern gehängt.

Man muss eine Aussage wie diese wie eine soeben neu gewonnene Erkenntnis lesen. Das Auf- und Absteigen in den Bergen mag beschwerlich sein, aber es ist viel genussvoller als das Gehen im Flachland, das nicht anstrengend, aber auch nicht besonders aufregend ist. Am Ende kompensiert die Aussicht, die sich unterwegs in den Bergen anbietet, alle körperlichen Anstrengungen.

Die «Sketches» wurden 1779 veröffentlicht. 1781 erschien eine französische Übersetzung des französischen Geologen Louis-François-Elisabeth Ramond de Carbonnières, der sie mit eigenen, ergänzenden Anmerkungen versah. Ramond fügt Coxe hinzu:

Wir hatten einen Bediensteten mit dem Gepäck nach Bern voraus geschickt, wo er auf uns warten sollte, steckten die notwendigsten Sachen in unsere Taschen, und mit Stöcken in der Hand machten sich mein Begleiter und ich auf den Weg in der Stimmung und Sorglosigkeit von Leuten, die weder Bedienstete noch eine Kutsche haben. Diese Art zu reisen hatte uns General Pfiffer als die gebräuchlichste genannt, um mit dem Land und den Sitte seiner stolzen, aber etwas einfachen Menschen bekannt zu werden.

Dem Luzerner General Pfyffer werden wir später ebenfalls noch begegnen. Wichtiger ist es hier, die sorglose Verfassung von Coxe und Ramond beim Gehen hervorzuheben. Alle Voraussetzungen sind erfüllt, um es zu einem Genuss zu machen. Anhalten, die abwechselnden Aussichten anstaunen, einen

Bach leise rauschen zu hören – darin realisiert sich die höchste Bestimmung des Gehens. Dafür war Coxe bereit, die Beschwerlichkeiten des Wegs hinauf und hinab in Kauf zu nehmen und sie den Wegen im Flachland vorzuziehen. Aber die Idylle könnte sich natürlich leicht als Idealisierung herausstellen.

Um die gleiche Zeit war der deutsche Schriftsteller Wilhelm Heinse (1746–1803) in der Schweiz unterwegs. In einem Brief mit dem Datum des 29. August 1780 beschrieb er an Friedrich Jacobi:

> Ich fühle jetzt die Zeit in ihrer ganzen Geschwindigkeit, und wie das Leben vorbei rauscht. Nichts ist mir mehr einerlei, und die Szenen wechseln zu einem unendlichen Schauspiel. Ich werde mir selber zum Abgrund und kann mich nicht fassen, etwas wieder zu geben. Ich bin glückselig, wie wenige Menschen es sein können; gesund und hell und frisch, nimmer ermüdet und immer neu gestärkt an allen Sinnen.

Dann beschreibt er die bis in die Gelenke und das «Gewebe meines Rückgrats» reichenden Glücksgefühle des Fussgängers und Menschen mitten in der Natur.

> Es geht doch nichts über einen Reisenden zu Fuss mit fröhlichem Muth und heitrer Seele, und Stärke und Munterkeit in den Gelenken, der seinen Reisebündel selbst trägt wie Pythagoras und Plato … Immer stärker läuft mit das Entzücken wie ein Felsenquell durch alle Gewebe meines Rückgrats.

Der Genuss der wechselnden Landschaftsansichten, die sich zu einem «unendlichen Schauspiel» zusammenfügen, ist bestimmt einer der wichtigsten Gründe, der die Menschen bisher und immer noch zum Aufbrechen veranlasst hat. Gehen, um zu *sehen.* Im «Journal in the Lakes» des englischen Schriftstellers Thomas Gray (1716–1771) hatte das Aussichtensehen schon einen zentralen Punkt gebildet. Um noch besser zu sehen, führt Gray einen «mirror» mit sich, der unter der Bezeichnung Claude-Glas bekannt ist (nach dem Maler Claude Lorrain benannt). Es war eine, oft konvex geformte, Glasscheibe, die auf der Rückseite schwarz eingefärbt war und es erlaubte, eine Landschaft verkleinert und dadurch ebenso als Ganzes wie in sanften, tonigen Farbwerten zu sehen, ähnlich wie auf einem Gemälde.

Auf diese Weise ausgerüstet, zogen die Reisenden, die es sich leisten konnten, aus, um die Landschaft zu sehen, zu würdigen, sich zu erbauen, aber es war meistens eine Landschaft in einer vermittelten Form. In seinem Claude-Glas bewunderte Gray die feierlichen Farben, als die Abenddämmerung hereinbrach und der letzte Sonnenglanz am Verbleichen war. So gerät der Abendspaziergang für ihn zur höchsten Vollkommenheit, und nicht einmal das dumpfe Hämmern einer Eisenschmiede in der Nähe konnte seine Betrachtung stören. Schon 1769 nahm Gray die frühindustriellen Veränderungen der Landschaft wahr, während andere immer noch ihren Schwärmereien freien Lauf liessen.

Der in Berlin wirkende Schweizer Philosoph Johann Georg Sulzer (1720–1779) war 1775–76 zur Erholung an die französische Mittelmeerküste gereist, wo er Spaziergänge unternahm, die zu seinem «täglichen Zeitvertreib» gehörten. Bald stellte er fest, dass es mit seiner Gesundheit aufwärtsging, und dass er den Radius seiner Spaziergänge ausdehnen konnte. Dabei erhöhten «schöne Gegenden» und «mannichfaltige Aussichten» für ihn den Reiz des Spazierengehens.

Die angetroffenen Aussichten werden lange Zeit als höchster Gewinn verbucht, erst recht, wenn man allein unterwegs ist. Die einstimmige Begeisterung wies gelegentlich etwas Repetitives auf. Erst James Fenimore Cooper (1789–1851), der

Verfasser der «Lederstrumpf»-Romanfolge, wird auf seiner ersten Schweizer Reise 1828 eingestehen, dass das «immer wiederkehrende Aussichten-Sehen» am Ende ermüdend wirkt.

Auch Johann Gottfried Ebel (1764–1830), der den ersten Reiseführer durch die Schweiz verfasste, die «Anleitung auf die nützlichste und genussvollste Art in der Schweitz zu reisen» (1793), meinte, dass bei jedem Schritt der Genuss der Natur durch Abwechslung und Mannigfaltigkeit erhöht wird. Das gehört zum Kanon. «Die grosse Abwechslung der Gegenstände» erhöht die Aufmerksamkeit, und mannigfache Gefühle wirken sich belebend auf die Seele aus. «Auch dies macht das Fussreisen selbst dem, der es nicht gewohnt ist, ungemein leicht.» Und dann die Aussichten. Immer die Aussichten! Es ist zum Davonlaufen!

> Der Genuss der Natur wird nicht allein durch die Abwechslung und Mannigfaltigkeit im Allgemeinen, die in manchen Gegenden fast mit jedem Schritt stattfindet, erhöht, sondern ebenso sehr durch die Mannigfaltigkeit der Ansichten *einer* Landschaft von *einem einzigen* Punkt zu den verschiedenen Tageszeiten, bei reinem, halbbewölktem und ganz überzogenem Himmel betrachtet, wodurch Farben, Lichter, halbe und ganze Schatten auf die Seen und Wiesen, auf die Massen und Gruppen der Hügel, Berge, Alpen, und der kahlen und beschneiten Felsen geworfen und bisweilen in kurzer Zeit so verändert werden, dass eine und dieselbe Gegend die verschiedenen und frappantesten Schauspiele gewährt.

Wie für Coxe ist auch für Ebel die Möglichkeit, unterwegs jederzeit stehen bleiben zu können, wichtig.

> Wer zu Fuss reist, hängt von nichts als von seinem Willen und seinem Vergnügen ab; diese Freiheit ist ganz unbeschreiblich angenehm.

Der grösste Nutzen und der vollste Genuss der Natur verbindet sich einzig nur für den Fussreisenden. Nichts entgeht seiner Aufmerksamkeit; alle Gegenstände, jeden Stein, jede Pflanze kann er betrachten; alles untersuchen; nach allen Gegenden, wo er etwas Interessantes zu finden glaubt, sich hinbegeben; mit jedem Menschen sich unterhalten, nach allem erkundigen, über alles sich unterrichten, sich aufhalten, wo es ihm gefällt; an jedem Ort des Weges, wo ihn eine schöne Gruppe, Aussicht, oder sonst etwas frappiert, stillstehen; es geniessen, so lange er will.

So weit der ästhetische Genuss des Gehens. Dann kommt Ebel auf dessen körperliche Vorzüge zu sprechen. «Es gibt keine gesündere, stärkendere, die Lebenskräfte vermehrende Bewegung als das Reisen zu Fuss in einem gebirgigen Lande», stellt er fest. Die «unglaubliche Wirkung der elastischen reinen Bergluft auf die tierische Maschine» erleichtert das Reisen in den Gebirgen ausserordentlich, «sofern der Zustand der Lungen das Bergsteigen nicht verbietet». Viele Menschen stellen sich Fussreisen in einem so gebirgigen Land wie der Schweiz als «ärgste Strapazen» vor. Natürlich sind sie «ermüdend», aber doch nicht so wie in einem «ebenen Land». Und warum nicht? Weil die «starke und nicht zu milde Erschütterung des Unterleibs, das Athmen der reinen Bergluft, die verstärkte allgemeine und gleiche Ausdünstung, und die einfachen Nahrungsmittel, besonders die Milchspeisen» sich günstig auf die Fussreisen in den Gebirgen auswirken.

Das heisst nichts anderes, als dass um 1800 für längere Reisen und vor allem solche in Berggegenden «Anleitungen» verfasst werden: gewissermassen Lehrbücher, wie man zu gehen hat. Denn eine Selbstverständlichkeit ist das Gehen (noch) keineswegs. Jeder Schritt verlangt nach einer Erklärung.

In einem anderen Reiseführer, dem «Schweizerführer. Reisetaschenbuch» (auch als «I. Tschudi's Schweiz» bekannt, erste

Auflage 1855) des St. Galler Verlegers Iwan Tschudi (1816–1887), wird die Postkutsche nicht mehr ausgeschlossen. Sie ist jetzt so weit eingeführt, dass niemand mehr auf die Idee kommt, auf sie zu verzichten oder gar Anstoss an ihr zu nehmen. In den gebirgigen Teilen des Landes jedoch kommt nur die Fussreise in Frage.

> Der Fussgänger von gesunder Körper- und Geisteskraft, in richtigem Verhältnis gekleidet und ausgerüstet, und nicht allzu knapp an gewisse Distanzen und Zeiträume gebunden, ist der freiste und glücklichste Reisende unter der Sonne. Er geniesst Natur und Menschenleben unmittelbarer und, weil er den Genuss durch eigene Anstrengung erwirbt, auch um so voller; er fühlt sich durch das Wandern an Leib und Seele erfrischt und gestärkt und einer Menge kleiner Unannehmlichkeiten überhoben, ist überall sein eigener Herr u. reist nebenbei auch viel wohlfeiler.

Diese Sätze aus der ersten Auflage standen auch 1920 in der 36. Auflage immer noch unverändert da, auch wenn sich die Reisemöglichkeiten in der Zeit dazwischen erheblich verbessert hatten und neue Verkehrsmittel zur Verfügung standen, die das Fussreisen immer mehr ablösten. Wenn 1850 noch von Wagen, Pferd und auch Tragsessel die Rede war, werden 1920 «Wagen, Bahn oder Pferd» als Beförderungsmittel angegeben.

Auch der Volkskundewissenschafter Wilhelm Heinrich Riehl war der Auffassung, dass «die tiefste Wanderpoesie» in der Selbsterforschung bestehen würde. «Auf eigenen Füssen gehen und sein eigener Herr sein» – darin erblickte er das höchste Ziel.

Die gesunde Wirkung des Fussmarsches stand auch bei John Burroughs auf dem Programm. Aber nicht allein. Neue Erfahrungen kommen hinzu, seitdem das Gehen zu Fuss eine Selbstverständlichkeit geworden und eine Wahl zwischen Fussmarsch und verbesserten Verkehrsmitteln möglich war. Freude an der Bewegung und Sehnsucht nach Raum («thirst for space»), nach Erweiterung des Raums, bewegt den Gehenden jetzt. Das Gehen ist zum ersten Mal bewusst zu einer ideellen und mentalen Angelegenheit geworden. Es besteht in einer körperlichen Betätigung, um den Geist und die Lebensgeister anzuregen. Ich gehe nicht, um ein Ziel zu erreichen, sondern um zu einem Gehenden zu werden.

Trotz des Bedürfnisses nach Raum und Weite bedarf der Geher, wie zum Beispiel Thoreau einer war, auf den Burroughs Bezug nimmt, keines grossen Territoriums, während der Passagier in der Kutsche oder dem Postwagen mindestens auf ein Stadtgebiet angewiesen ist und der Eisenbahnreisende in Burroughs Sicht einen Kontinent braucht. Es sei erstaunlich, so meinte er, mit wie viel Schwung und Heiterkeit die Engländer zu Fuss unterwegs sind, während die Amerikaner nur verbiestert ihre Beine zum Gehen benützen.

Zuletzt wird bei Burroughs der Gehende zu einem «Projektil», das entweder gleich in der Nähe abstürzt oder in einiger Entfernung niedergeht, je nach der motivierenden Expansivkraft, die den Gehenden in Bewegung versetzt. Gehen, um zu sehen, um den Gesichtskreis zu erweitern, um dem Bild von der Welt und also dem *Weltbild* eine neue Dimension zu geben.

Anläufe zu einer Sozialkritik

Aber *was* ist es, das die Menschen sahen? Neben der Betrachtung der Natur war es bisher zur Hauptsache die Landschaft mit möglichst reizvollen Aussichten gewesen, aber auch schreckliche, fürchterliche, grossartige Anblicke erregten das Interesse. Der eine Landschaftstypus begründete die pittoreske Malerei, der andere die Theorie des Erhabenen.

Zunehmend stellen sich jetzt andere Ergebnisse ein. Seume fasst es wunderbar in Worte: «Wer geht, sieht im Durchschnitt anthropologisch und kosmisch mehr, als wer fährt.» Und Karl Krolow schreibt im Gedicht «Wer geht»: «Wer geht, sieht manches», «Wer geht, sieht es anders», «Wer geht, sieht mehr».

Auf seiner Reise nach Sizilien fielen Seume Verhältnisse auf, die er in seinem Bericht nicht verschwieg. Die römischen Ruinen interessierten ihn nicht besonders, für «zwecklose Pracht» konnte er keine passende Stimmung aufbringen. Umso mehr entwickelte er einen scharfen Blick für die sozialen Zustände. Wenn er in Sizilien einem Bettler ein Stück Brot gab und das fruchtbare Land betrachtete, hätte er «in diesem Augenblick alle sicilianische Barone und Äbte mit den Ministern an ihrer Spitze ohne Barmherzigkeit vor die Kartätsche stellen können. Es ist heillos.» Seume war kein Sozialkritiker, aber es wäre falsch, seine kritischen Beobachtungen zu unterschlagen. Sie haben ihre unentbehrliche Funktion. Dass Seume nicht mehr nur das Land, durch das er reiste, sah, sondern auch die Leute, das sogenannte einfache Volk, dem er begegnete, ist etwas Neues.

Charles Dickens (1812–1870), der ein passionierter Fussgänger war, beobachtete auf seinen Gängen unterwegs durch London «mancherlei Dinge», «viele von geringer, manche von grosser Bedeutung», vor allem Menschen und gesellschaftliche Verhältnisse. Seine Beobachtungen und Erfahrungen veröffentlichte er unter dem Pseudonym Boz als «Londoner Skizzen» und später unter dem Titel «The Uncommercial Traveller» (Der ungeschäftliche Reisende). In ihnen sind die Grundlagen seiner späteren Romane zu erkennen.

Etwas anderes ist es, wenn im Vormärz viele Reisebücher mit gesellschaftskritischen Bemerkungen erschienen. Man denke bloss an Heinrich Heines Reisebilder, die voll von politischen Anspielungen sind. Reisebücher unterlagen nicht der Zensur und bildeten daher eine willkommene Möglichkeit, gesellschaftskritische Aussagen zu machen, ohne aufzufallen.

Kritik an den sozialen Zuständen oder auch nur deren Beschreibung war aber schon seit jeher mit einem marschierenden Bewusstsein verbunden. So machte sich etwa Louis-Sébastien Mercier in Paris zu Fuss auf den Weg, um das Leben in der Stadt auszukundschaften und darüber zu schreiben. Weder Bauten noch Tempel, Denkmäler oder Sehenswürdigkeiten interessierten ihn, sondern die öffentlichen und die privaten Sitten, die «moralische Physiognomie», wie er sagt. Für Wolfgang Tschöke, den Herausgeber einer Auswahl aus dem «Tableau» Merciers, war der Schriftsteller «der erste Fussgänger in Paris». Von sich behauptete Mercier sogar, er habe das «Tableau» «mit den Füssen geschrieben» und dabei gelernt, «auf eine ungenierte, muntere, rasche Art» zu gehen, also das Gesehene wiederzugeben.

Auf seinen Gängen beobachtet Mercier die «dreisten Vergnügen der Reichen», den Zerfall der Sitten, die «tückische Gier, die unter dem Namen ‹Bank› alle kleinen Besitztümer aufzehrt», den Zusammenhang von Geburt und Besitz oder Besitzlosigkeit, und vieles andere.

Bemerkenswert ist dabei, dass Mercier im Pariser Stadtleben die gleiche «Ordnung der Natur» erkannte wie im «Nomadenleben der Wilden Afrikas und Amerikas». Genauso bemerkenswert ist es, dass auch Eugène Sue (1804–1857) versprach, die Leserschaft seines Buchs «Les Mystères de Paris» auf eine «Wanderung» und «Entdeckungsreise» mitzunehmen, um die Wilden, Barbaren und Indianer kennen zu lernen, «jene wilden Völkerschaften, deren Eigenart Cooper so glänzend beschrieben hat». Nur dass die Angehörigen «dieser infernalischen Rasse» für Sue nicht weit ausserhalb der Zivilisation lebten, sondern mitten in den Elendsviertel von Paris zur Zeit der Julimonarchie anzutreffen waren.

Denselben Vergleich mit den wilden Indianern Nordamerikas stellte auch Honoré de Balzac (1799–1850) an, als er seine «Comédie humaine», sein grosses Pariser Gesellschaftspanorama aus der Zeit um 1840, verfasste. Wie Mercier und Sue war er ein Sittenschilder und klandestiner Forschungsreisender.

Wie Mercier, Sue oder Balzac machte auch Emile Zola (1840–1902) Studien vor Ort für seine Romane. Und Gustave Doré (1832–1883) und Blanchard Jerrold bezeichneten sich als «Pilger, Wanderer, zigeunernde Herumlungerer», als sie durch London streiften, um ihr Werk «London: A Pilgrimage» (1872) mit 180 Reproduktionen von Doré und einem Text von Jerrold zu realisieren. Auch es ein Blick auf die soziale Lage der Menschen und die Stadt, gewonnen aus direkter Begegnung, die nur zu Fuss möglich war.

Gehen und sehen beziehungsweise gehen, um zu sehen, so lautete die Formel von Wilhelm Heinrich Riehl. Wenn der «Erforscher des Volkslebens» neue Entdeckungen machen und seine Erkenntnisse beschreiben wolle, dann sei er «notwendig auf den Fussweg angewiesen». Seine Beobachtungen fasste Riehl unter dem Titel «Wanderstudien» zusammen:

> Wandern heisst, auf seinen eigenen Füssen gehen, um mit eigenen Augen zu sehen, mit eigenen Ohren zu hören … Nicht bloss die fremden Leute erschliessen sich leichter dem Einsamen, auch wir selber sammeln uns und arbeiten doch nur eigentlich, wenn wir einsam wandern … Nur der einsame, kunstgeübte Wanderer, der sein Reisegepäck selbst auf dem Rücken träge und seinen Schulsack obendrein, findet den raschen Blick und die nie erlahmende Spannkraft zum rastlosen Beobachten.

Danach wendet sich der Autor an sein Publikum und unterbreitet ihm seine Wandermethode. Erster Punkt, der berücksichtigt werden muss: Wer zum Vergnügen reist, kann das gut

Ungemach des Flaneurs. Illustration aus der «Physiologie du flaneur» von Louis Huart.

Man geht nie weiter als wenn man nicht mehr weiss wohin man geht.

Johann Wolfgang Goethe

und gern in angenehmer Begleitung tun, aber besser ist es allemal, allein unterwegs zu sein. Zum Studium jedoch muss man unbedingt «für sich allein» gehen. Das ist die gleiche Empfehlung wie von Hazlitt. Zweiter Punkt: Man soll niemanden nach dem Weg fragen.

> Wenn nun schon der vornehme, das heisst der denkende und dichtende Vergnügungsreisende seinen Weg sich selber suchen soll, weil eben im Suchen und Finden an sich bereits das Hauptvergnügen liegt, der geistige Reiz praktischer Erkenntnis –, so fordern wir vom forschenden Wanderer doppelt und dreifach, dass er im fremden Lande Bescheid suche durch seinen eigenen Verstand und nicht durch blindes Fragen.

Der eine wie der andere kann sich dabei verlaufen. Sich im Weg irren, hat aber auch implizite Vorteile. Oft kommen wir erst «auf Kosten unserer Zeit, unserer Beine, unseres hungernden Magens, unserer dürstenden Kehle», also auf einem Umweg, ans Ziel der Erkenntnis und werden wir gescheiter als die Landkarte, die wir benützen. «Wie oft verdanke ich nicht die wertvollsten Eindrücke solchem Irregehen!»

Lange vor Riehl hatte der englische Künstler und Schriftsteller Robert Newell (1788–1852) in seinen «Letters on the Scenery of Wales; and Instructions to Pedestrian Tourists» (1821) denselben Ratschlag erteilt. «Unzweifelhaft die beste Art, ein Land zu sehen, ist zu Fuss.» Es ist sicher, erlaubt, Abkürzungen zu nehmen, an Orte zu kommen und Gegenden zu sehen («oft die schönsten»), die man sonst nicht erreichen und sehen würde, es ist zudem gesund «und, mit ein bisschen Übung, einfach», erst noch billig, und es macht vor allem «vollkommen unabhängig».

Hier drückt sich eine alte Einsicht aus, die schon Ebel ausgesprochen hat: «Man kann nur die Nation recht kennen lernen, wenn man zu Fuss reist.» Alle bekannten Vorteile (nicht Vorurteile) sind hier noch einmal versammelt.

Was 1793 Ebel seinem Reisenden, 1821 Newell seinem Touristen und 1903 Riehl seinem Forscher mit auf den Weg gab, kann schlechthin jeder Gehende sich zu Nutze machen, gestern wie heute. Wer zu Fuss geht, lernt das Leben kennen. Wer den Weg nicht sucht, kann auch nicht von ihm abkommen, weil es keinen gibt. Und wer geht, kommt am Ende bestimmt an kein Ziel, aber auf jeden Fall zu sich. Das wäre die moderne Replik auf Riehls Anleitungen zum Gehen.

Die zweite Schlussfolgerung, die aus den bisher gesammelten Aussagen gezogen werden kann, besteht in der Erkenntnis, dass man am besten zu Fuss geht, wenn man es um des Vergnügens willen unternimmt.

Das Dritte, was schliesslich aus den verschiedenen Aussagen von Seume und Mercier bis Dickens und Riehl herausgelesen werden kann, ist die nun nicht mehr ganz unverständliche Behauptung, dass es unmöglich ist, Land und Leute aus der Kutsche oder Eisenbahn, also im Vorbeifahren, kennen zu lernen. Das Gehen zu Fuss entwickelt sich dafür umso mehr zu einer praktikablen Methode der Sozialforschung, wie sie auch eine zum allgemeinen Wissenserwerb ist. Heute ist ein Fussgänger ein ungleich aufmerksamerer Beobachter seiner Umwelt als jeder mobilisierte und motorisierte Mensch, der gebannt auf die Strasse schaut oder auch bloss auf das Armaturenbrett vor sich, aber nichts sieht von der Welt, durch die er fährt.

Wenn das Gehen ein Vergnügen, eine Lusterfahrung ist, dann kann sich an dieser Stelle des Diskurses nur eine Frage stellen: War es je anders gewesen? Was ist die Alternative zum Gehen als Notwendigkeit? Was für Voraussetzungen mussten erfüllt werden, damit das Gehen nicht nur der Ortsveränderung, der Deplatzierung, diente, sondern es sich als kreativer Akt im Bewusstsein einnisten konnte? Was wiederum zur Frage führt, die allen Fragen zugrunde liegt: Warum überhaupt gehen? Gemeint ist damit nicht die Funktion des Gehens als einfache körperliche Tätigkeit, sondern nichts weniger als eine anthropologische Voraussetzung der Menschheitsentwicklung.

Gehen heisst unter dieser Voraussetzung verstehen, wie Prozesse in Gang gesetzt werden und Entwicklungen und Abläufe erfolgen. Wie etwas vorgeht. Oder vielleicht einfach nur, wie man dem Geheimnis von Raum und Zeit auf die Spur kommt.

Wenn William Hazlitt die Feststellung machte: «Unser romantischer und wandernder Charakter lässt sich nicht domestizieren», meinte er vielleicht nicht nur, dass der Charakter unruhig und suchend umherschweift, sondern dass das Umherziehen und Schweifen im Charakter und in der Konstitution des Menschen von allem Anfang an angelegt ist.

Bruce Chatwin fragte sich, ob es nicht «ein instinktiver Wandertrieb» sein könne, der die Ursache für eine im Menschen angelegte innere Unruhe bilde. Er schloss nicht aus, dass nichts weniger als die natürliche Auslese uns alle «zu einem Leben periodischer Fussreisen durch brennend heisses Dornen- oder Wüstenland» («Fuss» von ihm kursiv hervorgehoben) bestimmt habe.

Die Fähigkeit, mit zwei Beinen den Raum zu erkunden, hat womöglich weiterreichende Konsequenzen, als es zunächst aussieht. Nicht zuletzt deckt sie den verborgenen Zusammenhang von Gehapparat und Gehirn, von Gehbewegung und Denken auf. Aber zunächst muss die naheliegende Feststellung gemacht werden, dass die evolutionäre Entwicklung des Menschen mit der Ausformung der Bewegungswerkzeuge und dem aufrechten Gang zusammenhängt. Der aufrechte Gang und die auf diese Weise erzielte höhere Position des Gehirns gewährt einen besseren Überblick («Horizont») und trägt zur Ausformung des Gehirns bei. So meinte etwa der französische Paläontologe André Leroi-Gourhan, Mobilität «liesse sich als das entscheidende Merkmal der Evolution zum Menschen betrachten». Er war der Ansicht, «dass die Fortschritte in der Anpassung des Bewegungsapparates eher dem Gehirn genützt haben, als dass sie von diesem hervorgerufen worden wären». Aus diesem Grund bot es sich für ihn an, «die Lokomotion als Determinante der biologischen Entwicklung» anzusehen. Wahrscheinlich muss auch das Davonrennen vor Gefahr und Fluchtverhalten zu diesem Eigenschaftsbild gezählt werden. «Standhalten» zu wollen, wie der Psychoanalytiker Horst-Eberhard Richter meinte, kann unter Umständen reiner Leichtsinn sein.

Zweckfreies Gehen

Gehen, laufen, rennen war zunächst ein notwendiger Lehrgang in Überlebenstechnik. Wer schneller gehen konnte, hatte die grösseren Überlebenschancen. Hatten sich die Verhältnisse aber einmal eingependelt, was nach ein paar hunderttausend Jahren der Fall war, konnte aus dem Gehen kontinuierlich ein kreativer Akt werden, für Henry David Thoreau sogar eine «Gnade». Bis zur Zweckfreiheit des Gehens war es ein langer Weg. Gehen, um nicht sitzen zu bleiben, um nicht anzukommen, um sich zu unterhalten. Um zu wachsen und zu werden.

Diese Zweckfreiheit wird immer wieder als Voraussetzung für das Gehen genannt. So schrieb der deutsche Gelehrte und Staatsmann Wilhelm von Humboldt (1767–1835) in seinen «Briefen an eine Freundin»:

Das gänzliche Unterlassen alles Spazierengehens ist und bleibt doch eine Entbehrung eines grossen Vergnügens, wenn sich auch der Körper daran gewöhnt, ich habe das selbst an mir erfahren. Der Mangel an Bewegung hat mir nie geschadet, aber entbehren thut man viel. Man geniesst die Natur auf keine andere Weise so schön, als bei dem langsamen, zwecklosen Gehen. Denn das gehört namentlich zum Begriff selbst des Spazierengehens, dass man keinen ernsthaften Zweck damit verbindet.

Beim Spazierengehen machte Humboldt die gleiche Erfahrung wie später Kierkegaard: Die körperliche Bewegung fördert das Denken, dieses gewinnt «durch die Bewegung des Gehens besseren Fortgang». So hatte der dänische Philosoph einmal lange vergebens gearbeitet, «und plötzlich beim Herausgehen draussen kam es mir ganz von selbst, dass ich beim Nachhausekommen es nur aufschreiben konnte».

Übrigens war Charles Dickens, was das absichtsfreie Gehen angeht, anderer Meinung. «Es ist eine Schrulle von mir, dass auch der vertrödeltste Spaziergang ein vereinbartes Ziel haben muss.» Er nahm sich eine bestimmte Aufgabe vor, bevor er seine Wohnung in Covent Garden zu einer seiner vielen «Strassenexpeditionen» verliess, und dachte keinen Augenblick daran, seine Route zu ändern oder umzukehren, bevor er sein Ziel erreicht hatte. (Mehr über Dickens in Kapitel 5.)

Eduard Kolloff, der deutsche Paris-Reisende, war in der Mitte des 19. Jahrhunderts der Ansicht: «Um Paris kennen zu lernen, um es zu beobachten, zu studieren, um seine Eigenheiten wie seine Schönheiten zu mustern und zu geniessen, muss man gehen.» Nach dem Aufstehen packte er einen Plan von Paris in die hintere Tasche, Geld in die vordere, nahm sein Frühstück in einem Kaffeehaus ein, las die Zeitung, wanderte Strasse auf und Strasse ab, machte nach einem ermüdenden Marsch eine zweite Pause in einem anderen Café, breitete den Plan aus und versuchte herauszufinden, «wo man gewesen ist und in welchem Revier der umgebenden Häusermasse man sich befindet». «Fussreisen dieser Art gewähren die angenehmste Unterhaltung.» Statt von einer Fussreise könnte man hier schon fast von einem modernen *Navigieren* sprechen.

Auch der deutsche Schriftsteller Julius Rodenberg (1831–1914) lebte vorübergehend in Paris und nahm dort den Flanierbetrieb in Augenschein. Als er nach Berlin zurückkehrte, übertrug er seine Erfahrungen nach Deutschland und meinte, dass das «Pflastertreten», das ungebundene, ziellose, auch sorglose Spazierengehen, nirgends so viel Vergnügen bereite und so billig zu haben sei wie in der Reichshauptstadt. «Wenn ich meine paar Groschen und meine Zigarre in der Tasche, meinen Stock oder Regenschirm in der Hand habe, dann bin ich der glücklichste Mensch von der Welt» (ähnlich wie Iwan Tschudis Reisender). Der Pflastertreter oder idealtypische Berliner Flaneur-Vorläufer kann sich wenden, wohin er will, er kann stehen bleiben, warten, wenn es ihm passt, sich alles ansehen, was ihm gefällt, «und das ist gerade, was mein Plaisir erhöht». Überall anhalten und stehenbleiben zu können, keinem Zwang zum Vorwärtskommen, keinem Ziel unterworfen zu sein, das wird auch der französische Schriftsteller und Kunstkritiker Guillaume Apollinaire (1880–1918) als hohen Vorzug des Flanierens ansehen.

Das Gleiche hat auf seine Art auch Franz Hessel, in dem Walter Benjamin den Ur-Flaneur erkannte, gedacht, als er in einem Feuilleton schrieb, bei allen zweckmässigen Transportmittel-Erfindungen werde die «recht altertümliche Form der Fortbewegung auf zwei Beinen» immer noch ausgeübt und «zu einem besonders reinen zweckentbundenen Genuss» erhoben. «Man muss sich selbst vergessen, um glücklich spazieren zu gehn.»

Gehen hiess für Hessel, *sich gehen zu lassen,* sich treiben zu lassen und die Führung an eine andere Instanz abzutreten. Aber welche? Man glaubt zu gehen und wird in Wirklichkeit einem geheimnisvollen genetischen Auftrag zum Gehen unterworfen. (Der Flanierende wird uns in Kapitel 4, Franz Hessel in Kapitel 5 noch über den Weg laufen.)

Gehen um des Gehens willen also, aufs Geratewohl, auch wenn es eine altertümliche Fortbewegungsmethode ist. Sozusagen *unplugged,* ohne Verstärkung. Keine Absicht, kein Hintergedanke. Aber denken und träumen. Reiner Genuss, reiner Gewinn. In der Gehschule werden verschiedene Fächer unterrichtet. Im Hauptfach steht die Transformation einer generativen Grammatik des Gehens in ein elaboriertes Gehkunstwerk.

Gehen, einfach so, kann jeder und jede. Aber *wissend* gehen ist etwas anderes.

3. Gangarten

Mit den Beinen fängt alles an

Ist das Gehen tatsächlich eine so einfache Sache, wie es aussieht und viele Menschen glauben, die sich nie darüber Gedanken gemacht haben? Genügt es, die Beine mechanisch zu bewegen, nach einem Plan, den jeder Mensch von Geburt an in die Gene gelegt und also mit auf den Weg bekommen hat, oder geht es um etwas mehr? Gehen ist ein «anscheinend einfaches Problem, das aber lange nicht so einfach ist, wie es scheint», stellte der englische Gelehrte D'Arcy Wentworth Thompson (1860–1948) in seinem Werk «On Growth and Form» (Über Wachstum und Form) vor bald 100 Jahren fest.

Das 19. Jahrhundert hat unzählige physiologische Lehrbücher hervorgebracht, in denen das Gehen und der menschliche Gang zum Thema gemacht worden sind. Beim Versuch, den Ablauf des Gehens in allen Phasen so genau wie möglich zu beschreiben, sind die skurrilsten Ergebnisse herausgekommen. Welches Bein macht welche Bewegung, und was macht das andere Bein während dieser Zeit? Wie und wodurch wird beim Gehen der Körperschwerpunkt verlagert. Was geschieht beim Stemmen, Schwingen und Aufsetzen des Beins während des Gehens? Wie verändert die Unterlage beim Gehen den Gang?

Und wo fängt die Gehbewegung überhaupt an? Über solche Fragen, die heute absurd erscheinen, damals jedoch etwas Neues gewesen sein müssen, haben sich die Menschen seit alters her den Kopf zerbrochen.

Mit den Beinen fängt alles an. Der menschliche Körper besteht zur einen Hälfte aus Leib und Kopf, zur anderen aus den Beinen. «Die Struktur des Leibes ist durch dieses Verhältnis *beinbedingt*», schreibt einer der Mitautoren in dem von Hellmuth Bogen und Otto Lipmann herausgegebenen Buch «Gang und Charakter» (1931). Noch damals also muss das Gehen grosse Probleme aufgeworfen haben.

> Die Beine des Menschen sind ihrer physiologischen Bestimmung nach die wichtigsten Organe für den motorischen Willen des Menschen. Wenn man die Eingliederung des Beines in den Mechanismus des Körpers mit einem Teil einer gleichkomplizierten Maschine vergleicht, dann wird das Einmalige dieses Körpergliedes erst klar. Als Ausführungsorgane eines individuellen Willens, der nur einer einzigen, einer einzigartigen Person eingeboren ist, müssen die Beine als organische Teile dieses menschlichen Mikrokosmos sich nach den Gesetzen dieses Willens bewegen im Vermögen des einmaligen Körpers.

Dass es ohne Beine kein Gehen gibt, dass der Gang den Menschen charakterisiert, das leuchtet sofort ein. Trotzdem musste es offenbar einmal gesagt sein. Aber *wie* der Vorgang geschieht, ist eine andere Sache. «Der menschliche Körper ist die vollständigste Maschine und der menschliche Gang ist eine genialkomplizierte Art der Vorwärtsbewegung», liest man bei Bogen und Lipmann.

Diese Komplexität ist die Ursache aller Schwierigkeiten, den Akt des Gehens zu verstehen, zu beschreiben und zu vollziehen. Denn aufgepasst: Wer den wahnwitzigen Versuch unternehmen sollte, sich an die exakten Anleitungen und Beschreibung der alten Lehrbücher zu halten, um sich fortzubewegen, würde wahrscheinlich schnell an den Punkt kommen, wo er nicht mehr in der Lage wäre, sich zu bewegen und nur einen einzigen Schritt zu tun. Er würde nicht wissen, wie er die Beine bedienen müsste und es sich lange überlegen müssen. Er müsste den Text noch einmal nachlesen, versuchen, ihn zu verstehen, alles falsch machen, sich ungeschickt anstellen und schliesslich stolpern, fallen und sich womöglich verletzen. Ob die nachfolgenden Seiten dieses Kapitels immer spannend oder auch nur leicht verständlich sind, steht auf einem anderen Blatt. Aber die aus dem 19. Jahrhundert datierenden Lehrbuchbeschreibungen des Gehens gehören nun einmal wie ihre innewohnende Komik zu Thema und zur Geschichte des Gehens. Wer diese Mühe nicht eingehen will, kann direkt zum Abschnitt «Verschiedene Beschreibungen des Gehens» (Siehe Seite 91) vorgehen.

Also gut: Da sah es eben noch so aus, als genügte es, einfach aufzustehen und loszugehen – und mit einem Mal dieser Schwall von Fragen und Problemen. Kein Rat, nirgends. Am wenigsten in den alten Lehrbüchern selbst. Die «Mechanik der menschlichen Gehwerkzeuge», so legen Wilhelm Weber und Eduard Weber in ihrem Lehrbuch mit dem gleichen Titel (1836) dar, bedürfe eines «eigenen Studiums, um die Bedingungen genauer anzugeben und näher zu bestimmen, von denen das regelrechte Gehen und Laufen abhängt», denn einen Schritt auszuführen und zu beschreiben ginge ja noch. Aber was ist, wenn es, wie gewöhnlich beim Gehen, nicht bei einem Schritt bleiben soll, sondern die Absicht besteht, gleich mehrere hintereinander zu tun, also das Gehen in einen Ablauf zu bringen. Woran muss man dann alles denken? Weber und Weber liefern zum Glück gleich selbst die erlösende Antwort. «Die regelmässige Fortdauer des Gehens» sei auch dann möglich, schreiben sie, «wenn die Aufmerksamkeit des Gängers und Läufers nicht stetig auf deren Erhaltung gerichtet» sei. Man muss beim Gehen nicht unbedingt in allen Einzelheiten wissen und berücksichtigen, was in dessen Verlauf geschieht.

Man kann, soll das wohl heissen, also auch gehen, ohne gewahr zu sein, dass man geht. Gewissermassen unbewusst geht. Das wissende Gehen scheint ohnehin ein höheres Gedankenspiel zu sein, ein Akt der totalen Wahrnehmung und Bewusstmachung, während das gewöhnliche, nicht näher hinterfragte Gehen, das dazu bestimmt ist, die Alltagsverrichtungen ohne unnötigen Aufwand zu erfüllen, eine ebenso mechanische wie automatische Form der Selbsttransportation oder *Lokomotion* ist. Aber die peinlich genau aufgezeichnete Organisation, Ausführung, Abwicklung und Kundgebung dieses gewöhnlichen Gehens ist und bleibt ein heiss diskutierter Gegenstand der wissenschaftlichen Untersuchung durch alle Zeiten hindurch. Man könnte ihn so umschreiben: Wie soll man beim Gehen und beim Reden über das Gehen vorgehen?

Das war die Frage, die sich Honoré de Balzac stellte, als er an einem Tischchen am Boulevard de Gand in Paris sass und den Vorübergehenden nachschaute, bis ihm ein Licht aufging und er überlegte, ob es nicht merkwürdig sei, «dass, seit der Mensch geht, niemand sich je gefragt hat, warum er geht, wie er geht, ob er geht, ob er besser gehen könnte, was er beim Gehen tut, ob es kein Mittel gäbe, seinen Gang zu reglementieren, zu verändern, ihn zu analysieren? Fragen, die jedes philosophische, psychologische und politische System, das die Welt jemals beschäftigt hat, angehen?» Es schien Balzac, als sei «die geringe Kunst, den Fuss zu heben», bisher einer näheren Erörterung nicht wert gewesen zu sein. Dabei sei das Gehen eine Handlung, «die täglich 800 000 Pariser verrichten».

Ein Mann wurde angeblich wahnsinnig, schreibt Balzac weiter, weil er zu viel über das Öffnen und Schliessen einer Tür nachgedacht habe. Das sollte Balzac beim Nachdenken über das Gehen, wo die gleiche Gefahr zum Greifen nahe lag, nicht widerfahren. Er wollte ganz systematisch vorgehen und sich dabei von den naturwissenschaftlichen Grundsätzen seiner Zeit leiten lassen. Daher seine «théorie de la démarche», was mit «Theorie des Gehens» nur unzulänglich wiedergegeben ist. Balzac schrieb eine Theorie des *Vorgehens,* was etwas anderes ist, nämlich eine Abhandlung über das richtige Prozedere bei der Erörterung eines Themas über das Gehen. Der menschlich Akt des Gehens ist nur eine passende direkte und korrekte Metapher für die Art, einen gegebenen Stoff Schritt für Schritt, vom ersten Einfall an, zu behandeln. Balzac dachte dabei wohl an René Descartes und seinen «Discours de la méthode», nämlich an die Methode «des richtigen Vernunftgebrauchs und der wissenschaftlichen Forschung».

Die «théorie de la démarche» ist also ebenso sehr eine Theorie der Bewegung der Körpers, von der Balzac ausgeht, als auch der Bewegung der Gedanken, bei der er am Ende ankommen wollte. In einer Untersuchung des Gehens sah er eine «vollendete Wissenschaft» in nuce enthalten. Im Gehen drückt sich «Denken in Aktion» aus.

Dass er für sich dabei einen Mittelweg einschlug zwischen «der Messlust des Gelehrten und dem Taumel des Narren», macht den Reiz seiner Schrift aus, die ein kleines Meisterwerk ist. Der eine, der Narr, fällt in einen Abgrund, der andere, der Wissenschafter, misst die Fallhöhe. Wer von beiden ist nun der Verrückte, fragt Balzac. Dem Dichter, also sich selber, wies er einen eigenen Parcours zu, auf dem er zwar ungehindert fortschreiten, aber sich auch viele kleine Abschwenker erlauben konnte. Zum Beispiel über das Verhältnis von Gang und Charakter.

Erste Versuche einer systematischen Beschreibung des Gehens

Dass sich bisher niemand für die wissenschaftliche Methode des Gehens interessiert hätte, wie Balzac meint, ist nicht ganz zutreffend. Seit Aristoteles (384–322 v. Chr.) und Lukrez (55 v. Chr. gestorben) haben sich die Menschen über den Vorgang des Gehens an sich wie über dessen einzelne Phasen, aus denen er sich zusammensetzt, den Kopf zerbrochen.

Bei Aristoteles stehen Bewegung und Wandel im Mittelpunkt seines Denkens. Alles sich Bewegende hat etwas Unbewegliches als Ursprung, aber das, was etwas bewirkt, und das, was eine Einwirkung erfährt, gehört seiner Natur nach zu den Dingen, die zueinander in Beziehung stehen. Der Körper als das Bewegte und die Seele als das Bewegende bilden eine Einheit. Die Seele wird als das die Bewegung auslösende Prinzip verstanden. Am Ursprung der körperlichen beziehungsweise organischen Bewegung steht eine Überlegung oder Sinneswahrnehmung, die eine Vorstellung auslöst, die ihrerseits ein Streben auslöst, das sich auf die organischen Teile (Muskeln, Knochen) überträgt. «Als Anfang der Bewegung erweist sich das, was im Bereich des Handelns angestrebt wird beziehungsweise vermieden werden soll», sagt Aristoteles. Vereinfacht ausgedrückt: Ich habe Durst, also will ich trinken. Ich sehe ein Glas auf dem Tisch, das ich ergreifen will, weshalb ich aufstehen und zum Tisch gehen muss, um es zu ergreifen.

Ausserdem hatte Aristoteles in «De incessu animalium» die Feststellung gemacht, dass der Anstoss zur Bewegung von der rechten Körperhälfte ausgeht und sich auf die linke Körperhälfte überträgt. Das führt dazu, dass die Menschen mit dem linken Bein anfangen zu gehen. Ein chinesisches Sprichwort, das der Psychiater Lawrence LeShan zitiert, sagt: «Die längste Reise beginnt damit, dass Du Deinen linken Fuss ausstreckst.»

Das Verhältnis von linkem und rechtem Bein wird noch lange Zeit ein unerschöpfliches Thema bleiben. Im Übrigen sind Aristoteles' Aussagen über die Bewegung von Lebewesen ein Versuch, eine umfassende Theorie zu begründen, die auch die Bewegungen der Gestirne wie das Wachstum von Pflanzen umfasst. Sie stellt sich zuletzt aber als ein mehr philosophischer Gedankengang denn als physikalische Beobachtung, die zu seiner Zeit gar nicht möglich war, heraus.

Lukrez in «De rerum natura» hat als Erster die Beweggründe des Gehens in eine verständnisvolle Ordnung gebracht. Zuerst erscheinen dem Geist «Bilder des Gehens». Danach wird der «Wille zum Gehen» geweckt, «denn Niemand beginnt doch/Etwas zu tun, wenn der Geist, was er will, nicht voraussieht». Der Wille trifft sodann auf die «seelische Kraft», die im Körper verteilt ist und einen «Stoss» an den Körper weitergibt. «So schiebt sich/Und so bewegt sich allmählich die Last im Ganzen nach vorwärts.» Die feinen Atome des Windes blähen die Segel der Schiffe auf den Meeren, ebenso sehr sind sie auch in der Lage, einen mächtigen Körper zu drehen und zu lenken. Die Atome, auf denen Lukrez seine Wissenschaft gründete, tragen heute kaum noch etwas zur Erkenntnis über das Gehen bei, aber Lukrez' Überlegungen sind ein erster Versuch, das Gehen in eine poetische Systematik zu bringen.

Nur kurz eingeschoben sei an dieser Stelle der Hinweis, dass der deutsche Historiker Johann Gustav Droysen (1808–1884) sich wie Lukrez auf den Gang berufen hat, um an seinem Beispiel eine systematische Erklärung zu geben, was Interpretation ist:

Wie sich im Gehen vereint a) der Mechanismus der schreitenden Glieder, b) die durch die Ebenheit oder Unebenheit, Glätte, Härte usw. des Bodens bedingte Spannung der Muskeln, c) der Wille, welcher den Körper bewegt, d) der Zweck des Wollenden, um deswillen er geht, – so nach vier Gesichtspunkten vollzieht sich die Interpretation.

Balzacs weiter oben zitierte Bemerkung über mangelndes Interesse am Gehen ist auch deshalb nicht ganz korrekt, als er selber sich auf den italienischen Mediziner und Mathematiker Alfonso Borelli (1608–1679) beruft, dessen 1680 posthum erschienenes Buch «De motu animalium» er gelesen und verflucht hatte. Der italienische Arzt und Mathematiker konnte ihm zwar sagen, warum ein Mann hinfällt, wenn er aus dem Gleichgewicht gerät, aber kein Wort darüber, was der Mensch tun müsse, um *nicht* zu fallen. Der Mensch fällt dann, wenn die Schwerelinie des Körpers ausserhalb des Bereichs der Unterstützungsfläche des Fusses fällt. Dann kann das Umfallen auch durch Anwendung von Muskelkraft nicht verhindert werden.

Erst später erkannte Balzac die Bedeutung Borellis und den Wert seiner Untersuchungen über die «innere Dynamik des Menschen». Borelli habe die «unfassbare Willenskraft» gemessen, deren Spielregeln erkannt und «das Potenzial des Denkens abgesteckt, indem er gezeigt hat, dass der menschliche Muskelapparat in einem Missverhältnis zu den vom Menschen erzielten Ergebnissen steht; dass der Mensch über Kräfte verfügt, die diesen Apparat zu einer ungleich grösseren Leistung, als der tatsächlich erbrachten, antreiben könnten», so Balzac.

Als einer der Ersten hatte Borelli Versuche angestellt, um den Schwerpunkt des Körpers, allerdings des längs gestreckten, experimentell zu ermitteln. Ausserdem hatte er den Bewegungsablauf beim Gehen genau beschrieben. In der Doppelstützphase, also dann, wenn beide Füsse den Boden berühren, wird der Schwerpunkt des Körpers durch Stemmen des hinteren Beines verlagert. Das geschieht dadurch, dass es durch

Streckung des Fusses verlängert wird. Dieser Vorgang geht so weit, bis der Körper etwas weiter als senkrecht über dem Vorderbein liegt. Dann wird der hintere Fuss durch Beugung der Fuss-, Knie- und Hüftgelenke vom Boden gehoben. Durch die dabei entstandene Geschwindigkeit und Neigung des Körpers nach vorne wird der hintere Fuss über den ruhenden Fuss hinaus gebracht und auf den Boden aufgesetzt. Eine neue Doppelstützphase kann jetzt unter der gleichen Voraussetzung, aber bei umgekehrter Ausgangslage, erfolgen. Der Fuss, der vorher vorne war und jetzt hinten ist, übernimmt nun seinerseits das Stemmen.

Vor Borelli hatte Pierre Gassendi in «De vi motrice et motionibus animalium» wie vor ihm Aristoteles die Feststellung gemacht, dass das Gehen erst möglich ist durch den Gegendruck der Erde.

Der Fuss ist nötig zum Tragen und zum verschiedenen Neigen des Körpers. Das Stemmen gegen die Erde beim Gehen findet ununterbrochen statt, indem die Teile desselben Fusses nach einander stemmen und das eine Bein nicht eher zu stemmen aufhört, bis das andere beginnt; und ebenso geht die Bewegung durch die Luft fort, indem, sobald der eine Fuss aufhört, der andere durch die Luft sich zu bewegen anfängt. Bloss der stemmende Fuss bewegt den darauf sich stützenden Rumpf fort, da der durch die Luft bewegte Fuss am Rumpf hängt und von ihm fortgetragen wird.

In den Jahren 1816–17, 17 Jahre vor Balzacs Theorie des Vorgehens, erschien der «Précis élémentaire de physiologie» von François Magendie (1783–1855). Was wusste er Neues über die Mechanik des Gehens? Die unteren Gliedmassen, obwohl den oberen in der Struktur ähnlich, müssen das Gewicht des Körpers tragen. «Sie sind die Hauptwerkzeuge unserer

Ortsbewegungen.» Die Schwierigkeiten beim Verstehen des Gehvorgangs beginnen mit dem Übergang von der ruhenden Stellung in die Bewegung.

Wenn der aufrecht stehende Mensch, beide Füsse nebeneinander stellend, mit einem gewöhnlichen Schritte auf einer horizontalen Ebene fortgehen soll, so muss er einen Schenkel gegen das Becken, und das Bein gegen den Schenkel beugen, um durch die allgemeine Verkürzung des Gliedes den Fuss vom Boden zu erheben; die Beugung des Schenkels zieht die Fortbewegung des ganzen Gliedes nach vorne nach sich; dieses wird nun wieder auf den Boden gesetzt, und zwar zuerst mit der Ferse, und allmählich mit der ganzen Fusssohle. Während dieser Bewegung erfährt das Becken eine horizontale Reaktion auf dem Schenkelkopf des unbewegt gebliebenen Gliedes. Diese hat zum Zweck: 1. das ganze vom Boden erhobene Glied nach vorwärts zu bringen; 2. auch die diesem Glied entsprechende Körperseite nach vorwärts zu bringen, während die andere Seite mit ihrem Fuss zurückbleibt.

Das ist eine andere Beschreibung als diejenige Borellis für die gleiche Sache. Neu ist bei Magendie, dass er die Ursache der Vorwärtsbewegung des Körpers in einer Rotation des Rumpfs erkennt. Aus dem Zusammenspiel von unteren Gliedern und Rumpf entsteht überhaupt erst das Gehen. Darüber hinaus kam Magendie zur Einsicht, dass es mit dem ersten Schritt noch nicht getan ist.

Bis hierher hat noch kein Fortschreiten stattgefunden, nur allein die Unterstützungsfläche ist modifiziert worden. Um den Schritt zu vollenden, muss das zurückgebliebene Glied dem anderen nachrücken und sich mit ihm in gleiche Linie oder darüber hinaus stellen.

Ein einzelner Schritt genügt also nicht. Erst der *Doppelschritt,* bestehend aus zwei direkt aufeinander folgenden Einzelschritten, nämlich einer Stemm- oder Stand- und einer Schwungphase, führt zu einem koordinierten, befriedigenden Gehergebnis und einer sinnvollen Aussage über das Gehen. Ausserdem nahm Magendie an, dass es im menschlichen Organismus eine «immer nach vorwärts treibende Kraft» gibt, die einerseits willkürlich, andererseits vom Willen geleitet sind. Mit der Einschränkung: Die bestimmende Ursache der Bewegung ist zwar der Wille; die Muskelzusammenziehung selbst, die dazu erforderlich ist, erfolgt aber «instinktmässig», weil es unmöglich ist, die Muskeln entweder isoliert oder einzelne zusammen mit einzelnen anderen durch den Willen zu bewegen. Ist das Rückenmark vom Gehirn getrennt, hat der Wille erst recht nichts mehr zu bestellen, wie man von Querschnittgelähmten weiss. Das verleitete Magendie zur Annahme, dass die «direkte Ursache der Bewegung» im Rückenmark liegen müsse.

Die Mechanik des Gehens

Drei Jahre nach Balzacs Essay über Gehen, Gang und Vorgang erschien von Wilhelm Weber und Eduard Weber das Buch «Mechanik der menschlichen Gehwerkzeuge», für das die beiden Autoren erstmals gründliche Versuchsanordnungen getroffen haben. Bei einer variierenden Zahl von Versuchspersonen, von denen die beiden Brüder verlässliche Durchschnittswerte erhalten wollten, massen sie auf einer Bahn von 43,43 Meter Länge mit einer Tertienuhr die Zeit, die zum Zurücklegen benötigt wurde. Daraus leiteten sie die genauesten bis dahin erzielten Werte für Schrittlänge und Ganggeschwindigkeit ab – damals etwas Neues. Die Höhe der Hebung des Fusses in der Schwungphase und die Neigung des Rumpfs beim Gehen wurde mit einem Fernrohr bestimmt. Ausserdem stellten die Brüder Weber genaue Beobachtungen und Messungen über die Schwingung des Beins an.

> Es ist bekannt, dass jedes der beiden Beine beim Gehen abwechselnd auf dem Boden steht, wo es als Stütze dienen und den Körper fortschieben kann, abwechselnd aber nicht aufsteht. Während des letzten Zeitraums, wo es nicht aufsteht, hängt es am Rumpf und wird von demselben vorgetragen, wobei seine zum Rumpf hinaufgehenden Muskeln erschlaffen. Dieser Zeitraum nimmt seinen Anfang, indem das Bein hinten den Boden verlässt, und endigt, indem dasselbe Bein, um den Körper zu stützen, vorn aufgesetzt wird.

Jedes Bein steht beim Gehen in einer Art Arbeitsteilung also abwechselnd auf dem Boden und wird abwechselnd vom Rumpf, an dem es hängt, getragen. Es wirkt einmal als tragende Stütze, einmal als fortschiebendes Stemmwerkzeug. Beim Stemmen rollt der Fuss am Boden ab wie das Rad, das einen Wagen fortträgt (Gassendi hatte den Vergleich mit einer Kugel angestellt), nur hebt sich die Fusssohle hinten nicht sofort wie das Rad, sondern hört bloss auf, sich gegen den Boden zu stemmen. Die Abwicklung «besteht daher bloss in einer successiven Versetzung der Stelle des Stemmens gegen den Boden von der Ferse zur Spitze».

Das ist die erste Bedingung der Bewegung. Der zweite Abschnitt, den das Bein während des Zeitraums eines Doppelschritts ausführt, «ist der, wo es am Rumpf hängt und samt diesem vom anderen Bein fortgetragen wird». Es führt dabei, während es nach vorne schwingt, nach den Beobachtungen von Weber und Weber eine Pendelbewegung aus, also durch das eigene Gewicht, nicht nur eine Muskelkontraktion, was für die beiden Autoren «eine Verschwendung der Kraft unserer

Muskeln» gewesen wäre. Sie meinten, dass das stemmende Bein als Stellvertreter des treibenden Gewichts, das schwingende Bein als Stellvertreter des Pendels angesehen werden müsse und am Ende jedes Schritts beide nach vollbrachtem Dienst ihre Rolle tauschen. Eine falsche Annahme, wie sich später erweisen sollte.

Neben Stemmen und Schwingen bezieht sich die dritte Bedingung der Bewegung, «von deren Erfüllung der regelrechte Gang abhängt» (Weber und Weber), auf die Grösse des Bogens, den das schwingende Bein ausführt, bevor es auftritt. Dieser Bogen kann durch den Gehenden bestimmt werden. Die beiden Autoren machen ausdrücklich klar, dass Menschen keine «Gehmaschinen» sind, weil ihre Gehbewegungen durch die Freiheit des Willens beeinflusst und geändert werden können. Schrittlänge und Geschwindigkeit des Gangs gehen daraus hervor. Mehr Schwung führt zu längeren Schritten, die Zeit für die Zurücklegung einer bestimmten Wegstrecke wird verkürzt.

Aus diesen drei genannten Voraussetzungen ergibt sich der «ganze Hergang beim regelrechten Gang». Die Pendelbewegung des schwingenden Beins, die Weber und Weber angenommen hatten, wurde von Guillaume Benjamin Duchenne (1806–1875) in dessen Werk «Physiologie des mouvements» (1867) widerlegt. Das Bein wird in Wirklichkeit durch «aktive Contraktion bestimmter Extremitäten» bewegt. Duchenne sprach davon, dass man sich Muskeln «wie Sprungfedern» vorstellen müsse. Er war übrigens der Mann, der die wissenschaftlichen Errungenschaften seiner Zeit, Elektrizität (an Stelle des Skalpells), Physiologie und Fotografie (man denke an die Versuche von Muybridge und Marey) zu einer neuen Wissenschaft, der Elektrophysiologie, verband und an seinen Probanden zeigte, wie elektrische Stromstösse, mittels Elektroden am Kopf angebracht, die Gesichtsmuskeln zu beeinflussen beziehungsweise gelähmte Muskeln animieren können. In einem Fotografiewerk dokumentierte er seine Versuche.

Wer ist als Nächster an der Reihe? Hermann Vierordt (1853–1943), Verfasser eines Lehrbuchs mit dem Titel «Das Gehen des Menschen in gesunden und kranken Zuständen», 1881 erschienen. Wie schon einige seiner Vorgänger nahm Vierordt genaue Messungen vor. Um Fussstellung und Schrittlänge zu ermitteln, stellten seine Versuchspersonen beim Gehen farbliche Fussabdrücke her. Der zeitliche Ablauf wurde mit Spezialschuhen, an denen Unterbrecherkontakte angebracht waren, registriert. Beim Berühren des Bodens wurde der Stromkreis geschlossen und das Ergebnis auf einer langsam rotierenden Kymografentrommel festgehalten. Um schliesslich die Gliederbewegungen aufzuzeichnen, trugen seine Versuchspersonen speziell angefertigte Kleider mit Spritzdüsen, aus denen beim Gehen eine farbliche Flüssigkeit auf einem Papier auf dem Boden und seitlich an der Wand den Verlauf wiedergab.

Auf diese Weise kam Vierordt zum Ergebnis einer minimalen Schrittlänge von 52,4 cm und einer maximalen von 73,7 cm. Für das linke Bein lagen die Werte zwischen 57,8 und 73,7 cm, für das rechte 52,4 und 69,3 cm. Er wollte es dahingestellt lassen, ob daraus eine bei den meisten Menschen vorhandene «Prävalenz eines Beins, gewöhnlich des linken», abgeleitet werden könne.

Was die Gehgeschwindigkeit betrifft, so kam er für eine Strecke von acht Metern bei langsamer Fortbewegung auf 17 Schritte in 21,33 sec, bei schneller Gangart auf 11 Schritte in 4,69 sec. Auch hier zeigte sich, dass das linke Bein schneller ist als das rechte. Für den linken Schritt gab er 0,740 sec an, für den rechten 0,731 sec.

Die Beschreibungen des Gehens nehmen fortan einen immer wissenschaftlicheren Charakter an. In seinem Werk «Über den Mechanismus des menschlichen Ganges und die Beziehung zwischen Bewegung und Form» schreibt Carl Boegle 1885:

> Die Quelle der Kraft, welche die Gehmaschinen in Bewegung setzt, ist ebenso wie bei künstlichen Maschinen ausserhalb derselben zu suchen, und zwar im Centralnervensystem.

Ein direkt vom Zentralnervensystem als «erste Kraftquelle» ausgehender Anstoss überträgt sich auf eine von selbst zirkulierende Bewegung des Gehapparats.

> Sämtliche beim Gehen mitwirkenden Muskeln befinden sich für die Dauer desselben im Erregungszustand. Die Kontraktionen der Muskeln während des Gehens sind nicht als einzelne Willensakte aufzufassen, sondern gehen unmittelbar aus Dehnungen hervor, insofern jede Reihe von Muskelkontraktionen eine benachbarte Reihe von Muskeldehnungen hervorruft und der Prozess dadurch weiterschreitet, dass sich die Dehnungsreihe sogleich wieder in eine Kontraktionsreihe verwandelt. Der Wille leitet den Vorgang dadurch ein, dass er durch eine einmalige absichtliche Bewegung den Körper nach der gewünschten Gehrichtung hin aus dem Gleichgewicht bringt, und während dann der nachfolgende Gehakt ohne seinen direkten Einfluss gleichsam automatisch sich vollzieht, sorgt er für den erforderlichen Grad der Muskel-Erregung, überwacht die Äquilibrierung des Körpers und ist in einem durch Erfahrung und Übung bestimmten Grad befähigt, selbsttätig jeden Augenblick in den Prozess einzugreifen.

Es erübrigt sich also, beim Gehen immer darüber nachzudenken, was man dabei macht. Gehirn, Wille, Nervensystem, Muskeln wissen das von allein und ohne Lehrbuch.

Auch Wilhelm Braune und Otto Fischer waren sich in ihrem Werk «Der Gang des Menschen» (1895, 1899, 1900) über die ungleichen Funktionen der Beine im Klaren. Aber dieses asymmetrische Verhalten überraschte sie nicht, weil Symmetrie im menschlichen Körperbau selten ist. Über die Notwendigkeit äusserer Kräfte für die Fortbewegung wie Anziehungskraft der Erde, Gegendruck des Bodens, Reibung am Boden oder zum Beispiel Widerstand der Luft stellten sie fest, dass ohne diese Faktoren nichts geht. Würde der Mensch im luftleeren Raum schweben, würden alle Muskelanstrengungen seinen Gesamtschwerpunkt auch nicht um einen Millimeter im Raum verrücken können. Dadurch, dass die Muskeln auf den Gegeneindruck einwirken können, ist es möglich, dem Körper «sowohl die Richtung als auch die Geschwindigkeit des Ganges willkürlich aufzuzwingen». Gehen heisst unter diesen Umständen, durch «veränderte Innervation» (Reizübertragung) die Muskelspannung zu vergrössern und den Körper aus dem Gleichgewicht zu bringen. In diesem Augenblick «tritt Bewegung ein».

1931, bei Erscheinen von «Gang und Charakter» der Autoren Hellmuth Bogen und Otto Lipmann, waren die Probleme immer noch nicht restlos ausgeräumt. So hält sich einer der Mitautoren des Werks immer noch damit auf, dass das hintere Bein abhebt («aufzehnt»), das Körpergewicht auf das vordere verlagert wird und das hintere frei wird, um den nächsten Schritt zu vollziehen. «So entsteht der Gang.» Das ist ein Vorgang, den das Kind unter grossem Müheaufwand lernen muss, der aber später keinerlei Probleme mehr verursacht. «Es werden psychomotorische Kräfte frei, die anderswo verwandt werden können. Erinnert sei nur daran, dass wir im Gehen essen können.»

Und damit es niemand vergisst: «Gehen ist Ortsveränderung des Körpers verbunden mit der Absicht, an fremder Stelle Handlungen zu ermöglichen. Die besondere Art, wie jemand die Ortsveränderung ‹Gehen› in Szene setzt, ist ein

Gang.» Damit wird angedeutet, dass zwischen Gang und Charakter ein direkter Zusammenhang besteht. Je nach Vorhaben und Umständen ändert sich der Gang des Menschen und legt dessen Charakter oder auch nur seine Handlungsabsicht offen. Der Dieb *schleicht* davon, ein Mensch, der aus Fröhlichkeit *tanzt,* bewegt sich in völlig verschiedener Weise.

1973 hatte Meyers Enzyklopädisches Lexikon das Stichwort Gehen unter dem Begriff «Fortbewegung» aufgenommen. Das Gehen und Laufen ist auf dem Land (im Unterschied zum Schwimmen im Wasser) «die am weitesten verbreitete Fortbewegungsmethode». Die annähernd gleiche Beschreibung, aber diesmal unter dem Stichwort «gehen», Begriff «Biologie», übernimmt 1997 der Brockhaus, als ob es immer noch niemand glaubte und detailliert erklärt werden müsste. Er gibt folgende Erklärung:

> Beim Gang des Menschen wird nach Vorsetzen des einen Beins (Stützbein) durch die Vorwärtsbewegung des Oberkörpers der Schwerpunkt nach vorn verlagert, der Oberkörper beginnt nach vorn zu kippen. Währenddessen schwingt das andere Bein (Schwingbein) nach vorn und unterstützt den Rumpf entgegen der Schwerkraft. Beim Verlagern des Schwerpunktes werden die Arme im Rhythmus der Beinbewegungen mitgeschwungen.

Verschiedene Beschreibungen des Gehens

Bisher war nur vom *Gehen* die Rede. Das ist aber beileibe nicht die einzige Art und das einzige Ziel, den Körper zu bewegen. Ein unerschöpfliches Repertoire an Ausdrücken fängt jede Nuance ein, wie sich die Menschen in ihrer Fortbewegung verhalten, und dann gilt das Ergebnis erst noch meistens nur auf einer glatten oder ebenen Fläche.

Aber zum Beispiel auf einer schrägen Fläche? Da ist alles anders. Und nochmals ganz anders ist alles, je nachdem, ob der Mensch beim Gehen eine schwere Last auf dem Rücken trägt oder einen beladenen Karren schiebt oder zieht; je nach der Unterlage, auf der man geht (Teppich, Steine, Kies, Sand, hohes Gras); je nachdem, ob man in Schuhen und in was für Schuhen oder ob man barfuss geht; je nach äusseren Umständen (im Trockenen, im Wasser, im Schmutz); je nach Alter und Gesundheitszustand; nicht zu reden von der *Absicht,* die mit dem Gehen verbunden ist. Sind Erwartung oder Widerstand im Spiel? Beides kann sichtbare Folgen für den Bewegungsablauf haben. Wenn die Zeit knapp ist und ich den Zug erreichen will, muss ich vielleicht rennen, wenn er erst in einer Stunde fährt, schlendere ich noch eine Weile in Bahnhofsnähe und schaue in die Schaufester am Weg.

Eine andere Frage ist: Geht jemand oder kommt jemand? Kommt er zur Tür herein gestürzt oder schleicht er sich aus dem Zimmer davon? Gehen im Schnee führt schnell zu einer Gangart, die man bestimmt nicht als schreiten oder wallen bezeichnen kann, sondern auf die einzig der Ausdruck stapfen zutrifft, und im Wasser gehen heisst waten. Musik geht in die Beine, darum wird den Soldaten der Marsch geblasen. Das Marschieren auf dem Exerzierplatz unter Anweisung eines Schreihalses ist etwas anderes als tanzen. Und ob Männer und Frauen in gleicher Weise gehen, ist noch nicht entschieden. Der Rock oder die in der Vergangenheit künstlich deformierten Füsse der Japanerinnen beeinflussen das Gehen und ersetzen das Schreiten durch ein Trippeln. Das Glossar im Anhang gibt nur einen approximativen Überblick.

Wie weitläufig im besten Sinn des Worts jeder Versuch einer Beschreibung des Gehens ist, geht zum Beispiel auch aus der Tatsache hervor, dass die Teton-Dakota-Indianer nach Werner Müller in ihrer Sprache acht Arten des Gehens kennen, wobei es jeweils wesentlich darauf ankommt, wo überhaupt etwas gesagt wird:

1. ya: auf dem Weg sein zu einem Ort, an dem man nicht wohnt, gesprochen in einiger Entfernung von diesem Ort;
2. i: zu einem Ort gegangen sein, an einem Ort weilen, an dem man nicht wohnt, gesprochen in einiger Entfernung von diesem Ort;
3. u: gehen zu einem Ort, an dem man nicht wohnt, gesprochen an jenem Ort;
4. hi: ankommen an einem Ort, an dem man nicht wohnt, gesprochen an jenem Ort;
5. gla: heimgehen, auf dem Weg nach Hause sein; der Sprecher befindet sich nicht im heimatlichen Zelt;
6. ki: angekommen sein zu Hause, der Sprecher befindet sich nicht dort;
7. ku: heimgehen, auf dem Weg nach Hause sein, der Sprecher befindet sich dort oder ist dem Haus zugewandt;
8. gli: zu Hause angekommen sein, gesprochen an diesem Ort.

Die Teton-Dakota müssen sich also jedes Mal genau überlegen, was sie gerade tun. Das ist vielleicht die versteckte Absicht dabei. Es zeigt sich dabei, in welchem Mass das Gehen eine Methode des Denkens und Verstehens ist. Wie ordne ich mein Denken und wie nehme ich die Welt, in der ich mich aufhalte, zur Kenntnis? Was mache ich überhaupt? Vielleicht ist damit eine Möglichkeit gegeben, das Denken zu verräumlichen, das heisst räumlich zu begreifen, oder gar mit den Beinen zu denken beziehungsweise den Raum zu konzeptualisieren und sich auf diese Weise bewusst und souverän durch das Land zu bewegen. Seine «Theorie des Gehens» oder vielleicht eher seine Beobachtungen an den vorbeigehenden Menschen verschaffte Balzac die «Wohltat» der «Liebe zum Denken», auch wenn er daraus noch viel lieber eine «Physiologie der Menschheit» abgeleitet hätte.

Unter Berufung auf Diedrich Westermann hat Werner Müller auch auf die Tatsache hingewiesen, dass bei den Ewe in Togo und Benin ein allgemeiner Ausdruck für gehen fehlt. Umso genauer werden dafür die Gangarten auf die Erscheinung und die Gehweise des Menschen bezogen und beschrieben, also je nachdem, ob die Person klein ist, schlotternd geht, schwerfällig schreitet oder das Gehen «mit nickendem Kopf, mit wackelndem Bauch oder Hintern» geschieht. Welcher Humor und welche Beobachtungsschärfe ist damit verbunden!

Der semantische Prozess gleicht dadurch einer «sekundenschnell arbeitenden Kamera, die Bild auf Bild und Situation auf Situation packt und festbannt». Es gibt Tausende von Gangarten, aber keine verallgemeinernde, abstrakte Sprache. Die auf jeden einzelnen Menschen bezogene Sprache ist unbestrittenermassen die genauere und daher poetischere. Müller ging es darum zu zeigen, wie nahe die sogenannten primitiven Sprachen bei der Lebenswirklichkeit liegen und was für eine enorme Denkleistung sie abverlangen.

Mit dem Hinweis auf die Teton-Dakota- und Ewe-Sprache könnte man vielleicht auch sagen, dass im Gehen das Denken in Aktion tritt, wie Balzac dies in seiner «Theorie des Gehens» ausgedrückt hat. Die Ergebnisse seiner Beobachtungen, die er auf dem Boulevard du Gand anstellte, «die prächtige Farbpalette der Bewegungsmöglichkeiten», die er beobachtete, verschlugen ihm dann aber doch die Sprache. Er machte die Entdeckung, wie sich in der Gehbewegung des Menschen dessen Charakter manifestiert. Noch deutlicher: Wie sich der Mensch in seinen Bewegungen offenbart, ohne die Möglichkeit zu haben, sich oder etwas von seinem Inneren zu verstecken oder seinen Mitmenschen etwas vorzuspielen.

Mit Bezug auf Johann Caspar Lavater (1741–1801) meinte Balzac, im Gang des Menschen spiegle sich die Physiognomie des Körpers, nicht nur in den Gesichtszügen der Charakter. Wie einer geht, so ist es um seine seelische Verfassung bestellt. Alles liegt ungeschönt zu Tage: «eine schlechte Eigenschaft, ein Schuldgefühl oder eine Krankheit». Der Mensch, wenn er geht, ist wie ein offenes Buch. Eine falsche Bewegung, schon wissen alle über ihn Bescheid. Er hat sich verraten, er ist durchschaut und zappelt hilflos mit den Beinen wie ein Käfer auf dem Rücken. Diese eindeutige «Aussagekraft» versetzte Balzac in Verwunderung und erfüllte ihn zugleich mit Entsetzen. Der Mensch sei nicht in der Lage, gegen diese Offenbarungsmacht etwas auszurichten, er könne niemals «Herr über seine Nasenspitze» sein. Sogar an der Anordnung der Rippen eines Skeletts glaubte Balzac die Gewohnheiten des Gangs erkennen zu können. Auf diese Weise entwickelte er, indem er von den Details auf das Ganze schloss, seine Theorie des Gehens, die ihn von der einfachen Bewegung des Körpers zur Betrachtung des Charakters und der Seele des Menschen führte.

Jean Paul (1763–1825), der über das Spazierengehen reden wollte, weil er selber nicht gern spazieren ging, teilte wie jeder Mensch «von Verstand und Logik» die Spazierer in vier Kasten:

In der I. Kaste laufen die jämmerlichsten, die es aus Eitelkeit und Mode tun und entweder ihr Gefühl oder ihre Kleidung oder ihren Gang zeigen wollen.

In der II. Kaste rennen die Gelehrten und Fetten, um sich eine Motion zu machen, und weniger, um zu geniessen, als um zu verdauen, was sie schon genossen haben.

Die III. Kaste nehmen diejenigen ein, in deren Kopf die Augen des Landschaftsmalers stehen, in deren Herz die grossen Umrisse des Weltalls dringen, und die der unermesslichen Schönheitslinie nachblicken, welche mit Efeufasern um alle Wesen fliesst und welche die Sonne und den Bluttropfen und die Erbse ründet und alle Blätter und Früchte zu Zirkeln ausschneidet.

Eine IV. bessere Kaste, dächte man, könnt' es nach der dritten nicht geben: aber es gibt Menschen, die nicht bloss ein artistisches, sondern ein heiliges Auge auf die Schöpfung fallen lassen.

Das ist zwar eine Spaziergänger-Typologie, die dennoch viel über Gangart und Charakter der Registrierten aussagt. Man kann Jean Pauls Vorbeigehende förmlich sehen. Die Angehörigen der ersten Kaste stolzieren in gespreizter Manier vorüber, mit wenig vorgebeugtem Oberkörper, sie schieben sich sozusagen vor sich her. Die Verdauenden der zweiten Kaste, die sich eine «Motion» verschaffen wollen, führen eine rollende, breitbeinige Bewegung aus. Sie treten ein bisschen affektiert auf. Die Dritten laufen verzückt, mit in die Höhe gerichtetem Blick umher, und die Vierten – ach ja, die Vierten. Die laufen mit noch verzückterer Miene und mit noch höher erhobenem Blick umher, sie berühren mit den Füssen kaum noch den Boden, die Gravitation ist aufgehoben, der Himmel ein Stück näher gerückt.

So kann man sich zahlreiche Gangarten vorstellen und aus einer einfachen Beschreibung verschiedene Schlüsse ziehen. Aber inwiefern lässt sich, um noch einmal bei Balzac anzuklopfen, aus der Art des Gehens auf den Charakter schliessen und was für Erkenntnisse können dabei gewonnen werden? «Ausdruckskunde» und «Charakteriologie des Gangs» hat man das früher genannt.

Gang und Charakter

Bei Bogen und Lipmann haben verschiedene Autoren ihre Meinungen dazu geäussert, und sie sind, wie nicht anders zu erwarten war, unterschiedlich ausgefallen. Etliche vertreten die

Auffassung, Eigenschaften wie Ehrlichkeit, Keuschheit, Gerechtigkeitssinn liessen sich *nicht* am Gang ablesen. Dann wäre der Gang eine automatische Vollziehung einer Absicht im Gehen. Auf die Dauer kann der Gang aber nicht bewusst gelenkt werden, nach einiger Zeit entgleitet er dem Willen. Das ist der Augenblick, wo er als Objekt der Beobachtung doch wieder zum Thema gemacht wird. Also ist Verstellung nur vorübergehend möglich, danach wird der Gang wieder, was er immer gewesen ist, zu einer *Sprache,* die über Charakter und Befindlichkeit des Gehenden etwas aussagt.

Ein Choleriker bewegt sich anders vorwärts als ein Phlegmatiker, was für den Schauspieler im Theater von grosser Bedeutung sein kann. Auch Berufsgruppen können eigene Formen des Gangs herausbilden. Bei reisenden Kaufleuten, Landwirten, Priestern, meint einer der Mit-Autoren von Bogen und Lipmann, wird der Gang durch die Lebenstätigkeit geprägt. Der Melancholiker schleicht, der Tölpel stolpert, vom «Mann mit der Bierruhe» lässt sich sagen, dass er walzt. Die Stenotypistin (als es sie noch gab) würde, an «engräumige Bürodistanzen gewöhnt», trippeln, meint ein anderer Autor. Der Gang eines jungen Mädchens ist dagegen «sichtbar gewordene Ethik», was doch eine zitierwürdige Bemerkung ist. Zuletzt wirkt sich auch die Körpererziehung, zum Beispiel eine sportliche, auf den Charakter und dieser dementsprechend auf den Gang aus.

Ob das alles Parodien oder Klischees sind oder ob in der Theatersprache von Chargieren gesprochen werden sollte, muss dahingestellt bleiben. Die meisten Menschen sind geneigt, ihre Beobachtungen für Erkenntnisse zu nehmen, aber gewisse Übereinstimmungen dürfen nicht ohne weiteres ausgeschlossen werden.

Etwas anderes ist die Bemerkung eines der verschiedenen Autoren, der Gang sei durch die Nationalität bedingt, «besser gesagt, durch die Rasse». Das Buch von Bogen und Lipmann erschien 1931, was manches erklären hilft. Es war die Zeit, als der Begriff Rasse ins Unmenschliche exaltiert wurde, obwohl es doch vielleicht rassische Merkmale gibt, wenn man damit nur nichts Abwertendes oder Denunzierendes meint, sondern Eigenart, Vielfalt, Verschiedenheit, Unterscheidung, Heterogenität: Kriterien also, die im Zeitalter der politischen Korrektheit, unter deren wachsamem Auge alle Menschen «gleich» sind, gern verteufelt werden. Der selbe Autor stellte im Weiteren den Vergleich von Schritt und Gang an, die er mit dem Verhältnis von Atom und Molekül in eine Konstellation bringt.

Darüber hinaus ist die Feststellung zutreffend, dass es keine normierte, standardisierte oder reglementierte Gehweise gibt, nur eine dem einzelnen Individuum angepasste, die von verschiedenen äusseren und inneren Bedingungen abhängt (was die Ewe-Sprache weiter oben gezeigt hat). Was an diesem Gang ausserdem schön sein könnte, ist einer weiteren Überlegung wert.

Wahrscheinlich ist schön in Beziehung auf den Gang ebenfalls etwas, das mit dem Charakter oder der individuellen Konstitution zu tun hat. Wer leichtfüssig geht, sich beschwingt bewegt, federnden Fusses unterwegs ist, drückt eine Heiterkeit aus, die Ausdruck einer inneren Gestimmtheit ist, aber vielleicht auch eines fröhlichen, aufgeklärten Denkens, warum nicht?

Schon Balzac hatte sich über den schönen Gang Gedanken gemacht. Welche «Menge an Fluidum» der gehende Mensch verliert, wenn er sich nicht konzentriert bewegt, sondern sich unordentlich fortschleppt, das bleibt ein Geheimnis. Darauf wusste Balzac keine Antwort. Selten würden sich die Menschen so geschmeidig wie die wilden Tiere bewegen, fand er. Die Wilden mit ihrem langsamen und feierlichen Gang tun es noch am ehesten. Etwas Majestätisches geht von einer langsa-

98

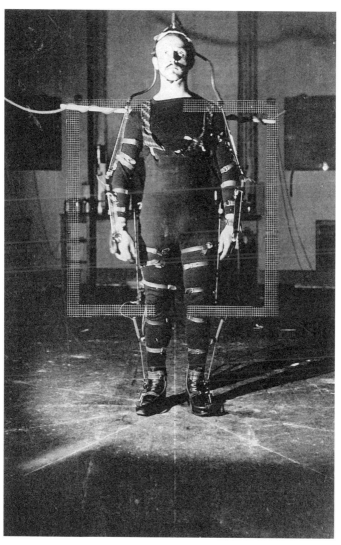

*Der Gang des Menschen. Versuchsanordnung von Wilhelm Braune
und Otto Fischer 1895.*

*Die Absicht beim
Marschieren ist,
unter Schonung der
Kräfte vorwärts zu
kommen.*

*Exerzier-Reglement für die Infanterie
Berlin 1889*

men Bewegung aus. Je sparsamer die Bewegungen, desto mehr tragen sie dazu bei, «den Gang gleichsam würdevoll und anmutig erscheinen zu lassen». Andererseits verraten ruckartige Bewegungen Laster und schlechte Erziehung, sie können also gar nicht schön sein. Anmut wiederum erfordert runde Formen – oder diese sind ein Ausdruck von jener.

> Die Tugend der Frauen steht in einem innigen Verhältnis zum rechten Winkel. Alle Frauen, die in ihrem Leben das gemacht haben, was man Fehler nennt, zeichnen sich dagegen durch vorzügliche Rundheit ihrer Bewegungen aus.

Offenbar ist der rechte Winkel etwas Schönes, was sich von Rundlichkeit nicht sagen lässt. Das meinte Balzac, dessen «Theorie des Gehens» ein unerschöpfliches Werk ist. Es kommt hinzu, dass Denken unsere Bewegungen verdirbt – liest man darin weiter. Auch das noch! Zum Schluss gelangte Balzac zur Einsicht, dass jede übermässige Bewegung «geistige Verschwendung» sei, also nicht als schön angesehen werden könne. Und mit gespreizten Beinen gehen nur «gewisse Deppen». Auch dumm ist nicht schön und hässlich umgekehrt ein Ausdruck von Dummheit. Dagegen ist kein Kraut gewachsen. Im Gang, im Gesichtsausdruck offenbart sich der Mensch: erbarmungslos. Entweder hat er die Prüfung bestanden, oder er ist erledigt. Ein schöner Gang ist nicht nur ein Charakterausdruck, sondern eben auch sonst gewinnend. Das war das Fazit, dass Balzac am Boulevard de Gand zog.

Es ist eine Erkenntnis, die bis heute ihre Gültigkeit behalten hat. Agnes Schoch hat in ihrem 1963 erschienen Buch «Gute Haltung – schöner Gang» als Kriterien für einen schönen Gang aufgezählt: aufrechte Haltung, Elastizität des Körpers, zielstrebige Vorwärtsrichtung, gelassenes Tempo. Das lässt sich nicht regeln, aber trainieren. Mit weniger und dafür grösseren Schritten das Ziel zu erreichen ist der Gangart mit vielen kleinen vorzuziehen. «Der Gang mit grösseren Schritten wirkt auch ruhiger, während kleine Schritte von einer gewissen Spannung zeugen.» Das muss auch dann beherzigt werden, wenn das langsame Gehen schwieriger ist als das schnelle. Auch muss der Rücken oberhalb der Taille beim Gehen ruhig gehalten werden, er darf nicht bei jedem Schritt zucken und pendeln. Bewegen dürfen sich nur die Beine. Die Hüfte kann sich in alle Richtungen bewegen, aber ein Gewinn für den schönen Gang kann «nur die richtig ausgeführte Hüftbewegung nach vorne» sein. Breitbeiniges Gehen gehört bestimmt auch nicht zu einer schönen, gefälligen, eleganten Art zu gehen. Es wirkt plump, so als würde der Gehende sich mit Klötzen an den Beinen über einen schwankenden Steg bewegen, ohne in der Lage zu sein, das Gleichgewicht zu halten, auf das es entscheidend ankommt.

«Wer richtig geht, wer schön geht, äussert gleichzeitig mit ästhetischen Werten positive Eigenschaften der Persönlichkeit», fasst Agnes Schoch ihre Überlegungen zusammen. Oder anders gesagt: Wer nicht acht auf sich gibt, wird nicht weit kommen. Schönes Gehen ist ein sozialer Imperativ.

Dass sehr viele Menschen beim Gehen das Körpergewicht jeweils auf das hintere Bein lagern statt abwechselnd auf beide zu verteilen, ist schliesslich ebenfalls nicht geeignet, den Eindruck eines schönen Gangs hervorzurufen. «Die Beine laufen dabei vor dem Körper her. Der ganze Körper bleibt zurück, nur die Füsse sind immer ein Stück voraus», bemängelt Agnes Schoch.

Dabei laufen die Beine, die sich selbstständig gemacht haben, nicht nur voraus und der Körper folgt hinterher, sondern es entsteht eine repetitive, schon beinahe automatische Gehbewegung. Man erinnert sich sofort: Da geht ein Mensch vorbei. Die Füsse und die Beine sind es, worauf es beim Gehen ankommt. Ihre Tätigkeit ist es, die den Menschen weiterbringt, im örtlichen wie im ästhetischen Sinn. Der schöne Gang ist nur ein Surplus, ein Geschenk des Himmels.

Auf seiner Reise nach Syrakus verzichtete Seume darauf, viel zu denken, weil das bei einer «solchen Unternehmung», wie er sagt, «sehr unbequem» sein kann, und begnügte sich damit, «gemächlich einen Fuss vor den anderen immer weiter fort» zu setzen. Späth, Karl Krolows Protagonist in der Erzählung «Im Gehen», lässt sich von der «Mechanik des Füsse-Gebrauchens» forttragen. Am Ende merken die Füsse nicht, dass sie gebraucht werden. «Er setzte einen Fuss vor den anderen, mechanisch», heisst es von ihm. Später liest man: «Seine Füsse gingen für ihn.» Das ist alles. Ein Schritt um den anderen tun. Dann geht es von allein. Das reicht. Es ist ein praktisches Vorwärtskommen. Auch Paul Austers Detektiv Quinn hat, wie wir gesehen haben, nicht wirklich die Absicht, irgendwohin zu gehen, sondern er geht einfach, «wohin ihn seine Beine trugen». «Die Bewegung war entscheidend, die Tätigkeit, einen Fuss vor den anderen zu setzen und sich einfach von seinem eigenen Körper treiben zu lassen.»

Und das Gehirn? Es kann kein Gehen ohne Gehirn geben, ohne Sehen, Wahrnehmen, Denken. Weil das physische Gehen ein Abbild des methodischen Denkens ist. Wenn das Gehen ein Vorgehen ist, ein *Denkweg,* dann kann auf das Denken nicht verzichtet werden. Aber das ist eine Ansicht, die nicht alle Autoren teilen. Der englische Philosoph und Gelehrte Leslie Stephen (1832–1904) hat an das «schläfrige Vorsichhindösen» erinnert, «das uns bei leichter Tätigkeit des Muskeln so angenehm überfällt», auch gehenderweise. Stephen konnte nicht ausschliessen, dass es Menschen gibt, die «beim Wandern geistig arbeiten», für sich jedoch wollte er das nicht in Betracht ziehen.

Aber was mich persönlich betrifft – und ich glaube, das ist die Regel –, so ist beim Steigen das Hirn nur Instrument, um die

Muskelbewegung richtig zu steuern. Gerade das halte ich für die grösste Wohltat dieser Form von Leibesübung ... Für mich, so habe ich herausgefunden, gibt es nichts Besseres, um den Zustand des wundervollen Dösens zu erreichen, als der gleichmässige Schwung meiner Füsse.

Nur so konnte er «die Ventile der Gedankenströme richtig und befriedigend» zudrehen, wie er schreibt. Stephen bezieht sich hier ausdrücklich auf das Gehen in den Bergen und das Bergsteigen, aber da er auch sonst ein passionierter Geher war, den wir auf seinen erstaunlichen Wegen noch begleiten werden, scheint die Annahme zulässig, dass seine Aussagen auf jede Form der Fortbewegung bezogen werden dürfen, auch auf die bescheidenere Form des Gehens im Flachland, bei dem die Eleganz die Kraftanstrengung übersteigt.

Meditatives und kompetitives Gehen

Aber damit ist die Frage nicht beantwortet, ob beim Gehen der Kopf gleichsam wie auf Kommando abgestellt werden kann wie ein Schalter oder Ventil und es genügt, wenn er, wie Stephen sagt, lediglich eingesetzt wird, um die Muskelbewegungen zu koordinieren. Ist der Mensch nur eine gehende Maschine? Oder ist das Gehen etwas *Weitergehendes* als eine maschinelle Ausführung von Beinbewegungen, nämlich eine geistige Tätigkeit?

Wäre das Gehen ein mechanischer Ablauf, könnte man es dabei bewenden lassen und das Buch an dieser Stelle zuklappen. Ist es aber mehr als das, kann man mit einer gewissen Gelassenheit die Überlegung akzeptieren, dass das Gehen im Lauf der Zeit, mit seinem vorsätzlichen Vollzug, aus einer bewussten Tätigkeit allmählich in eine fliessende, selbstverständliche, *eingefleischte* Übung übergegangen ist. Ich gehe, bis es von allein, ohne mein Zutun, mit dem Gehen vorangeht und im schlimmsten Fall der Körper wie bei Auster den Beinen folgt oder im besten Fall der Organismus die Denkaufgabe übernimmt wie zum Beispiel bei Stephen.

Das ist ein Moment, den jeder passionierte Geher und jede Geherin aus Erfahrung kennt. Am Anfang ist das Gehen beschwerlich, die Beine wehren sich gegen den Willen und wollen ihren eigenen Weg nach links oder rechts gehen. Die erste Gehstunde ist immer die längste. Auch die beschwerlichste. Der Organismus hat noch nicht seinen kontinuierlichen Rhythmus gefunden, er beobachtet sich sozusagen beim Gehen und fällt immer wieder aus dem Schritt, weil er mit der Doppelfunktion der Bewegung und der Selbstreflexion nicht richtig fertig wird. Sind die Mühen des Anfangs aber erst einmal überwunden, dann stellt sich eine wunderbare Geschmeidigkeit des Körpers ein, der nun seine für den Fortgang erforderliche Kraft fortlaufend aus sich selbst schöpft, ohne auf den Willen rekurrieren zu müssen. Das kann mit einem wunderbaren Glücksgefühl verbunden sein.

Es ist so: Der Organismus hat sich selbstständig gemacht. Die ihm innewohnende Organisation und Weisheit aber kann das Denken nicht ausschliessen. Es ist der Geist, der in Fleisch und Blut eingegangen ist und die fliessende, beflügelnde Leichtigkeit der Körperbewegungen erzeugt hat. Damit ist die Identität von Körper und Geist hergestellt beziehungsweise das gut organisierte Zusammenspiel von beidem erwiesen. Der Körper kann auf das Denken zurückwirken. Aber bis dahin ist es oft ein weiter Weg.

Das Gehen bekommt hier einen ausgesprochen *meditativen* Charakter. So sagen zum Beispiel Elmar Dalesi und Rolf Kersten in ihrem Buch «Zen im Gehen», bewusstes Gehen diene zunächst nur «der Konzentration der Sinne auf die Bewegung des Körpers». Bewusste Einstellung, die gewiss etwas anderes als Denken ist, umfasst Atmung, Haltung und Sinne, die so in Übereinstimmung gebracht werden müssen, dass der Körper seinen ruhenden Mittelpunkt findet. Es kommt ausserdem darauf an, jedes andere Denken als die bewusste Ausrichtung auf den Akt des Gehens auszuschalten, gewissermassen den Film im Kopf abzustellen, wie dies Montaigne und Thoreau getan haben (Kapitel 2). Ruhe zu erlangen durch einen bewussten *Vorsatz* oder durch eine *Technik,* die man lernen kann, zum Beispiel durch Atmung, Einstellung, Konzentration, Ausdauer.

Unter Einhaltung dieser Voraussetzungen kann von einer Meditation im Gehen gesprochen werden, die im Japanischen Kinhin genannt und in Zen-Klöstern zwischen den Meditationsübungen im Sitzen geübt wird. Die Übung sei der Weg, sagen Dalesi und Kersten. Jede Strasse ist dazu geeignet, auch jede bevölkerte und von turbulenter Geschäftigkeit erfüllte Strasse. Man spricht dann von Street Zen. Jeder und jede ist zu dieser Meditation fähig. Zen ist keine Religion, sondern eine Anleitung zu einem erfüllten praktischen Leben.

Das Geheimnis dieser Meditationspraxis besteht darin, «Bewegung und Stillstand sowie eine beliebige Umgebung und innere Ruhe miteinander zu verbinden», lassen Dalesi und Kersten den japanischen Zen-Meister Nuel Rho San sagen, auf den sie sich beziehen. Zuletzt kommt alles darauf an, das Äussere und das Innere in Einklang zu bringen und eine innere Haltung und Einstellung zu finden, die sich von allen Widersprüchen und Willkürlichkeiten im Leben gelöst hat.

Werden diese Meditationsübungen richtig ausgeführt, dann kann aus der «einfachen Vorwärtsbewegung ein vollendetes Gehen» entstehen. Es scheint dann, «als wäre es die Kraft der Beinarbeit, die die Erde unter uns bewegt» und als würde die Erde dem Gehenden entgegenkommen. Wer weiss, ob Michel de

Montaigne sich nicht einer vergleichbaren Übung unterzogen hat, als er, wie überliefert ist, in seiner Bibliothek auf und ab ging?

Heute übernimmt das Walking diese Aufgabe. Les Snowdon und Maggie Humphreys schreiben in ihrer Anleitung zum Walken, dass durch angespanntes Bewusstsein beim meditativen Gehen, zum Beispiel durch Zählen der Schritte oder Atemzüge, eine Konzentration auf das eigene Tun erreicht wird und dadurch sich im Körper Wohlbefinden und im Geist Heiterkeit ausbreitet.

Etwas ganz anderes als das meditative ist das *kompetitive* Gehen, das bei den Engländern beliebt ist. Die Engländer haben von Anfang an vor allem deshalb Sport getrieben, weil sportliche Leistungen messbar sind und Wetten bei den Engländern eine nationale Lieblingstätigkeit ist. Der «Wandersport» hat bei ihnen Tradition, schrieb Francis Keenlyside, und Marschieren ist in den Rang eines Nationalsports aufgestiegen. Aus Anlass eines Marsches von London nach Edinburgh oder eines Vierundzwanzig-Stunden-Marsches wurden, wie Keenlyside rapportiert hat, Wetten mit sagenhaft hohen Einsätzen abgeschlossen. Als die Kunde von den Alpen nach England gelangte, fanden es viele Inselbewohner viel aufregender, «über Eis, Schnee und Fels zu steigen als auf der Landstrasse durch die Ebene zu traben» (Keenlyside).

Anleitungen zum Gehen im Gebirge

Damit sind wir in den Niederungen des alltäglichen Gehens, das von seiner spirituellen Aura befreit ist, angekommen, also wieder in der Realität. Anders als in dem Gedicht von Bertolt Brecht liegen die Mühen der Ebenen hinter uns und vor uns türmen sich konkret und nicht metaphorisch die Mühen der Gebirge auf. Im flachen Land ist das Gehen mit keinen grösseren Schwierigkeiten verbunden, aber wie geht man in den Bergen, im *kupierten* Gelände, also mit tiefen Einschnitten und hohen Erhebungen?

Keine Sache: Hinauf und hinab; und immer geradeaus. Es ist, wie wir von Coxe wissen, erst noch abwechslungsreich und unterhaltsam. Freilich ist damit auch ein gewisser Krafteinsatz verbunden, wie Magendie beobachtet hatte, «weil die Beugung des nach vorne gesetzten Gliedes viel stärker sein muss, und weil das zurückgebliebene Glied nicht allein die Rotation des Beckens vollziehen, sondern auch das ganze Gewicht des Körpers tragen muss, um es auf den vorgesetzten Fuss zu bringen». Beim Abstieg gilt das Gleiche, nur umgekehrt.

Anders als die Physiologen des 19. Jahrhunderts hatte Johann Jacob Scheuchzer (1672–1733), der grosse Schweizer Naturgelehrte, bei dem die Naturkenntnisse noch in den Bereich des Wunders und der Fantastik greifen, gemeint, dass niemand sich vom Einwand, das Gehen in den Bergen sei anstrengend, abschrecken und abhalten lassen solle. So kräfteraubend, wie immer gesagt wird, sei es nicht. Er wollte damit Borelli widerlegen und den Beweis erbringen, dass die

durch die Schweizerischen / oder andere hohe Gebirge vorzunehmende Reisen mit mehr lust / und weniger arbeit zugehen / als auf der Ebene. Die eigentlich ursach diser Begebenheit bestehet kurz darinn / weilen bey abwechslender auf- und absteigung alle Glieder des Leibs in bewegung kommen / nicht aber zugleich / sondern also / das / wann die einten Mäuslein arbeiten / andere / so kurz zuvor sich abgemattet haben / ruhen können / und in der zeit / da diese an danz müssen / jene hergegen durch ruh sich widerum erholen.

Scheuchzer meint Folgendes: In der Ebene arbeiten alle Muskeln gleichmässig, im Bergland dagegen nur gerade diejenigen, die im Einsatz sind, während die anderen ausruhen können. («Die einten Mäuslein»: die einen Mäuslein, gemeint sind die Muskeln; die «an danz müssen», die zum Tanz antreten müssen, die zum Einsatz kommen.)

Es folgt bei Scheuchzer ein Exkurs über den hohen Gesundheitswert der Bergwanderungen: Durch die fortgesetzte Bewegung aller Körperteile wird «der Lauff des Geblüts / und der Geisteren Einfluss merklich beförderet». Das angeblich beschwerliche Leben der angeblich einfältigen Älpler ist in Wirklichkeit viel gesünder und bekömmlicher als dasjenige der «zarten» Höflinge und der Gelehrten, die sich durch «immerwährendes Stillsitzen in ihren Studier-Stuben» allerlei Krankheiten zuziehen.

Zu einem überraschend ähnlichen Ergebnis wie Scheuchzer ist auch Ebel in seiner «Anleitung» für Reisende in der Schweiz» gekommen. Er schreibt dort:

> Die beständige Veränderung des Weges, auf dem man bald auf und absteigt, bald grade fortgeht, macht, dass bald diese bald jene Muskeln in lebhaftere Tätigkeit und Anstrengung gesetzt werden, während die, welche kurz vorher am meisten wirkten, durch die wenigere Teilnahme an der gegenwärtigen Bewegung einige Ruhe geniessen; kurz es werden nicht beständig dieselben Muskeln angestrengt, was auf einer ebnen Strasse der Fall ist.

Der deutsche Arzt Ebel, der, nebenbei bemerkt, Friedrich Hölderlin die Lehrerstelle im Haus Gontard vermittelt hat, behauptet also, dass das Gehen in den Bergen leichter sei als dort, wo das Land flach ist, weil man dann nur halb so viel Muskelkraft einsetzen muss. Und das sagte einer, der medizinisch ausgebildet war.

Andere Ratschläge, die Ebel seinen Lesern mit auf den Weg gab, werden wertvoller gewesen sein. Sie zeigen aber gleichwohl, wie neu das Fussreisen damals war. So gibt Ebel zum Beispiel Anweisungen für Kleidung und Schuhwerk. Wenn man langsam beginnt, können die Tagesetappen später ausgedehnt werden. «4, 8, bis 10 Stunden» täglich sind durchaus möglich. Zum Trinken trage man ein «Fläschchen mit Stroh überflochten» mit Milch und Wasser oder Wein und Wasser bei sich. Wer sorgt für das Gepäck? Wenn man einen Bediensteten einstellt, muss man ihn entlöhnen und seine Rückreise berappen. Und die Kutscher, die fahren oft betont langsam, um mehr kassieren zu können. Und welche Jahreszeit ist zum Reisen am günstigsten? Denn drei Wochen hintereinander heiteres, trockenes Wetter, das kommt selten vor. Ebel empfiehlt die Monate Juni, Juli und August. Schliesslich gibt Ebel Anweisungen, was gegen Blasen zu tun ist, denn es gehört nun einmal zu einer Fussreise, dass die Füsse in Mitleidenschaft gezogen werden und Schmerzen verursachen können. Zum Schluss noch dies:

> Will man auf eine angenehme und nützliche Art reisen, so lasse man alle Vorurteile des Ranges und Standes, allen Stolz und alle Prätentionen zu Hause, und bringe bloss den Menschen mit.

Zufall oder nicht? Der gleiche Gedanke wie bei Scheuchzer und Ebel taucht auch im «Handbuch für Reisende in der Schweiz» (1818) auf, in dem Robert Glutz-Blotzheim die folgende Überlegung anstellt: Weil Berg und Tal abwechseln, es also bald hinauf, bald hinab geht, erhalte der Fussreisende «Gelegenheit zu mannigfaltiger Anstrengung aller Theile des Körpers», und er ermüde infolgedessen weniger schnell, als wenn er im Flachland «den ganzen Tag die gleichen Muskeln in Bewegung setzen muss». Auch wird man nicht durch «das lästige Einerlei der schnurgeraden Heerstrassen» ermüdet.

Aufschlussreich sind auch Glutz-Blotzheims Angaben über die Dauer der Märsche, insbesondere für Alpenwanderer:

> Ist er des Fussreisens nicht gewöhnt, so lege er im Anfange täglich nur wenige Stunden zurück; auch der geübte Fussgänger macht zuerst kleine Tagesreisen; weil die plötzliche Erhitzung den Genuss der ganzen Reise verderben kann. Wer vorsichtig geht, kann täglich einige Stunden zusetzen. Über zwölf Stunden zu gehen, ist nur dem Stärksten anzurathen. Auf acht Stunden sollt eine gesunde Mannsperson es leicht bringen können.

Der Schweizer General Franz Ludwig Pfyffer aus Luzern, Kommandant eines Schweizer Regiments in ausländischen Diensten, kannte auch seine engere Heimat sehr genau. Auf dem Esel, dem Gipfel des Pilatus, glaubte er, «im Gleichgewicht auf der Spitze einer Stange zu stehen». Man würde auf dem Pilatus jetzt «Unterricht im Gehen, wie anderswo im Tanzen» geben. Das Gelände verlangt eben Gehkenntnisse ganz besonderer Art.

> Denn an gefährlichen Stellen ist es äusserst wichtig, zu wissen: ob man den rechten oder linken Fuss zuerst aufsetzen, der rechten oder linken Hand sich zuerst bedienen soll. Geht man über zugespitzte Felsenrücken so muss man wieder wissen, wo man auf die Spitze des Fusses und wo man auf die Fersen treten darf.

Wer das nicht beurteilen kann, ist der Gefahr ausgesetzt, entweder zu stürzen oder in eine heillose Lage zu geraten. Diese Anweisungen müssen für Ortsfremde gegeben worden sein, denn den Menschen, die wie einige Älpler auf den Höhen des Pilatus lebten, jedenfalls vorübergehend während der Sommermonate, waren die örtlichen Verhältnisse durchaus vertraut.

Nur wenn die Alpbewohner ins Tal heruntersteigen und zur Messe gehen, laufen sie «maschinenmässig» dem Haufen nach, beobachtete Pfyffer. Den Fremden gab er weitere Empfehlungen für die Ausrüstung, nämlich Fackeln, Laternen, Stricke und kleine Bäume, «um im Notfall Brücken daraus zu bauen».

Pfyffers genaue Ortskenntnise versetzten ihn in die Lage, in jahrzehntelanger Arbeit ein riesiges Relief der Urschweiz mit allen topografischen Einzelheiten zu erstellen. Es ist heute im Gletschergarten in Luzern ausgestellt. Neben anderen haben es William Wordsworth und James Fenimore Cooper in ihren Reminiszenzen über die Schweiz erwähnt.

Iwan Tschudi, der darauf verzichten wollte, dem Reisenden «umständliche Beschreibungen dessen, was er selber sieht», mit auf den Weg zu geben, erteilte ihm dafür praktische Ratschläge, zum Beispiel über die Ausrüstung («auf den allereinfachsten Anzug beschränken», Filzhut, Schweissleder, «mit etwas gebrannter Magnesia eingerieben», ferner Tuchrock «mit 6 aufknöpfbaren Taschen», starke und weite Beinkleider). Nicht zuletzt sollen die Regeln über die «wahre Wanderweisheit» Beachtung verdienen:

Der Wanderer wird gut tun, eine gewisse feste Tagesordnung einzuhalten, die ihn zugleich frisch erhält u. angenehm weiter befördert. Die wahre Wanderweisheit liegt darin, früh aufzubrechen u. die Landschaft im Morgenlicht zu geniessen, nach ein paar Stunden e. Stärkung zu sich zu nehmen u. dann ohne weitere Einkehr die Tour gemächl. bis gegen Mittag fortzusetzen, auf der Mittagsstation während der grössten Hitze zu ruhen u. den kleineren Rest der Tagesreise mit allem Behagen zu vollenden, immerhin aber so, dass man bei Zeiten in das (oft schon früh überfüllte) Nachtquartier einrückt.

Am Anfang fünf bis acht, gut eingelaufen acht bis zwölf Stunden am Tag schienen Tschudi ein gutes Tagesprogramm zu sein.

Marschieren nach Reglement

Immerhin ist der Fussgang bei Ebel und Tschudi noch eine freiwillige Angelegenheit, aber es gibt auch ein Zufussgehen, das kommandiert ist, zum Beispiel im Militär, wo bestimmte strenge und bis zur Absurdität reichende, peinlich genau ausgerechnete Vorschriften das Gehen beziehungsweise Marschieren regeln. Michel Foucault hat einige aufgeführt, als er den Versuch unternahm, in seinem Buch «Überwachen und Strafen» die «Geburt des Gefängnisses» und die Entstehung und Entwicklung des Individuums aus der beinahe mathematischen Reglementierung und totalen Kontrolle des Körpers aufzuzeigen. Jeder Schritt, jede Bewegung wird in jeder einzelnen Phase einer Disziplinierung unterworfen, die sich auf den ganzen Körper erstreckt, «bis ein kalkulierter Zwang jeden Körperteil durchzieht und bemeistert, den gesamten Körper zusammenhält und verfügbar macht und sich insgeheim bis in die Automatik der Gewohnheiten durchsetzt» (Foucault).

Wer will, kann daraus Schlüsse auch für das Gehen und die verschiedenen individuelleren Gangarten ziehen. Eadweard Muybridge hat diesen Prozess fotografisch sichtbar gemacht und auf die Spitze getrieben. Aber man kann die Argumentation auch umkehren und sagen, dass der Mensch im Gehen zu seiner Individualität findet.

Nach L. de Montgommerys «Militia Gallica oder Französische Kriegskunst» (Hanau 1617) sollen die Soldaten gedrillt werden und «nach dem Schlag der Trommel» marschieren.

Und damit sie es desto besser tun, soll man anfangen mit dem linken Fuss und aufhören mit dem rechten, damit die ganze Truppe zugleich einen Fuss anhebe und zu gleicher Zeit zusammen niederstelle.

Eine «Ordonnance du 1ᵉʳ janvier 1766, pour régler l'exercice de l'infanterie» vermerkt Folgendes:

Die Länge des kleinen Schrittes beträgt einen Fuss, diejenige des gewöhnlichen Schrittes, des doppelten Schrittes und des Strassenschrittes zwei Fuss, gemessen jeweils von Ferse zu Ferse. Was die Dauer anlangt, so hat man für den Strassenschritt und für den gewöhnlichen Schritt eine Sekunde, für den doppelten Schritt eine halbe Sekunde, für den Strassenschritt etwas mehr als eine Sekunde; er beträgt höchstens 18 Zoll. Den gewöhnlichen Schritt macht man nach vorn, mit erhobenem Kopf und aufrechtem Körper, indem man sich abwechselnd jeweils auf einem Bein im Gleichgewicht hält und das andere nach vorn hebt; die Kniekehle ist gestrafft, die Fussspitze etwas nach aussen gewendet und gesenkt, um den Boden, auf dem man marschiert, leicht zu streifen und den Fuss so auf die Erde zu setzen, dass alle seine Teile gleichzeitig aufsetzen, ohne an die Erde zu stossen.

Die Frage, welche Instanz den Gang veranlasst und dessen Ausführung dirigiert, muss damit relativiert werden. Das Exerzieren ruft eine voll und ganz automatisch ausgeführte, gewissermassen willenlose Bewegung hervor, die der Autonomie und der Absicht des Gehenden, das heisst dessen, der gehen *muss,* weil ein Vorschriftenwerk ihm auferlegt ist, nicht den geringsten Spielraum lässt. Eine Sekunde, nicht mehr, 18 Zoll, nicht mehr. Der Wille bleibt zu Hause.

Marschieren ist in der Regel Befehl, kein Zeitvertreib, und kein anderes Gebiet eignet sich für Reglementierungs-Fanatiker besser als das militärische Exerzieren. So schreibt etwa eine Militär-Ausbildungsordnung in Berlin aus dem Jahr 1914 vor (wieder eine surreale Exaktheit):

114

Das linke Bein wird leicht gekrümmt, der Unterschenkel mit heruntergedrückter, etwas auswärtszeigender Fussspitze so vorgestreckt, dass er mit dem Oberschenkel eine gerade Linie bildet. Gleichzeitig verschiebt sich das Körpergewicht nach vorn. Der Fuss wird flach und *leicht* in der Entfernung von etwa 80 cm vom rechten Fuss auf den Boden gesetzt. Die ganze Schwere des Körpers ruht jetzt auf dem linken Fuss.

Während der linke Fuss niedergesetzt wird, verlässt der rechte Hacken den Boden. Das rechte Bein wird leicht gekrümmt durchgezogen, mit der Fussspitze nahe am Boden, doch ohne ihn zu berühren, und hierauf gestreckt. Der Fuss wird dann wie der linke niedergesetzt.

Es ist fehlerhaft, den vorzusetzenden Fuss höher zu heben, als zur Erreichung der Schrittlänge nötig ist, und ihn mit übertriebener Gewalt niederzusetzen.

Auf diese Weise marschiert der Mann weiter. Er bewegt sich dabei auf gerader Linie senkrecht zur Schulterstellung vorwärts.

Bei diesem Marschieren beträgt das Zeitmass des Marsches 114 Schritte in der Minute. 114 Schritte sind ein allgemein festgelegtes Mass, es kommt auch in anderen Marschierlehrbüchern vor, jedenfalls in Deutschland. Beim Laufen beträgt die Schrittweite je nach Gelände 75 bis 90 cm, das Zeitmass 170 bis 180 Schritte in der Minute.

Weil das Ganze einer gewissen Komik nicht entbehrt, sollen noch ein paar weitere Angaben folgen. Dr. Zuntz und Dr. Schumburg kommen in ihren 1901 veröffentlichten «Studien zu einer Physiologie des Marsches» zu weiteren Erkenntnissen. Beim Sturmschritt wird das Mass auf 120 pro Minute festgelegt, beim Laufschritt auf 175, also genau das Mittel dessen, was das oben zitierte Reglement verordnet. Nun laufen aber offenbar nicht alle Soldaten gleich schnell. In Belgien beträgt die Schrittweite beim gewöhnlichen Marschieren 110 Schritte, im österreichisch-ungarischen Heer 118, im italienischen und englischen 120, im französischen ebenfalls 120, es kann aber «allmählich bis auf 125 bis 135 (pas accéléré) gesteigert werden, beim Rückmarsch aber über 120 nicht hinausgegangen» werden.

Wie das Gehirn die Muskeln steuert

Wer nicht militärdienstmässig Marschbefehle ausführen muss, bei dem sieht die Lage anders aus. Damit stellt sich noch einmal die Frage, wer oder was das Gehen in Bewegung setzt und es koordiniert. Über den erforderlichen Krafteinsatz, die Eleganz des Schritts, den Charakter, der sich im Gang ausdrückt, über die entspannte Lockerheit bei der Gehmeditation, die ebenfalls, aber auf eine vorsätzliche Art und Weise einen Automatismus anstrebt, wissen wir einiges. Aber das Geheimnis bleibt, wo die *Ursache* von alledem liegt.

Aristoteles hatte die Überlegung angestellt, dass es Faktoren wie Vorstellung, Wunsch und Begierde sind, die lebende Wesen in Bewegung versetzen. Das ist eine poetische Erkenntnis, keine wissenschaftliche. Ohnehin muss ein Unterschied gemacht werden zwischen Absicht und Ausführung des Gehens. Magendie beruft sich auf einen «Herrn Rolando zu Turin», «welcher das kleine Gehirn als die Quelle aller Bewegungen ansieht». Rolando hatte bei Säugetieren dieses kleine Gehirn entfernt und dabei beobachtet, dass die Bewegungen nachliessen, je mehr er davon entfernte, und zum Schluss ganz aufhörten. Daraus zog Magendie die Schlussfolgerung:

Auf dieses Resultat, was er als allgemein ansah, sich stützend, suchte nun Rolando zu erklären, auf welche Weise das kleine Gehirn diese Muskelzusammenziehung bewirken könne; die grosse

Menge abwechselnd weisser und grauer Blättchen im kleinen Gehirn scheinen ihm eine voltaische Säule zu sein, welche Elektrizität und durch diese die Muskelkontraktion erregt.

Zufrieden war Magendie damit aber nicht. Zuletzt kam er, nachdem auch er am Rückenmark experimentiert hatte, zur Einsicht:

Es existiert nämlich entweder im Gehirn oder dem verlängerten Mark eine die Tiere nach vorwärts treibende Impulsionskraft. Es ist wahrscheinlich, dass diese Kraft auch im Menschen ist.

Eine «vorwärtstreibende Kraft beim Gehen und Laufen» nahmen auch Wilhelm Weber und Eduard Weber an. Bei Vierordt kann man von einem Gefühl lesen, «das man als Innervationsgefühl bezeichnen könnte». Boegle hat sich auf das «Zentralnervensystem» berufen und auf den Umstand, «dass der vom Nerven erregte Muskel durch mechanische Dehnung in der Tat zur Kraftquelle wird», was zur Folge hat, dass der vom Zentralnervensystem ausgehende Anstoss «zu einer nachher von selbst zirkulierenden Bewegung im Apparat» führt und auf diese Weise der «Gehmechanismus» aktiviert wird. Bei Braune und Fischer gibt es ebenfalls einen Hinweis auf die Innervation, das heisst einen auf die Muskeln übertragenen Reiz, der die Kraft für die Bewegung auslöst. Zuerst das Bild, die Vorstellung, danach der Entschluss (Wille), zuletzt das Kommando an die Muskeln. Wie bei Aristoteles oder Lukrez.

Offen bleibt dabei die merkwürdige Tatsache, dass der Mensch, wenn er sich völlig unbefangen seiner Intuition beim Gehen überlässt, sofort anfängt, sich im Kreis zu bewegen, und zwar offenbar linksherum.

Auf seiner ersten Reise durch die Wüste Taklamakan war der schwedische Forschungsreisende Sven Hedin (1865–1952) nahe am Verdursten. Die Situation wurde von Tag zu Tag pre-

kärer, zuletzt schleppte Hedin sich mit seinen letzten verblie-
benen Begleitern nachts weiter, um während der Tageshitze
seine Kräfte zu schonen. Mit einem Mal entdeckte er Fussspuren im Sand. Hier mussten Menschen vorbeigekommen sein,
vor noch nicht langer Zeit, dachte er. Das bedeutete: Rettung.
Bis er die niederschmetternde Entdeckung machen musste,
dass er im Kreis gelaufen war.

> Wir folgten der Spur bis auf einen Dünenkamm, wo die Oberflä-
> che des Sandes fest war und die Umrisse sich deutlicher wahr-
> nehmen liessen. Hier sank Kasim nieder und sagte mit kaum hör-
> barer Stimme: «Es sind unsere eigenen Spuren!» Ich bückte
> mich nieder und überzeugte mich, dass er Recht hatte. Es waren
> die Abdrücke unserer eigenen Stiefel im Sand.

Die gleiche Erfahrung hat auch der amerikanische Indianer-
maler George Catlin (1796–1872) in seinem Buch «Life
Among the Indians» beschrieben.

> Ich werde nie eine der ersten Lektionen vergessen, die mir mein
> guter Freund Darrow erteilt hat, als wir uns in den Wäldern an die
> Hirsche anschlichen. «George», sagte er, «wenn ein Hirsch los-
> rennt, wenn der Boden eben ist, folge ihm niemals, sondern dre-
> he dich nach links um, und Du wirst sicher sein, ihm zu begeg-
> nen; er rennt immer in einem Bogen, und wenn er anhält, be-
> trachtet er seine Fährte von hinten.
> Aber *der Mensch* «legt seinen Weg im Kreis zurück»; der
> Mensch, verloren in der Wildnis oder in den Prärien, reist in
> einem Bogen und biegt immer nach *links* ab: warum?

Catlin beschreibt dann, wie er einmal ein Dorf der Sioux in einer grösseren Entfernung aufsuchen wollte, um zu malen. Mit
dem Gewehr in der Hand, dem Zeichenblock im Rucksack

und einem Begleiter machte er sich zu Fuss auf den Weg. Ein Präriestück von etwa 30 Meilen musste durchquert werden. Am ersten Tag schien die Sonne, und es gab keine Schwierigkeiten, den Weg zu finden. Am zweiten Tag war das Wetter grau, und es gab nichts zu sehen, an dem Catlin sich hätte orientieren können. Nichts als Gras und eine Linie am Horizont in der Ferne. Er glaubte, geradeaus zu gehen, aber nach einer Weile kam ihm der Verdacht, von der richtigen Fährte abgekommen zu sein und einen Bogen eingeschlagen zu haben.

Spät am Nachmittag gelangte er zu seiner grossen Überraschung an den Ort, wo er am Tag zuvor biwakiert hatte. Er war im Kreis gelaufen. Am folgenden Tag, bei Sonnenschein, konnte er seine Reise fortsetzen.

Im Dorf angekommen, lachten die Indianer, als Catlin ihm von seinem Missgeschick berichtete, und versicherten ihm, dass der Mensch, wenn er sich in der Prärie verirrt, immer einen Bogen macht und nach links vom Weg abweicht.

Für diese Abweichung nach links gibt es verschiedene denkbare Gründe. Der linke Schritt ist gewöhnlich länger als der rechte. Es ist angenommen worden, dass diese Veranlagung den Lebewesen hilft, den Weg zurück nach Hause zu finden. Aber vielleicht kann das Phänomen auch mit einer in der Natur angelegten generellen Linksbewegung erklärt werden, die beim Spin, dem Eigendrehimpuls um die eigene Achse, des Myons beobachtet worden ist. «Unsere Welt ist linkshändig», schreibt der Wissenschaftshistoriker John Gribbin, «aber niemand weiss warum.»

So viel ist sicher: Das Gehen ist eine hochkomplexe, auf jeden Fall *weitläufige* Angelegenheit. Wie die Abläufe zwischen Gehirn und Muskeln im Organismus koordiniert sind, ist heute genau erforscht. Der Mensch bringt bei seiner Geburt eine Disposition zum Gehen mit, ein Vermögen, das dafür sorgt, dass der Vorgang des Gehens erfolgen kann, ohne dass bei jedem Schritt bis ins Detail überlegt werden müsste, was alles zu tun ist. Das wäre eine Überforderung der Kräfte.

Allein um aufzustehen und sich aus der sitzenden in die stehende Position zu bewegen, sind zwei Dutzend Operationen im Bereich von Muskeln, Hüft-, Knie- und Sprunggelenken, der Wirbelsäule, der Schultern und des Kopfes erforderlich, die perfekt zusammenwirken müssen. Die Ausführung der Gehbewegung wird mithin an unbewusste Regelkreise in den Nerven delegiert. Es ist aber möglich, diese Fähigkeiten zu trainieren und durch Übung noch zu perfektionieren, bis sie «im Blut sitzen», zum Beispiel bei einem Spitzensportler. Bei einem Musiker ist es ohnehin klar.

Vereinfacht gesagt, bilden Zellen im Körper Organe, zum Beispiel die Leber oder das Gehirn. Die Neuronen, die Bausteine des Gehirns, wiederum schliessen sich zu bestimmten Neuronengruppen zusammen, die für verschiedene Funktionen, zum Beispiel das Gedächtnis oder die Kontrolle des Bewegungsapparates, zuständig und zu diesem Zweck miteinander verschaltet sind.

Das Nervensystem ist in das zentrale, periphere und autonome (vegetative) System aufgeteilt. Das zentrale setzt sich aus Gehirn und Rückenmark, das periphere aus den Nervenbahnen zusammen, während das autonome für die unbewussten Vorgänge wie Herzschlag oder Atmung zuständig ist. Dem Nervensystem fällt die Aufgabe zu, die Motorizität zu koordinieren und zu steuern. Eindrücke und Einflüsse sensibler (Berührung, Schmerz), visueller, akustischer Art, die von aussen kommen, werden vom zentralen Nervensystem, genauer der Gehirnrinde, aufgenommen (Input, zum Beispiel droht Gefahr, ich muss aufstehen und mich in Sicherheit bringen; oder es ist kalt, und ich beschliesse, schneller zu laufen, um nicht zu frieren) sowie anschliessend über das Rückenmark an die Muskeln weitergeleitet (Output).

Wäre das alles, wäre es zu schön, um wahr zu sein. In Wirklichkeit verhält es sich eine Spur vielschichtiger. Die Kommandos werden bei der Umsetzung zwischen Input und Output durch Modulatoren verarbeitet beziehungsweise verfeinert und aufeinander abgestimmt. Die Muskelkontraktionen werden durch gesteuerte Gegenkontraktionen, sogenannte Antagonisten, aufgefangen und verarbeitet, gewissermassen harmonisiert, damit eine fliessende Gehbewegung entstehen kann. Zum Beispiel verändert das Heben des Beins Position und Balance des Körpers im Ganzen und muss durch eine ausgleichende Körperbewegung reguliert werden. Beim Aufsetzen des Beins und bei der Verlagerung auf das andere, kollaterale Bein wiederholt sich der Vorgang, und so weiter, bei jedem Schritt.

Der Körper muss also beim Gehen beziehungsweise generell, wenn er in Bewegung ist, laufend neu ausbalanciert werden. Das kann zum Beispiel durch die Armbewegung geschehen oder durch das Drehen des Oberkörpers (des «Passagiers»), um die Bewegungen des Unterkörpers («Lokomotor») auszugleichen. Man hat das Gehen deshalb schon mit einem ständig verhinderten, aufgefangenen Fallen des Körpers verglichen.

Das Rückenmark bildet eine Art Strasse für die Kommandos des Gehirns an den Gehapparat beziehungsweise an die Muskeln, die ihrerseits wiederum die Gelenke bewegen. Bei Querschnittgelähmten ist diese Verbindung zerstört und der Fluss der Befehle vom Gehirn an die Muskeln gestört und unterbrochen. Trotzdem besteht der im Rückenmark lokalisierte Eigenapparat für die Fortbewegung, die sogenannten Central Motor Patterns, weiter. Je nach Höhe der Verletzung ist es daher möglich, durch äussere Einwirkung, zum Beispiel Stromimpulse über Elektroden, die Muskeln zu reizen und zu aktivieren, sodass sie gewisse Reaktionen erkennen lassen. Das ist der Punkt, wo Medizin und Therapie heute die Hoffnung hegen, für Querschnittgelähmte eines Tages eine Lösung zu finden.

Von nicht zu unterschätzender Bedeutung für das Gehen ist die Motivation, sagen die Lehrbücher, also der Beweggrund. Desgleichen die Emotionen. Der Gehende muss gehen *wollen,* er muss aufstehen und sich auf den Weg machen, und er muss ausserdem wissen oder beurteilen, wohin er gehen will. Dann erst treten die Muskeln in Aktion. Wenn ich die Zeilen, die ich soeben geschrieben habe, überfliege, denke ich nicht an die Beine unter dem Tisch. Aber wenn ich ein Buch brauche, stehe ich zu diesem Zweck auf und bewege meine Beine.

So einfach ist das, oder so schwierig. Es lohnt sich, einen Versuch zu unternehmen, anders wird es nicht gehen. Machen wir uns deshalb auf den Weg.

4. Typologie

Spaziergänger unterwegs

Reger in Thomas Bernhards Roman «Alte Meister» hasst die
Sonne, liebt aber den Nebel und das Düstere. An Nebeltagen
unternimmt er sogar Spaziergänge, die er sonst unter allen
Umständen meidet, «denn im Grunde hasst er das Spazierengehen». Dann bricht ein hysterischer Redeschwall aus ihm
hervor:

> Ich hasse das Spazierengehen, sagt er, es kommt mir sinnlos vor.
> Ich gehe und gehe während des Spazierengehens und denke nur
> immer wieder, dass ich das Spazierengehen hasse, ich habe da-
> bei keinen andern Gedanken, ich verstehe gar nicht, dass es Leu-
> te gibt, die beim Spazierengehen denken können, etwas anderes
> denken können, als das, dass das Spazierengehen sinnlos und
> zwecklos ist, sagt er.

Das ist keine Kapitulation, sondern eine pathetische anti-peri-
pathetische und deshalb komische Attitüde. Denn er könnte
das Spazierengehen ja auch sein lassen. Doch dass der Spaziergang eine Groteske sein könnte, kann generell nicht ausgeschlossen werden. Die meisten Spaziergänge werden entweder aus Langeweile oder mit vollem Bauch unternommen. Sie

sind «in der deutschen Literatur des ausgehenden 19. Jahrhunderts eher ein Zeitvertreib für kränkelnde Kurgäste, wie in Fontanes Roman ‹Cecile› oder, wie noch in Thomas Manns ‹Zauberberg›, eine Beschäftigung für todkranke Sanatoriumsbewohner», wie Angelika Wellmann mit scharfem Spott gemeint hat. Die Herstellung einer inneren Haltung und einer damit einhergehenden Übereinstimmung mit dem Raum ist kaum je damit gemeint. Sicher ist nur eines, dass der halbe Spaziergang im Rückweg besteht. Er ist im Preis inbegriffen. Die Bestimmung des Zeitpunkts der Umkehr ist das entscheidende Kriterium des Spaziergangs.

Aber damit ist der Begriff des Spaziergangs noch nicht ausreichend erklärt. Die Schwierigkeit damit besteht gerade in seiner Weitläufigkeit. Wenn William Hazlitt beschreibt, wie er am 10. April 1798 mit einem Exemplar von Rousseaus «La Nouvelle Héloise» in einem Gasthof in Llangollen bei einer Flasche Sherry und einem kalten Huhn niederliess, war er dann auf einem Spaziergang, einer Exkursion? Wenn Henry David Thoreau beim Botanisieren in der Umgebung von Concord, Massachusetts, manchmal zwanzig, dreissig Meilen am Tag umherlief und besondere Pflanzen verstreut im Umkreis von vier oder fünf Meilen ein halbes Dutzend Mal innerhalb einer bestimmten Zeit aufsuchte, um dem Augenblick ihres Blühens beizuwohnen, war er dann im Begriff, einen ausgedehnten Spaziergang zu machen, einen Ausflug, eine Exkursion, eine Wanderung? Oder wie sonst soll man seine Gänge durch die Natur bezeichnen?

Unterwegs waren Hazlitt ebenso wie Thoreau, aber auf welche Art, mit welcher Absicht? Hazlitt wollte allein sein, um zu sich zu kommen, und das schien ihm am besten auf seinen Gängen möglich. Thoreau hatte botanische Interessen. In jungen Jahren sammelte er manchmal seltene Specimen für den Schweizer Naturforscher Louis Agassiz, der in der Schweiz über Gletscher geforscht hatte und später am Harvard College als Professor der Naturwissenschaften tätig war.

Die Unternehmungen eines anderen passionierten Botanikers, Jean-Jacques Rousseau, der sie in «Les rêveries d'un promeneur solitaire» (Die Träumereien eines einsamen Spaziergängers) beschrieben hat, waren bestimmt keine Spaziergänge im strengen Sinn des Begriffs. Einer brauchbaren Definition kommt dabei der französische Ausdruck «promenade» in die Quere, der stets eine mitschwingende geistige und mentale Dimension aufweist. Man denke etwa an «Quelques Promenades dans Rome» von Stendhal (1783–1842), wo Kirchen, Galerien, Opernhäuser besucht und ein Picnic-Ausflug zum Grabmal des Menenius Agrippa unternommen wird.

Wie einzelne sich mit der Botanisiertrommel auf den Weg machten, tun es andere mit einem Buch in der Hand. Die Lektüre im Gehen ist ein Topos des empfindsamen Zeitalters. Gelegentlich kann die Lektüre auch unter einem Baum erfolgen. Seume gibt sich dieser Tätigkeit hin, Karl Philipp Moritz liest gehend den «Werther», Ottilie in Goethes «Wahlverwandtschaft» ist mit einer Lektüre unterwegs und erst noch mit einem Kind im Arm, was kaum bequem sein kann. Das Vorbild wird von anderen lesenden Spaziergängern eingehalten. Der Spaziergang durch die Natur mit einem Buch in der Hand ist der Inbegriff der Abkehr von den gesellschaftlichen Verpflichtungen. Stilisierung und Imitation dienen der Identifikation, auch wenn es nur eine zeitgeistgerechte Haltung ist. Eine peripatetische Übung ist damit selten verbunden. Der mobilisierten Lektüre hat Karl Gottlob Schelle in seiner «Kunst spazieren zu gehen» (wir werden ihm gleich begegnen) allerdings als einer von wenigen das «gesellschaftliche Gespräch» vorgezogen, das Hazlitt so gar nicht mochte.

Ein Peripatetiker war auch Rousseau nicht. Die Thematik seiner Spaziergänge auf der Petersinsel im Bielersee lässt einen anderen Schluss zu. Die Erinnerungen treiben ihn dazu, philosophische Gedanken über das Leben anzustellen. Im ersten Spaziergang umreisst er seinen Plan und sein Programm. Wie ein Physiker seine Luftdruckexperimente durchführt, will er draussen in der Natur «das Barometer meiner Seele ablesen». Er hat nur eines im Sinn: «mich mit meiner Seele zu unterhalten».

Die Einsamkeit, die Verzweiflung, die Unruhe, die Art des Räsonierens, der latente Verfolgungswahn, alle diese mentalen Zustände, die ihn bewegen, sind es, die den Spaziergängen Rousseaus zu Grund liegen und sie in den Stand von «Träumereien», von Nachdenklichkeiten, heben.

Eine gewisse Weltflucht ist damit verbunden. Rousseau ist als Spaziergänger ein Irrender, der hofft, sein Unglück zu vergessen und in der ausschreitenden Mechanik des Gehens eine gewisse Linderung findet, wie das für alle Melancholiker gilt. Und so, wie er Schritt für Schritt geht, lässt er auch, von Einfall zu Einfall, seinen Gedanken freien, nicht aber geraden, direkten Lauf. Dass er sich auf der Petersinsel aufhält, ist noch ein Hinweis mehr auf den Wunsch, im Einklang mit sich zu sein, in einem ursprünglichen Naturzustand, den Rousseau zum Ausgangspunkt seiner Philosophie genommen hat. Der Spaziergang, wie Rousseau ihn versteht, wird auf diese Weise zu einer gesellschaftskritischen Abrechnung schlechthin, zu einem Prozess, den Rousseau seinen Zeitgenossen macht.

Von anderer Art ist der berühmteste Spaziergang in der deutschsprachigen Literatur, Goethes Osterspaziergang im «Faust». Faust ist der Enge seines Studierzimmers und der ihn bedrängenden Erinnerungen entronnen, der Winter hat kapituliert, die Natur regt sich, und die Menschen erfreuen sich einfacher Vergnügen. Eine Zeit der Auferstehung, des Neubeginns ist angebrochen. Faust teilt sie mit den einfachen Leuten. Die höchsten geistigen Regungen, vertreten durch Faust, und die einfachsten Verlangen, vertreten durch das Volk («Blitz, wie die

wackern Dirnen schreiten!», es ist klar, was gemeint ist, der Früh-
ling meldet seine Ansprüche an), werden auf diesem Spaziergang
einander gegenübergestellt. Solche Momente, in denen die
Menschen die Stadt verliessen, müssen damals selten gewesen
sein, etwas, das wir uns heute nicht mehr richtig vorstellen können. Darin liegt die Bedeutung von Goethes Osterspaziergang.

Noch einmal von anderer Art ist der Spaziergang, den Goethes Werther als Irrender unternimmt. Auch er ist für eine nähere typologische Bestimmung des Spaziergängers unentbehr-
lich. Auch Werther ist, Rousseau verwandt und selbst ein
«Träumender», von Unruhe erfasst. Hinaus muss er, und erst,
wenn die Dornen ihn «zerreissen», kommt er wieder zur Be-
sinnung. Sehr genau hat Angelika Wellmann beobachtet, dass
Goethes Werther an Paradox zu Grunde geht, dass er zwar ein
Spaziergänger ist, sich aber «nicht voran bewegt. Werther kreist
nur in sich selbst.» Eben wie ein Irrender.

Das ist natürlich kein gangbarer Weg, er führt nirgends hin
als direkt in die Verzweiflung. Dazu passt, dass von Gehen nicht
die Rede sein kann. Der Schauplatz des Lebens verwandelt sich
im Handumdrehen in einen «Abgrund». Dem Trost, den Werther in der Stadt nicht findet, kann er auch in der Natur nirgends auf die Spur kommen. Weil zuletzt diese Natur nur eine
Fiktion ist, eine Erfindung Werthers, ein Spiegelbild seines inneren Zustands. Die Natur, die er meint, ist ein Kunstprodukt,
sie ist im Kopf geformt, aber durch keinerlei reale Anschauung
erworben.

Innere und äussere Natur sind bei Werther beide in einem
labilen Zustand. Die Aussenwelt nimmt er nicht wahr, sie existiert für ihn nicht. Jede Behauptung eines empfundenen
Glücks ist nur das ins Positive gewendete Eingeständnis, dass
nichts Wahres daran ist. In diesem Sinn stellt sich der Spaziergang als Ding der Unmöglichkeit heraus. Er ist ein Ausweg
oder Fluchtweg. Er ist eine ganz und gar unnütze Handlung.

Wer so geht wie Werther, hat keine Fortbewegungsabsicht im Sinn, sondern gibt zu verstehen, dass der Raum beschränkt ist, der durchquert werden soll. Dieses redimensionierte Raumgefühl ist für den Spaziergang nun aber konstitutiv. Wohin gehen? Nirgends hin. Hin und her, auf und ab, vorwärts und zurück, vielleicht im Kreis. Aber nirgends hin. Ein erreichbares Ziel ist weit und breit nicht in Sicht. Wie auf einer Kugel ist die Fläche beschränkt, aber unendlich. Um zu gehen, um die intellektuelle Arbeit des Gehens als Kondition des Seins zu verrichten, war ein vorgegebenes Ziel freilich nie eine zwingende Voraussetzung. Die innere Einstellung genügt bereits: Gehen, um zu sein. Vom Spaziergänger kann man aber kaum sagen, dass er sich damit zufrieden gibt. Für den Spaziergänger im Wertherschen und Rousseauischen Sinn gilt im Gegenteil vielmehr: Gehen, um *nicht* zu sein; um zu *verschwinden*. Der Spaziergang ist so gesehen eine beschränkte, endliche Tätigkeit.

Zwei typische Spaziergänger: Schwärmer und Bürger

Alle diese Merkmale hat Wolfgang von der Weppen dem Spaziergänger zugeordnet. Er ist jemand, der aufbricht, um zu sich zu kommen. Das kann überall und jederzeit geschehen. Darum zitiert von der Weppen Knut Hamsun, der in seinem Roman «Gedämpftes Saitenspiel» seinen Protagonisten auf dem Nachhauseweg durch den Wald, in dem der Boden einfriert und das Gehen daher leicht fällt, sagen lässt: «Es eilt mir nicht, es ist gleichgültig, wo ich bin.» Der Spaziergänger ist ein halber oder versteckter Schwärmer, ihn treibt eine unausgesprochene Sehnsucht, die sich in einer *schreitenden* Gangart schon ausdrückt. Ein *systematischer* Gehender ist er nicht, eher ein zielloser. Er geht nicht, er lässt sich treiben. Wenn er sich überhaupt bewegt.

Diese innere Sehnsucht, so von der Weppen, richtet sich an den Wunsch, im «Unendlichen» aufgehoben zu sein. Deshalb kann er und braucht er einerseits auch gar nicht den Weg zu verlassen. Aber andererseits fehlt ihm auch die Entschlusskraft, «aus seinem Kreis letztgültig herauszutreten», darum verlegt er den Weg nach innen. «Wenig fehlte nur, und der Spaziergänger, der Wanderer, der jenen fernen Räumen sich zuwendet, gerät ins Uferlose, ins offene Meer, ins Nichts» (von der Weppen).

Der klassische Spaziergänger ist jemand, der aufbricht, um zu sich zu kommen, aber dazu muss er eigentlich keinen einzigen Schritt tun. Denn wo er ist, ist er längst angekommen. Er nimmt seine Umwelt nicht wahr, er rezipiert sie nicht. Die Sehnsucht, die ihn auf den Weg schickt, ist nicht ausserhalb von ihm, sondern in ihm drinnen. Was ihn fortzieht, hält ihn zurück, und was ihn zurückhält, nötigt ihn, sich auf den Weg zu machen. Der äussere Raum ist nur die Inversion seines inneren Befindlichkeitsraums. Jeder Schritt ist umsonst, aber unvermeidbar. Ob er geht oder bleibt, ist eins. Auch wenn er zielstrebig ausschreiten sollte, was eher nicht zu seinem Charakterbild passt, schwankt und taumelt er. Die Ambivalenz der Gefühle, Stimmungen, Motive sowie die Unruhe, die daraus hervorgeht und sich durch sein physisches Auftreten im Raum äussert, ist das, was ihn treibt und beschreibt.

Der Spaziergänger als Bewegter, Suchender, Getriebener, der auch meistens allein unterwegs ist, stellt jedoch nur einen Typus des Genres dar. Er sei eine «gehende Figur im Freien», hat Elisabetta Niccolini über ihn gesagt. Das ist eine brauchbare, weil generalisierte Definition, aber sie gibt nur eine Seite des Spaziergängers wieder. Denn daneben tritt in der Gestalt des Spaziergängers auch der aufstrebende Bourgeois auf, der um 1800 die Bühne der Gesellschaft betritt und daher am besten aus historischer Sicht in den Blick genommen wird. Es ist wichtig, diese Doppelfunktion zu unterscheiden.

Die Promenade ist gleichermassen eine *Tätigkeit* wie der *Ort*, wo sie ausgeübt wird. Ihre Funktion besteht darin, das gesellschaftliche Leben der neuen Klasse, die aus der Französischen Revolution hervorgegangen ist, zu *inszenieren*. Der Spaziergang wird zur Repräsentationshandlung und zum Ort der Repräsentation. Man stellt sich dar, man zeigt, wer man ist. Es ist ein beträchtliches Selbstbewusstsein damit verbunden. Kurt Wölfel hat gemeint, der Spaziergang sei «der Weg, auf dem sich der Bürger in den Menschen verwandelt», aber es könnte sich auch umgekehrt verhalten: Er trägt dazu bei, dass der Mensch sich in den Bürger transformiert, zu welchem Zweck er eine passende Umgebung für seinen Auftritt ausgesucht hat. Der Weg aus der Gesellschaft in die tief empfundene Einsamkeit, für die sich die Natur als passender Ort anbietet, ist nur die eine Richtung. Die andere bringt den Gesellschaftsmenschen hervor, der den öffentlichen Raum herstellt, den er braucht.

Der Hof des Adels wird auf die Promenade verlegt: in einen Park, einen Garten, eine Allee. Sie ist zwar auch ein reduzierter Ort, aber zugleich einer, der für diesen Zweck geschaffen ist. Dass es sich dabei sozusagen um eine virtuelle Natur handelt, ist weiter nicht störend. Auffallend ist vielmehr, dass die Menschen zum ersten Mal die Stadt verlassen und sich ins Freie begeben, was bisher nur professionelle Reisende wie Kaufleute, Soldaten oder Pilger getan haben. Die Natur wird entdeckt – und ist im gleichen Augenblick schon keine mehr. Die als Tempel aufgefasste Natur nimmt die Züge einer gewissen Häuslichkeit an, sie wird eingerichtet, *möbliert*. Die grosse Natur ist auf ein Wäldchen, eine Allee reduziert. Auch dürfen keine Hindernisse oder Unebenheiten des Bodens den Weg erschweren. Es sieht so aus, als würden die Füsse beim Gehen kaum gehoben.

Der Spaziergang, aus «Natürliche und affektierte Handlungen des Lebens». Kupferstich von Daniel Chodowiecki.

Ein Mensch nimmt sich mit, wenn er wandert.

Ernst Bloch

Die Zeichnungen des französischen Karikaturisten Honoré Daumier (1808–1879) illustrieren auf das Beste, wie sehr sich der bürgerliche Spaziergang in die Natur in ein Desaster verwandelt: Er endet ungewohnt komisch. Die Natur ist kein Aufenthaltsort für den Stadtmenschen.

Wenn die Natur nicht erlitten wird (wie bei Daumier, zum Beispiel wenn ein Regenguss einsetzt), wird sie *zugerichtet*. Dahinter verbirgt sich eine klare bürgerliche Strategie. Die Welt wird angeeignet, in Besitz genommen. Der Spaziergang wird auf diese Weise wie durch einen Zauberstreich zu einem Akt der stadtbürgerlichen Genese. Das Gehen im Freien verwandelt sich, wie Gudrun M. König meint, in eine «zielgerichtete und erholsame Vorwärtsbewegung im Freien und somit eine disziplinierende Bewegung bürgerlicher Ostentation». Sie spricht von einer «geometrischen Harmonie», die beim Gehen erreicht wird.

Eigentlich geht man gar nicht durch den Raum spazieren, man wandelt, noch besser: *lustwandelt*. Man demonstriert, Zeit zu haben. Spazierengehen heisst müssig gehen, Musse haben. Der Müssiggang ist auch Erholung und zugleich mehr als das. Er ist eine klassenspezifische Manifestation. Wer promeniert, kann sich sehen lassen. Die Woche ist sauer, am Sonntag ruht man auf den während der Woche erbrachten Leistungen aus. Arbeit im Sinn von Alfred Weber, der sie erst viel später als «calvinistisch» definiert hat, auf der einen Seite und Freizeit als frei gestellter Zeit auf der anderen sind säuberlich getrennt. Man ist in der Freizeit nicht mehr «Berufsgänger», sondern jetzt, an diesem Ort, zu dieser Zeit und unter diesen Umständen, Müssiggänger.

Der Spaziergang dient damit der sozialen Distinktion der feinen Leute und verleiht ihnen soziales Prestige. Er ist einem gesellschaftlichen Standesprogramm ausdrücklich verpflichtet. Der deutsche und bürgerliche Spaziergang führt am Sonntag aus der Gesellschaft hinaus und am gleichen Abend wieder hinein. Hier zeichnet sich der Unterschied zur französischen Promenade als *geistreicher* Tätigkeit (Rousseau) deutlich ab.

Es kann in diesem Zusammenhang auch nicht von einem Flanieren die Rede sein, weil das wieder eine andere historische und gesellschaftliche Bewegungsform ist. Der bürgerliche Spaziergang ist ein *Auftritt*. Es ist infolgedessen verständlich, dass Gudrun M. König vom bürgerlichen Spaziergang als von einer «bürgerlichen Praktik», einer «Kulturpraktik» und einem «kulturellen Akt» spricht, wo Kurt Wölfel den Spaziergang als «poetische Handlung» bezeichnet.

Damit ist aber vor allem der Unterschied zwischen dem bürgerlichen Spaziergänger einerseits und dem empfindsamen Spaziergang des Gesellschaftsflüchtlings und Einzelgängers andererseits denkbar klar umrissen.

Karl Gottlob Schelles Theorie des Spaziergangs

Die ambivalente Position zwischen diesen zwei Auffassungen über den Spaziergang hat Karl Gottlob Schelle in seinem kleinen Buch «Die Spatziergänger» aus dem Jahr 1802 festgehalten. Viel ist vom Autor nicht bekannt, ausser dass er zwischen 1777 und 1825 als Privatgelehrter und Schulleiter in Sachsen lebte. Sein Buch jedoch ist ein einzigartiges Zeit- und Kulturdokument geworden.

Der Spaziergang hat für Schelle nicht viel mit körperlicher Bewegung zu tun. Zwar ist körperliche Betätigung gut für die Gesundheit. Fehlte sie, erzeugte sie «einen siechen Geist».

In beyderley Hinsicht, in Absicht auf Körper und Geist, ist Körperbewegung ein nothwendiges Erfordernis der körperlich-geistigen Gesundheit: aber sie selbst ist nur mechanischer, nicht geistiger Art. An sich ist sie mit keiner vernünftigen Thätigkeit verbunden, ist sie für das unmittelbare geistige Leben Nichts, ist nur physisch abhängigen Wesen ein nothwendiges Hülfsmittel, die physischen Kräfte zur Fristung des menschlichen Daseyns im Spiel zu erhalten: aber sie selbst erfüllt keinen geistigen Zweck.

Hätte das Spazierengehen nur einen eingeschränkten Zweck wie zum Beispiel der Schlaf, ohne den der Mensch auch nicht auskommt,

dann wäre die nähere Betrachtung einer solchen mechanischen Bewegung ganz überflüssig und als physischer Effect, der dem Geiste keinen Spielraum gäbe, auf das Leben ohne praktischen Einfluss.

Um dem Reiz des Spaziergangs oder «Lustwandelns», wie Schelle sagt, zu erliegen, «bedarf man eines Grades von Bildung, eines Kreises von Ideen, die nicht jedermann besitzt». Die Aufgabe des Spazierengehens besteht darin, «ein bloss mechanisches Geschäft (des Gehens) zu einem geistigen zu erheben». Dabei muss man wiederum sehr darauf achten, jede «anstrengende Geistesbeschäftigung» zu vermeiden (wie Leslie Stephen), weil sie für den Geist nicht Erholung wäre, sondern neue Anstrengung.

Spaziergänge sind nicht zu Verfolgung metaphysischer oder physischer Untersuchungen, zur Auflösung mathematischer Probleme, zur Wiederholung der Geschichte: kurz nicht zur Meditation bestimmt. Selbst das schlaue, raffinierte Beobachten der Menschen auf Spaziergängen wäre eben so sehr gegen den Zweck des Lustwandelns, als gespannte Beobachtung der Natur.

Das Interesse an der Natur darf nur ja *kein* ästhetisches oder intellektuelles sein. Wer nämlich die Natur nur betrachtet, um seine eigenen, von ihr unabhängigen Ideen zu verfolgen, könnte dies «auch auf seinem Zimmer thun».

Schwierig ist Schelles Definition deshalb, weil er nur sagt, was der Spaziergang *nicht* ist oder nicht sein darf. Wer nicht bloss auf äussere Eindrücke reagieren will, sondern «aus innerem Triebe ein Bedürfnis fühlt, auch seinem eigenen Genius sich zu überlassen und mit sich selbst zu leben», der muss «bisweilen einsam lustwandeln». Das ist die private Seite des Spaziergangs. Daneben gibt es auch einen gesellschaftlichen Aspekt. «Öffentliche Spaziergänge» bilden einen «unentbehrlichen Theil des allgemeinen Vergnügens» und des «geselligen Lebens». Verhielte es sich anders, «hätte die Civilisation sehr geringe Fortschritte gethan».

> Jener reine Eindruck des Lustwandelns auf einer öffentlichen Promenade äussert sich nun durch ein uninteressiertes Wohlgefallen an Menschen, ihrem Seyn und Thun: der Anblick des Frohsinns, der guten Laune, des heiteren Scherzens, des geschmackvollen Anzugs, der angenehmen Haltung des Körpers der schönen Welt, des wechselseitigen Spiels der Gestalten, des ganzen regen Lebens und bunten Menschengewühls.

Am besten erfolgt der Spaziergang «vor den Toren der Stadt», weil man dann «Natur» und «Menschheit» zusammen begegnen kann. Die beste Zeit ist mittags vor Tisch oder im Sommer am frühen Morgen, weil man dann noch nicht durch die Geschäfte des Tages zerstreut ist.

Auch Schelles Spaziergänger zwischen Einsamkeit und Geselligkeit ergibt keine einheitliche Gestalt. Sie bleibt im Gegenteil merkwürdig gebrochen; affektiert; am Äusserlichen orientiert. «Natur» ist der am meisten von ihm verwendete Ausdruck, aber es scheint keine besonders organische Natur zu sein. Eher erweckt Schelle den Eindruck, dass sein Spaziergänger zum ersten Mal Haus und Stube verlassen und ausserhalb von sich eine Welt entdeckt hat, für die erst noch eine Bezeichnung gefunden werden muss. Natur ist, so gesehen, nur ein Indiz für einen sozialen Wandel, der sich erst zaghaft abzeichnet.

Das Pariser Universum des Flaneurs

Wenn man bedenkt, dass der Spaziergänger 1774 mit Goethes Werther zum ersten Mal ins Rampenlicht tritt und 1802 mit Schelles promenierender Gestalt seinen Zenit erreicht, wird man verstehen, dass er eine periphere Erscheinung ist. Nur knappe weitere 25 Jahre wird es dauern, bis in Paris der Flaneur auftritt, mit dem der Fussgänger einen epochalen Schritt in eine neue Zeit unternimmt. Der Unterschied und Übergang zwischen dem empfindsamen Spaziergänger, der die Stadt verlässt, wenn auch vorsichtig, und dem grossstadtbewussten Menschen, der das Strassenbild prägt, könnte kaum grösser sein und kündigt einen enormen gesellschaftlichen Wandel an.

Auch der Flaneur ist nur im historischen Kontext zu verstehen, wenn er überhaupt mehr als nur eine Konstruktion oder eine «Kultfigur der Moderne» (Eckardt Köhn) ist. Die Grossstädte entstehen, neue städtische soziale Strukturen bilden sich heraus. Dazu gehört, dass die Strasse zu einem öffentlichen Schauplatz wird. Überhaupt entsteht erstmals das, was fortan Öffentlichkeit genannt wird. «C'est beau, la rue», soll schon Denis Diderot (1713–1784), der französische Aufklärer, gesagt haben; der französische Schriftsteller Victor Fournel (1829–1894), dem wir noch begegnen werden, zitiert den Satz als Motto in seinem Buch «Ce qu'on voit dans les rue de Paris» aus dem Jahr 1858. Die Landschaft verwandelt sich in eine

«Stadtschaft», wie Walter Benjamin in seinem posthum erschienenen «Passagen-Werk» bemerkt hat.

«Den Typus des Flaneurs schuf Paris», schreibt Benjamin. «Dass nicht Rom es war, ist das Wunderbare.» Das ist pointiert ausgedrückt. Die Umkehrung stimmt gleichfalls. Ohne Paris hätte es keinen Flaneur gegeben. Denn der Flaneur ist undenkbar ohne die baulichen Veränderungen von Paris, wo der Flaneur zu Hause ist.

Ein erster vorläufiger, aber entscheidender Schritt für die bauliche Erneuerung war der Entschluss von Louis XV um die Mitte des 18. Jahrhunderts, die alte Pariser Stadtbefestigung aus der Zeit Charles'V und Louis' XIII, jenseits welcher das offene Land begann, niederzureissen. Die Dörfer, die dort lagen, konnten dadurch in die sich ausbreitende Stadt einbezogen werden und die Stadt auf diese Weise wachsen.

Die alten Bollwerke haben den Ausdruck Boulevard geprägt. An Stelle der alten Stadtmauern wurden breite, mit Bäumen bestandene Strassen angelegt, an denen Theater und Restaurants lagen. Damals wurden die Boulevards in Promenaden und Orte des eleganten Lebens umgewandelt. Heute stehen viele Theater immer noch am gleichen Ort, auch Kinos wurden daselbst angesiedelt, während die Restaurants durch Fast Food Lokale ersetzt wurden. In anderen Gegenden waren die Boulevards auf der einen Seite von vornehmen Hotels (Privathäusern) gesäumt, auf der anderen Seite lagen Weinkneipen, Tanzgärten und Friedhöfe.

Die zweite grosse Veränderung, die das Auftreten des Flaneurs begünstigte, waren die Passagen, mit deren Bau um 1820 begonnen wurde. Die mit Glasdächern gedeckten Durchgänge durch die grossen Häusergeviere machten den Flaneur von Witterungsverhältnissen unabhängig, sodass Walter Benjamin, der in den Passagen eine architektonische Signatur der Zeit erblickte, sagen konnte, dass die Strassen und Passagen «bewohnt» werden. Sie erhalten die Bedeutung von Wohnungen, Salons, Stuben und nehmen den intimen Charakter von Interieurs an. Benjamin schreibt dazu:

> Strassen sind die Wohnung des Kollektivs. Das Kollektiv ist ein ewig unruhiges, ewig bewegtes Wesen, das zwischen Häuserwänden soviel erlebt, erfährt, erkennt und ersinnt wie Individuen im Schutz ihrer vier Wände. Diesem Kollektiv sind die glänzenden emaillierten Firmenschilder so gut und besser ein Wandschmuck wie im Salon dem Bürger ein Ölgemälde, Mauern mit der «Défense d'afficher» sind sein Schreibpult, Zeitungskioske seine Bibliothek, Briefkästen seine Bronzen, Bänke sein Schlatzimmermobiliar und die Café-Terrasse der Erker, von dem or aut sein Hauswesen heruntersieht.

(Karl Philipp Moritz hat in seinen «Reisen eines Deutschen in Italien» die Bemerkung gemacht, dass die Lazzaroni in Neapel die Stadt wie ein «grosses Zimmer betrachten, worin sie ihren beständigen Aufenthalt haben».)

Die Pariser Boulevards sind der Ort, wo der Flaneur sein politisches und bürgerliches Domizil einrichtet, schreibt Louis Huart (1813–1865), einer der wichtigen Chronisten der Epoche, in seiner «Physiologie du flâneur» (1841). Was die Passagen angeht, bemerkt Huart, sie seien ohne den Flaneur undenkbar. Sie sind der «bevorzugte Aufenthaltsort des Flaneurs», wo er eine «kostbare Existenz» führt. «Ohne Passagen wäre der Flaneur unglücklich, aber ohne Flaneur gäbe es die Passagen auch gar nicht.» In den Passagen werden Geschäfte und Boutiquen mit einem bis dahin sensationell erweiterten Warenangebot eröffnet, deren Auslagen der Flaneur im Vorbeigehen bestaunt, ohne jedoch die Absicht zu haben oder gar in der Lage zu sein, etwas zu kaufen. Die Neugier beziehungsweise eine Art interesselose Aufmerksamkeit ist es, die den Flaneur leitet und seinen Charakter prägt. Er ist «der Beobachter des Marktes» (Benjamin), aber wahrscheinlich noch mehr der Katalysator der sich abzeichnenden Warengesellschaft.

Den Rest seiner Zeit verbringt der Flaneur mit Schlendern, noch häufiger lässt er sich treiben. Er hat Zeit, aber Ziel. Der Boulevard und die Passage bilden den Mittelpunkt der Welt. Sie sind Zentren, wo das Leben sich ereignet. Der entzückte deutsche Paris-Reisende Eduard Kolloff verglich die Boulevards mit einer «Rennbahn des Vergnügens». Für ihn stand der Boulevard des Italiens, der seinen Namen von der italienischen Oper übernommen hat, an oberster Stelle. Hier traf sich die «aristokratisierende Gesellschaft der Pariser Herren und Damen zu ihrem Modespaziergang». Dieses «privilegierte Publikum der Geniessenden» sei es, das die «extrafeine Industrie für Speise, Trank, Spiel, Mode und käufliche Liebe anregt und unterhält».

> Die glänzendste Zeit des Boulevards des Italiens ist Abends. Dann kommt alles hierher, was betrügen und besiegen, was sehen und gesehen werden, was Parade und Beute machen will.

Der Boulevard schliesst trotz seiner Beschränkung die ganze Welt ein, die für Balzac aber nicht besonders gross zu gewesen sein scheint, wenn man an die Tatsache denkt, dass sie für ihn beim Boulevard Bourdon aufhörte. Was jenseits davon liege, sei nicht mehr Paris, sondern etwas Unsägliches: «Land, Vorstadt, Ausfallstrasse, Majestät des Nichts». Ähnlich hatte der französische Schriftsteller und Dandy Alfred de Musset (1810–1857) gemeint, jenseits der Grenzen der Boulevards beginne «Gross-Indien»: ein deutlicher Hinweis auf den begrenzten Raum des Flaneurs. Beide Bemerkungen erinnern wiederum an Sir Tropling Flutter, den William Hazlitt mit der Bemerkung zitiert, jenseits des Hyde Parks in London sei «alles Wüste».

Wenn der Boulevard der Ort der besseren Gesellschaft ist, dann sind die Passagen der Aufenthaltsort des Kleinbürgers, der, wenn er sich darin herumtreibt, zum Flaneur wird. Durch ihn werden die Passagen in ein Mikro-Universum erhoben.

Wichtig ist nur die Feststellung, dass der Flaneur kein Spaziergänger ist, aber doch ein *Fussgänger,* einer, dessen Wege und dessen ganzes Dasein sich aus der Bewegung seiner Beine ergeben. Wenn er einen Vorgänger oder Vorläufer hat, dann ist es Louis-Sébastien Mercier, der vorrevolutionäre Sozialchronist, der von sich gesagt hat, er habe gelernt, «auf eine ungezwungene, angeregte und rasche Art» auf dem Pflaster der Hauptstadt zu gehen, weil man, würde man es unterlassen, sonst nichts sähe. Vielleicht noch mehr als ein Flaneur war Mercier ein Stadtwanderer, weil er ja mit einer bestimmten Absicht durch Paris unterwegs war, während der Flaneur per definitionem sich absolut absichtslos auf den Weg macht und nicht einmal vom Omnibus verführen lässt, auch weil er meistens gar kein Geld dafür hat. Er ist ein «asketisches Tier», wie Walter Benjamin gesagt hat. Wie auch immer, Mercier ist der Erste, der die Stadt im *Vorbeigehen* zur Kenntnis nimmt. Vor Mercier war die Stadt eher ein Standbild, ein Thema für pittoreske Beschreibungen. Jetzt wird sie zu einem Film. Sie gerät in Bewegung.

Die Kunst des Müssiggangs

Um 1820 tritt der Flaneur in verschiedenen Veröffentlichungen zum ersten Mal auf, zum Beispiel in den «Nouveaux Tableaux de Paris» aus dem Jahr 1828, die offensichtlich an Merciers Beschreibung von Paris anknüpfen. In «L'Hermite de la Chaussée-d'Antan» von Etienne Jouy (1764–1846) trägt er noch die Bezeichnung «hermite», Einsiedler, Weltflüchtling, solitärer und philosophischer Spaziergänger, aber nicht mehr in der Trost spendenden realen oder imaginären Natur, sondern im Dickicht der explodierenden Städte.

Jouy, der unter anderem zusammen mit Hyppolite Bis das Libretto zu Gioacchino Rossinis Oper «Wilhelm Tell» verfasst hat, beschreibt, was er selber macht: «Nichts, absolut nichts. Ich gehe, ich komme, ich schaue, ich höre, und ich schreibe, wenn ich nach Hause komme, alles auf, was ich während des Tages gesehen und gehört habe.»

Jouy steht im Sommer um fünf, im Winter um sieben Uhr auf, besucht die Hallen, lernt alle Berufsgeheimnisse kennen, schlägt später den Weg zu den Quais ein, isst im Palais-Royal (ein vornehmer Ort) zu Mittag, sucht ein Lesekabinett auf, unternimmt eine Spazierfahrt in den Bois de Boulogne, kehrt auf dem Rückweg im Café Tortoni ein, sucht ein Restaurant für das Abendessen auf und beschliesst den reich erfüllten Tag mit einer Theateraufführung.

Jouy ist ein Vertreter der besseren Klasse, die das schöne Leben geniesst. Er resümiert, wie er Läden und Boutiquen aufsucht und Gefallen am Schauspiel findet, das die Geschäftsstrassen bieten. Vorsorglich hat er seine Börse zu Hause gelassen, aus Furcht, der Verführung der Schaufensterauslagen zu erliegen. Er schaut sich Porzellanwaren an, Stoffe aus Lyon, Parfums («Eau de Ninon») und meint am Ende, eine Menge reizende Bagatellen über seine im Verlauf des Tages gemachten Begegnungen erzählen zu können. In den verschiedenen Beiträgen seines Eremiten, seines Stadtspaziergängers, der er selber ist, zeichnen sich sowohl die Umrisse eines Pariser Sittengemäldes ab, wie sich erste Anhaltspunkte für eine entstehende Urbanität finden lassen.

Jouy ist, wenn er durch die Pariser Strassen schlendert, im Begriff, sich selbst zu transformieren. Der «hermite», der einsame Läufer in der Ersatznatur der Stadt, ist der *Vorläufer* des

Flaneurs. Die Charakteristika sind nicht immer deutlich, gelegentlich überschneiden sie sich. Was im Besonderen den Flaneur auszeichnet, ist die Tatsache, dass er einerseits viel Zeit und andererseits nichts zu tun hat. Dass er sich Zeit lässt oder nimmt, ist für Huart ein Beweis, «dass er die Krone der Schöpfung ist». Weil der Mensch es versteht zu flanieren, erhebt er sich in der sozialen Rangordnung über das Tier, argumentiert Huart weiter. Nichts interessiert ihn wirklich, aber alles schlägt ihn in seinen Bann.

Dem deutschen Besucher und Schriftsteller Ludwig Rellstab (1799–1860) war das Flanieren in Paris als eine besondere Manifestation der Stadt aufgefallen.

> Wahrlich, wenn der Müssiggang noch nicht in der Welt wäre, in Paris würde man ihn erfinden, weil er nirgends so angenehm (ist), als hier: wenigstens hat man die Worte erfunden, welche die Spezies des Pariser Müssiggangs bezeichnen, *flaneur* und *flaner*, Worte, die wir zwar mit einigen Compositis, wie z. B. «müssig gaffend umherschlendern» wieder zu geben suchen, die aber doch in keiner anderen Sprache ganz den eigenthümlichen Stempel erhalten können, welche ihnen das Pariser Leben aufdrückt.

Der ganze Charme einer Flanerie besteht im Unvorhergesehenen. Walter Benjamin hat in diesem Zusammenhang vom «Magnetismus der nächsten Strassenecke» gesprochen. Das Bedeutungslose und das Denkwürdige stehen unterschiedslos nebeneinander. Gross waren die Möglichkeiten, sich zu zerstreuen, damals nicht. Porzellan oder Stoffe aus Lyon mögen Jouy interessieren, aber was soll der Flaneur damit anfangen? Trotzdem bleibt er stehen und schaut sich die ausgestellten Waren an. Wenn es etwas anderes wäre, würde er es ebenfalls mit gleichgültigem Staunen betrachten.

Balzac hat als einer der Ersten und Bekanntesten des 19. Jahrhunderts dem Flaneur ein angemessenes Denkmal gesetzt. In seiner «Physiologie der Heirat» schreibt er:

Flanieren ist eine Wissenschaft, es ist die Feinschmeckerei des Auges. Spazieren gehen ist ein Vegetieren; flanieren ist Leben. Flanieren heisst geniessen; heisst geistreiche Beobachtungen anstellen; heisst erhabene Gemälde des Unglücks, der Liebe, der Freude, anmutige und komische Porträts bewundern; heisst seine Blicke in die Tiefen von tausend Existenzen tauchen; heisst, solange man jung ist, alles begehren, alles besitzen: heisst, wenn man alt ist, das Leben eines Jünglings führen, die Leidenschaften eines Jünglings empfinden.

Von Geniessen hatte schon Louis-Sébastien Mercier gesprochen, wenn auch nur im Hinblick auf das Promenieren. Aber das ist eine Frage der Zeitverschiebung. Die neue Kunst und der Genuss des Flanierens wird für Balzac nur dann beeinträchtigt, wenn die Beschaffenheit der Strassen zu wünschen übrig lässt, was nicht selten der Fall ist, und sie nicht eben asphaltiert sind oder Asphalt mit Holzplanken abwechseln, so dassdas Gehen ein «Rumpeln im Kopf» verursacht. Man denkt in Paris, so Balzac, eben auch mit den Füssen. Und möchte nicht gestört werden bei dieser nachdenklichen Tätigkeit.

Der Schweizer Stadtplaner und Architekt Benedikt Loderer sagt das Gleiche: «Der Mensch sieht mit den Füssen.» Er muss sich bewegen, um zu den verschiedenen Standorten zu kommen, «die notwendig sind, um ein Ding zu erfassen», das heisst zum Beispiel eine Stadt, in Loderers Fall die Stadt Fabriano in Italien. Bewegung heisst daher «zuerst einmal Raumeroberung». Auch Balzac bewegte sich durch die Stadt und erobert ihren Raum, wenn er ihren sozialen Grundriss festhält.

Dickens ebenso. Wir werden uns mit ihm noch durch das nächtliche London auf den Weg begeben (Kapitel 5). Der gleiche Gedanke, den schon Seume ausgesprochen hat: «Wer geht, sieht mehr», liegt der Erforschung des Sozialraums zu Grunde.

Der Schmutz in den Strassen, die sich vorbei schiebenden Menschenmassen gehören auf die negative Seite des Flaniererlebens. Der Flaneur ist der «einzige glückliche Mensch, der auf Erden anzutreffen ist», meinte Huart. Flanieren hiess für ihn träumen. Wenn die Leute vom Flaneur etwa sagen: «Er vertrödelt seine Zeit», dann ist das ein gewaltiger Irrtum und muss korrigiert werden. «Dieser Mensch flaniert! Wunderbare Beschäftigung, die Du, engstirniger Geist, nie verstehen wirst, der Du über den Asphalt hastest, als würde ein Steeple Chase auf den Boulevards abgehalten.»

Tausende kleine Zwischenfälle können sein Glück aber zum Teil massiv beeinträchtigen und ihn fast ins Unglück stürzen. Ein schmutziges Kapitel: Der Strassenkot der vorbeifahrenden Omnibusse bespritzt die Passanten und verwandelt sie im Nu in «bengalische Tiger». Darum wissen die gewitztesten Flaneure, dass sie im Gedränge alles tun müssen, um nicht entlang des Randsteins zu gehen, sondern auf der sicheren Innenseite der Trottoirs.

Das Gedränge ist in der Flaneur-Literatur ein Topos. Ludwig Rellstab waren in Paris Tausende von Müssiggängern aufgefallen, die etwas unordentlich durcheinander laufen.

Es herrscht ein ungeheures Leben und Treiben, Drängen und Wogen; auf den breiten Räumen flogen die Staatscarossen, Kabriolets und Citadinen durch einander hin, und die Masse der Fussgänger strömte dicht geschart hin und wider. Durch die Pforte im Tuileriengarten gelangte man nur mit wirklichem Drängen. An schönen Sonntag-Nachmittagen pflegen unsere Linden (da Berlin mir natürlich stets den nächsten vergleichenden Massstab in die Hand giebt, um die äusserlichen und räumlichen Grössen von Paris zu messen) eben so bevölkert zu sein, doch geht der Strom nur hin- oder herwärts; hier drängt er nach beiden Richtungen, breitet sich seitwärts aus, und auf welchem, sechsfach, vielleicht zehnfach grösseren Raum!

Etwas weiter schreibt Rellstab:

> Wir machten uns jetzt auf, um den Spaziergang über die ganze Länge der Boulevards anzutreten. Es hatte sich eine Hin- und eine Herströmung gebildet; mit einer oder der andern fortzu- kommen war trotz des grossen Gedränges sehr leicht; gegen dieselbe eine reine Unmöglichkeit. Doch streiften beide Richtun- gen so nahe an einander hin, dass sie sich an den Grenzen ein wenig mischten, und man auch hier eine Art *juste milieu* fand, in welchem man sich ganz behaglich bewegte, und ohne zu grosse Hindernisse der Annehmlichkeit genoss, die Physiognomien und Trachten der Entgegenkommenden zu mustern.

Das Gedränge mag so gross oder so klein sein, wie es will, für den Flaneur liegt das grösste Glück im Alleinsein und -gehen. Mit einem guten Freund gehen – niemals. Der eine will nach rechts abbiegen, der andere nach links – schon ist die Freund- schaft im Eimer. «Castor und Pollux sind nie zusammen spazie- ren gegangen», kommentiert Huart. Auch mit einem Hund geht man nicht spazieren. Statt zu flanieren, wird der Hund spazieren geführt. «Eine Schnur ziehen, die einen Hund zieht», das ist kein Flanieren, das diese Bezeichnung verdient. In Be- gleitung einer Frau kommt übrigens das Flanieren ebenfalls nicht in Frage. Mit einer *schönen* Frau schon gar nicht.

Der Flaneur ist nun einmal keine *Flaneuse*, jedenfalls zur Zeit nicht, als der Begriff geprägt wurde, sondern ein männli- cher Einzelgänger oder ein Lebenskünstler beziehungsweise

Künstlerphilosoph. Wenn gewöhnliche Passanten ihm begegnen, weichen sie ehrfurchtsvoll vor ihm aus. Wer weiss denn
schon, welchen kostbaren Gedanken der Flaneur im Augenblick gerade nachhängt. Bitte nicht stören.

Wenn der Flaneur meistens ein armer Schlucker ist, dann
gibt es natürlich auch einen anderen Typus, der sich das elegan-
te Leben sehr wohl leisten kann. Die in den Geschäften ausgestellten Esswaren häufen sich zu Bergen, «hoch wie der Hima-
laja», wie Victor Fournel meinte. Nicht alle können sich diesen
Luxus leisten, aber offenbar leben in Paris auch Menschen, die
vermögend genug sind, um an den Freuden des Lebens teilzu-
haben.

Wenn Louis Huart der Chronist von 1841 ist, dann ist
Victor Fournel der Chronist von 1858. In seinem Buch
«Ce qu'on voit dans les rues de Paris» schreibt er, es gebe in
Paris genügend Kirchen, Museen, Bibliotheken, aber «nie
soviele Cafés und Restaurants wie nötig». Das ist eine erstaunliche Bemerkung. Schon zu Merciers Zeiten gab es in Paris
«sechshundert bis siebenhundert Cafés», die für den Autor
«Refugium der Müssiggänger, Asyl der Bedürftigen und
akademische Kanzlei» waren. In fünfzig Jahren hatte sich viel
geändert. «Urbanität und feiner Geschmack», ruft Fournel aus,
doch sie stellen sich bald als Illusion heraus. Nicht alle können
bei Tortoni, wo schon Jouy einkehrte, ein Eis essen oder im
Café Cardinal ein Soda trinken – bei 20 000 Livres Rente.
Der Flaneur ist mit bescheidenen Mitteln ausgestattet. Kein
Wunder, wenn sich bei den populären Weinhändlern die
Menschen Ellbogen an Ellbogen drängen und mehr Lärm als
Umsatz machen. Was den Kaffee betrifft, so kann niemand
sich ihm entziehen. Wenn er auf den Boulevards und im
Palais-Royal so teuer ist, dann wegen der Kellner, des Mar-
mors, der Zeitungen, die ausliegen, der Goldverzierungen.
Das schöne Leben gibt es tatsächlich, nur leider selten für den

Flaneur. Das Flanieren wird als etwas Wunderbares gepriesen, aber die Schattenseiten sind viel zu deutlich, als dass sie übersehen werden könnten.

Was nicht durch Rang und Rente zu erreichen ist, muss unser Flaneur auf andere Weise kompensieren. Nämlich durch Esprit, Aufmerksamkeit, Beobachtung, Überblick, vielleicht Menschenkenntnis, aber vor allem durch ein Vermögen anderer Art, über das er in reichem Mass verfügt: über Zeit. Der Müssiggang ist eine Kunst, die der Flaneur vollkommen beherrscht. Langeweile kennt er nicht, weil er völlig mit sich selbst übereinstimmt und «in allem, was er begegnet, einen Gegenstand findet, der seiner Intelligenz würdig ist», wie Huart schreibt. Fournel ist gleicher Meinung. Es gibt nichts Schöneres, als das Leben aus nächster Nähe zu verfolgen und in allen Einzelheiten zu beobachten. Der Flaneur ist ein solcher interessierter Beobachter, ein Zuschauer. Deshalb ist Langeweile für ihn ein leeres Wort, auch wenn der «ennui», wie man vielleicht beifügen sollte, «le mal du siècle» war, das Leiden, das den Zeitgenossen so viel zu schaffen machte. Wenn der Flaneur sich dennoch langweilen sollte, wäre er, mit Charles Baudelaire (1821–1867), dem Dichter und Seismografen der Zeit, zu sagen, «ein Dummkopf! ein Dummkopf!»

Zu flanieren ist eine *aktive* Lebensform, und sie ist reich an nützlichen Einsichten, wie Fournel an Balzac aufzuzeigen versucht, der unterwegs in Paris so viele aufschlussreiche Entdeckungen gemacht hat. Abgesehen davon, dass der Müssiggang viel mehr einträgt als die Arbeit. Im «Larousse du XIX siècle» hatte Walter Benjamin gelesen, dass die meisten genialen Menschen grosse Flaneure waren. Stimmt. Aber es waren, wenn schon, «hart arbeitende und fruchtbare Flaneure».

Am prägnantesten fällt ein Porträt des Flaneurs aus, wenn man ihn mit dem Ensemble der Nicht-Flaneure vergleicht, zum Beispiel mit den Menschen, die in Geschäften unterwegs sind, oder mit dem Börsianer, dieser von Balzac so hartnäckig ins Visier genommenen und wie ein Insekt aufgespiessten Figur. Der Geschäftsmann hat immer ein Ziel vor Augen und betrachtet den Flaneur mit Verachtung, während dieser darauf verzichtet, ein Ziel zu haben, aber gleichwohl nichts dem Zufall überlässt. Dazu hat der Flaneur viel zu viel Geschmack und Geist, meint Huart. «Der Geschäftsmann schaut sich um, aber sieht nichts, der Flaneur sieht alles, wenn er um sich schaut.» Und vom Dummkopf sagt Huart, er gehe eher spazieren, als dass er flaniere; er mache also das Gegenteil dessen, was auf den Flaneur zutrifft. Der Spaziergang wird hier abwertend, als kunstlos, beurteilt. Er ist, wie Jean Paul gesagt hat, eine «horizontale Himmelfahrt».

Der Gegentypus des Flaneurs ist der «badaud» (der Gaffer und Schaulustige) und der «musard» (der Bummelant). Während für Fournel der Flaneur autonom in seinen Entscheidungen vorgeht, und sei es nur, Entscheidungen aus dem Weg zu gehen, ist der Gaffer völlig eingenommen von der Welt, er vergisst sich und sie und wird ein unpersönliches Wesen. Er entwickelt sich zu einem Teil der Menge, in der er aufgeht. Etwas, das dem Flaneur nie widerfährt, der stets ein distanziertes und reflexives Verhältnis zur Welt unterhält.

Charles Baudelaire und die Modernität

Schliesslich bevölkern Strassenwischer, Lumpensammler («chiffonniers», die emblematische Figur des Zeitalters), Kohleträger, Wasserträger ebenso wie -trägerinnen, Stadtstreicher, Bettler, Diebe die Strassen von Paris. Die Stadt gehört nicht ausschliesslich dem Flaneur. Um die Mitte des 19. Jahrhunderts gab es 30 000 Obdachlose in der französischen Metropole. Diese sozial Deklassierten bilden eine Gesellschaft für sich, eine Parallelgesellschaft, wie wir heute sagen würden, mit eigenen Regeln, Sitten und Gebräuchen. Sie stellen für den Flaneur oft ein Hindernis dar, da sie die ganze Trottoirbreite einnehmen und es ihnen nicht einfällt, ihm Platz zu machen. Also ist er es, der zur Seite treten muss, wenn er von ihnen nicht angerempelt und in seiner Gedankenversunkenheit gestört werden will. Das Gesindel trägt zu seinem «malheur» bei und verleiht ihm eine komische Indignation, wie zum Beispiel dann, wenn er sich die Kleider abwischen muss, weil die Kohleträger ihn schwarz eingestäubt haben. Wenig Glanz und viel Elend des Flaneurdaseins.

Doch das ist nur die Seite des Flaneurs als Individuum. Die andere, gesellschaftliche Seite zeigt ihn als Vertreter der *Modernität*. Damit wird er in eine schwierige Doppelrolle gepresst. Einmal ist er der versonnene oder obsessionelle, träumende, seines Wegs gehende oder durch eine fremde Welt irrende Mensch, einmal wird er in einen Strudel der modernen Warenwelt und der neuen, bis dahin unbekannten Empfindungen gerissene Vertreter einer neuen Zeit, die noch keinen Namen hat. Die Welt geht ihn nicht im geringsten an, sie besteht einzig in seinen Gedanken und Vorstellungen, zugleich ist er der prädestinierte Zuschauer der Comédie humaine, die Balzac so meisterhaft beschrieben hat. Es gibt keinen berufeneren als ihn, den Flaneur. Er ist dabei, gehört dazu, sitzt in der vordersten Reihe. In einem reissenden Strom ziehen die Bilder eines gesellschaftlichen, politischen, wirtschaftlichen Aufbruchs am Flaneur vorüber, ohne dass er praktisch daran beteiligt wäre. Die herrschende Armut der Chiffonniers und der anderen ist fürchterlich, zugleich sonnt sich der schmarotzende Teil der Gesellschaft im Wohlstand. Wenn Paris wirklich «die Hauptstadt des XX. Jahrhunderts» ist, wie Walter Benjamin gesagt hat, dann gehören die Revolutionen, die die Epoche erschüttern, mit zum Bild.

Der Flaneur kommt aus den Kreisen des Kleinbürgertums und orientiert sich an den kleinen, lokalen, übersichtlichen Verhältnissen, die er antrifft. Er kommt davon nicht los, während die Bourgeoisie für ihn unerreichbar ist. Seine Identität ist in Frage gestellt. Genau genommen, gehört er nirgends hin, nicht einmal in seine eigene Klasse. Diese Ambivalenz stürzt ihn ins Dilemma.

Ihm zu entkommen gelingt ihm nur, indem er untertaucht in der Anonymität der Menge und in ihr aufgeht. Auf dieses Ziel hat Charles Baudelaire in seinem Essay über den Maler Constantin Guys mit dem Titel «Der Maler des modernen Lebens» aufmerksam gemacht. Er will in der Welt sein und vor ihr verborgen bleiben. Er beobachtet alles, aber aus dem Hinterhalt, Equipagen, der Gang der Frauen, die subtilen Veränderungen der Mode, «entschlossene Blicke» sind ihm Hinweise auf den Zustand der Gesellschaft.

So geht er, läuft er, sucht er. Was sucht er? Dieser Mann, wie ich ihn eben geschildert habe, dieser mit einer tätigen Einbildungskraft begabte Einsame, der *die grosse Wüste der Menschen* unablässig durchwandert, hat ganz gewiss ein höheres Ziel als das eines blossen Flaneurs, ein noch allgemeineres Ziel als das augenblickliche Schauvergnügen. Er ist nach etwas auf der Suche, das die *Modernität* zu nennen man mir erlauben möge... Für ihn geht es darum, der Mode das abzugewinnen, was sie im Vorübergehenden an Poetischem enthält, aus dem Vergänglichen das Ewige herauszuziehen.

Schönheit ist nicht mehr ein Attribut von Ästhetik oder Religion, sondern ein Ergebnis, das sich aus dem Grossstadtleben ergibt. Das Beilautige, Überraschende, Ephemere ist für ihn, der durch die Strassen zieht, das Charakteristikum des Schönen in einer veränderten Zeit.

Die Modernität ist das Vergängliche, das Flüchtige, das Zufällige, die eine Hälfte der Kunst, deren andere Hälfte das Ewige und Unwandelbare ist.

Das ist der Anfang einer bruchstückhaften, zusammengesetzten Wahrnehmung, deren Neuigkeitswert Baudelaire mit einzigartig kühner Voraussicht erkannt hat. Es ist eine fliessende, vorüberziehende, nach filmischem Muster ablaufende Wahrnehmung, die aus Einzelbeobachtungen besteht, die durch Schnitte unterbrochen werden und gleichzeitig doch zu einem Ganzen führen. Sie werden auf den Gängen durch die Strassen im Vorbeigehen gefunden und gehen auf den Flaneur und seine Beobachtungen zurück. Er, der Flaneur, hat sie ins Bewusstsein gerufen.

Die Stadt als Lektüre, der Flaneur als Leser

Zu Beginn des 19. Jahrhunderts entsteht ein neuer Topos: Die Stadt ist nicht nur Interieur, nicht einmal nur Landschaft, sondern sie wird als Wildnis und Dschungel gesehen. Dass sie in den Rang von «Jagdgründen» (Walter Benjamin) aufsteigen konnte, ist nicht zuletzt der Tatsache zuzuschreiben, dass die französischen Autoren der Zeit die Romane von James Fenimore Cooper (1789–1851), dem Autor von «Der letzte Mohikaner», gelesen haben. So beschreibt zum Beispiel Honoré de Balzac in «Glanz und Elend der Kurtisanen», wie die Angehörigen der Leibgarde des alten Peyrade das gleiche Interesse aufbringen für Passanten, Läden, Wagen oder für eine Person, die an einem Fenster steht, genau wie in Coopers Romanen «ein Baumstamm, ein Biberbau, ein Fels, die Haut eines Bisons, ein regungsloses Boot und eine Laubkrone über dem Wasser» Aufmerksamkeit hervorrufen kann. Auch bei Eugène Sue (1804–

1857, im Roman «Die Geheimnisse von Paris») werden die Barbaren der modernen Zivilisation und des Pariser Far West, das heisst die Halb- und Unterwelt, mit den Wilden aus Coopers Romanen verglichen. Das «Leben der Wilden» im vorrevolutionären Paris war auch Louis-Sébastien Mercier schon aufgefallen.

Schliesslich verliert auch bei Walter Benjamin Paris seine Bedeutung als idyllische «landschaftliche Staffage des träumenden Müssiggängers» und nimmt der Flaneur die «Züge des unstet in einer sozialen Wildnis schweifenden Werwolfs» an. Es ist der «Mann in der Menge» in der Erzählung von Edgar Allan Poe, auf die sich auch Baudelaire und Fournel berufen haben. Der Philosophen-Spaziergänger ist unversehens zum *Passanten* geworden, der, von niemandem bemerkt, in der Masse verschwindet.

Die Masse avanciert im 19. Jahrhundert zum grossen und brennenden sozialen Problem und prägt das Gesicht der Städte, wie man in Friedrich Engels Werk über «Die Lage der arbeitenden Klasse in England» nachlesen kann. London war für ihn eine Stadt, «wo man stundenlang wandern kann, ohne auch nur an den Anfang des Endes zu kommen». Wie vielen, die zu Fuss gegangen sind, ist auch ihm dabei manches aufgefallen und hat er einen Beitrag an die Stadtsoziologie geleistet: Masse heisst Misere.

Das Leben in der Grossstadt ist gefährlich geworden, genau wie in der Wildnis. Wie die Indianer Fährten lesen oder die eigenen verwischen, so machen sich die Polizeikommissare und Detektive auf den Weg, um Spuren zu verfolgen und Kriminaltaten aufzudecken, etwa im Roman «Les Mohicans de Paris» von Alexandre Dumas père (1802–1870). Schon Mercier hatte zwischen der Arbeit des Schriftstellers und dem Beruf des Polizisten eine Übereinstimmung festgestellt. «In der Figur des Flaneurs hat die des Detektivs sich präformiert», bestätigt auch

Walter Benjamin. Poe hatte diese Methode erkannt und als einer der Genialsten angewendet. Übrigens werden seit Anfang des 20. Jahrhunderts in Frankreich Strolche und Kleinkriminelle als Apachen bezeichnet, ebenfalls mit dem Bezug auf den angeblich verschlagenen Charakter der Indianer.

Dem Flaneur bleibt unterdessen die Aufgabe des aufmerksamen Zuschauers der «comédie humaine». Sehen wird für ihn alles, nämlich reiner Genuss, aber lesen ebenfalls. Die Stadt wird einem Buch gleich.

Etienne Jouys Eremiten-Flaneur bezeichnet sich selber als «alten Chronisten», der von einer «unersättlichen Neugier» getrieben wird. Es gäbe niemand in Paris, der «in einer Woche soviele Gänge durch die Stadt macht wie ich an einem Tag». Unterwegs sammelt er eine «Fülle von nützlichen Details, flüchtigen Umständen, alltäglichen Begebenheiten», denen ein neues Interesse beigemessen werde und in denen man «das Sujet einer grossen Zahl kleiner Bilder finden kann, aus denen die Geschichte eines Tages Gewinn ziehen» könne. Jouy beabsichtigt, daraus ein «Moralisches Bulletin der Verhältnisse in Paris» zusammenzustellen.

Sehen, nichts anderes. «Ich muss alles sehen, alles untersuchen, alles kennen lernen», schreibt Eugène de Mirecourt 1855. Angesprochen wird eine Fakultät, die Balzac als «Gastronomie des Auges» bezeichnet hat.

«Wie gut und wie angenehm ist das Flanieren, und wieviel Charme und Verführung ist im Beruf des Flaneurs enthalten», schreibt Victor Fournel. (Der Redlichkeit halber muss gesagt sein, dass Fournel vom «badaud» spricht, also von einem minderwertigen Flaneur, aber selbst für den gilt noch, was es zu sagen gibt.) «Was für eine wunderbare Sache ist das Beobachten, und was für ein glücklicher Mensch ist der Beobachter. Für ihn ist Langeweile ein leeres Wort.» Wie Edgar Allan Poes «Mann in der Menge» ist Fournel in der Menge untergetaucht, «um sich in einen Zuschauer zu verwandeln und sich im Parterre dieses improvisierten Theaters hinzusetzen».

> Es ist vorgekommen, dass ich wie in einer Laterna magica alle Schatten betrachtet habe, die vor mir tanzten, und dass ich sie neugierig aus ihren Gewändern und Masken herausgeschält habe, wie ein Kind, das die Hülle seiner Puppe aufreisst, um zu sehen, was sich darunter befindet.

Nicht allen Menschen ist das «naive und doch wissende Flanieren» gegeben. Aber wer es verstehen und recht anzuwenden weiss, für den ist es «die aktivste und fruchtbarste Sache in Bezug auf wertvolle Ergebnisse».

> Ein intelligenter und bewusster Spaziergänger (bei Fournel wieder ein «badaud»), der skrupulös seine Obliegenheiten erfüllt, der mit anderen Worten alles beobachtet und sich an alles erinnert, kann die wichtigsten Rollen in der Republik der Kunst übernehmen. Dieser Mensch ist eine wandelnde und leidenschaftliche Daguerreotypie, die die geringsten Spuren in Erinnerung behält und in dem sich der Gang der Dinge, die Bewegung der Stadt, die vielfältige Physiognomie des öffentlichen Geistes sowie die Überzeugungen, Antipathien und Bewunderungen der Menge in allen wechselnden Wirkungen widerspiegeln.

Diese Beobachtungsstreifzüge, die mit Louis-Sébastien Mercier begonnen haben, bringen eine neue literarische Gattung hervor. Da ist einmal das Tableau zu nennen, das weniger auf die Malerei verweist als vielmehr unter Bezugnahme auf Denis Diderots Dramentheorie einen aus der Beobachtung hervorgegangenen repräsentativen szenischen und kritischen Ausschnitt aus dem Gesellschaftsleben in deskriptiver und totalisierender Form meint. Das *Tableau* nimmt bei Mercier auf, was

Diderot als «scène composée» bezeichnet hat. Es wirft einen aufgefächerten Blick auf die Gesellschaft und richtet sich mehr auf die kleinen Details und analytischen Feinheiten ein als auf das grosse Ganze.

Bei Balzac übernehmen die *Physiologien* die Aufgabe, die konkreten Lebenssituationen und -zusammenhänge verschiedener Menschen und Berufe zu beschreiben (Anwalt, Beamter, Rentner). Balzac hatte eine Naturgeschichte des Alltagslebens im Sinn. Unter Physiologie wird eine Lebenswissenschaft verstanden, aber hier vom Biologischen ins Soziale übertragen. Mit dem Hinweis auf den bedeutenden Naturforscher Georges Cuvier (dem mit den verschiedenen Büros in Paris, siehe Kapitel 1) und seine Lehre von der komparativen Anatomie (er konnte aus einem einzelnen Knochen ein ganzes Skelett erkennen) stellt Balzac gleichermassen einen Kontext zur Naturwissenschaft der Zeit wie zur Sittenschilderung der Epoche her.

Schliesslich sind auch die *Gedichte in Prosa* beziehungsweise das *Feuilleton* ein Genre aus dem Geist und vor allem der Aktion des Pariser Stadtgängers. Das Flüchtige, Skizzenhafte, Beiläufige von Baudelaire haben darin ihren Niederschlag gefunden.

Aus seinen vereinzelten Beobachtungen fügt der Flaneur einen Roman zusammen, meinte Huart. Und Fournel erklärte, jeder Mensch, dem er auf der Strasse begegne, liefere ihm den Stoff für einen ganzen Roman. Dem entspricht wiederum die lesbare Stadt mit ihren Affichen, Reklameschildern, Warenauslagen. «Paris ist eine Stadt für Leser», bemerkt Karlheinz Stierle. Zuletzt heisst Flanieren, eine Stadt zu lesen. Der Spaziergang ist eine Lektüre, das Gehen ein analoger Ablauf wie das lineare Nachvollziehen der Buchstabenreihe zu einem Text.

Berlin wird zur Flanierstadt

Erst im 20. Jahrhundert entdecken die deutschen Schriftsteller, allen voran Franz Hessel, dass auch Berlin eine Flanierstadt ist. Der Versuch, Berlin als Stadt für Spaziergänger und Flaneure zu inaugurieren, war seit 1850 wiederholt unternommen worden, aber eher fehlgeschlagen.

1846 hatte der sozialistische Schriftsteller Ernst Dronke (1822–1891) in seinem Werk «Berlin» festgestellt, dass es ein öffentliches Leben in Berlin vielleicht gebe, es aber zur Hauptsache aus Konditoreien bestehe, ausserdem aus Konzerten, Salons, Landpartien, Sommer- und Wintergärten. Im Tiergarten suchten die Menschen Entspannung wie die Pariser Bevölkerung im Jardin des Plantes.

> Gegen Abend ist das Leben wieder in der Stadt konzentriert. Die jungen Leute schlendern über die Trottoirs; in der Mitte jagen die Tilburys der Dandys an den Equipagen des Adels und der Bourgeoisie vorbei; dazwischen in einer Droschke der Student mit seiner Grisette. Jeder sucht jetzt den besten Unterhaltungsort für die Nacht, zuerst die Theater und Konzerte, dann die ungezwungenen Orte. Die Studenten und Grisetten die Restaurants, die vornehmen jungen Löwen die Salons und Estaminets (kleine Kaffeehäuser), die Bourgeoisie ihre häuslichen Zirkel.

Die Konditorei scheint eine typische Berliner Institution gewesen zu sein. Auch Robert Springer erwähnt sie in seinem Buch über «Berlin's Strassen, Kneipen und Clubs im Jahr 1848» (1850) und charakterisiert sie als «Gastlokale und Lesekabinette». Das öffentliche Leben manifestierte sich für ihn ferner «in der Masse der täglichen Plakate und ihrer Leser, in den Volksversammlungen und Demonstrationen, namentlich aber in den zahlreichen Zusammenhäufungen, worin man sich die neuesten Ereignisse mittheilte oder Tagesfragen besprach».

Da man den «Ausdruck des Lebens nicht mehr am häuslichen Herd» finde, so ergänzte Dronke das Bild, «sondern ausser dem Haus, in dem wilden, wirren Durcheinandertreiben der Öffentlichkeit», werde das Leben zum Beobachtungsfeld. Es kann für den «ruhigen Beobachter belehrend» sein, «über die Trottoirs zu schlendern und Physiognomien zu studieren». Aber damit scheint es, gemessen an der Realität, nun doch nicht weit her zu sein. Ludwig Rellstab hatte in Paris festgestellt:

> Der Flaneur braucht den Ozean der kleinen Ereignisse und Merkwürdigkeiten, auf welchem sich das Leben von Paris in hunderttausend leichten Wellen schaukelnd bewegt. Er will nicht müssig, wie das träge Müllertier in Luthers Fabel in der Sonne liegen, bis sich ihm ein Rabe auf das Maul setzt, den er wider Willen fängt: nein, der Flaneur verlangt nach gebratenen Tauben, und nicht diese allein, sondern eine Abwechslung von guten Bissen, die ihm in den Mund fliegen.

In Berlin – nichts mehr dergleichen (und in Paris auch nur bedingt). Mit dem Besuch des Weihnachtsmarktes musste sich Rellstab, während vieler Jahre einflussreicher Musikreferent der Vossischen Zeitung, zufrieden geben. Berlin war definitiv doch keine Flanierstadt. Es lag daran, dass der Flaneur eine Pariser Gestalt ist, für die es kein Äquivalent in Berlin gab. Hier ist es der Eckensteher, der zusammen mit dem Dandy und dem aristokratischen Müssiggänger das Stadt- und Strassenbild prägt. Adolf Glassbrenner, der Schriftsteller und Satiriker (1810–1876), führte die ungenügende Eignung Berlins zum Flanieren auch darauf zurück, dass die Stadt damals noch keine Metropole und weniger belebt war als andere grössere Residenzstädte.

(Berlins) Lage fordert nicht viel zu Spaziergängen auf, das Wetter ist selten recht freundlich, die grosse Masse der Beamten sitzt im Bureau oder zu Hause am Schreibtisch. Die Kaffeehäuser sind fast sämtlich in der Beletage, und auch die vielbesuchten Conditorläden ohne alle Korrespondenz mit der Strasse; eine eigentliche Promenade bieten nur die Linden, welche von der Akademie zum Brandenburger Tor drei Alleen bilden: die breite Hauptallee für die Lustwandelnden und zu beiden Seiten dichtbelaubte Passagen für die Reiter. Diesen zur Seite laufen die gewöhnlichen Strassen mit ihren Equipagen und Fussgängern, im buntesten Gewimmel, wenn einmal ein *Sonntag* seinen Namen rechtfertigt. Aber auch an solchen schönen Tagen bemerkt man hier keine öffentliche Lust. Alles huscht ohne Aufmerksamkeit, ohne Koketterie aneinander vorüber, nur Wenige finden ihren Genuss im Sehen und Sichsehenlassen.

Im Weiteren macht Glassbrenner «die angeborene Häuslichkeit der Berliner» und «das Verbot des Rauchens auf der Strasse» geltend sowie «überhaupt die grosse polizeiliche Sorgfalt, welche jede Regung eines Sinnes für öffentliches Leben bewacht». Dass die Revolution vor und nach 1848 ihr Gewicht auf die Stadt drückte, gehört mit der Obrigkeitshörigkeit zu den weiteren Gründen, die Glassbrenner in Gegensatz zu Dronke und Springer nennen.

Erst zu Beginn des 20. Jahrhunderts steigt Berlin in den Rang einer Metropole und dadurch gleichzeitig einer Flanierstadt auf. Viele Autoren haben sich in Paris aufgehalten und den Flanierbetrieb verfolgt, wie Julius Rodenberg (siehe Kapitel 2), der bei seiner Rückkehr nach Deutschland das «Pflastertreten» in Berlin einführte.

Der grosse Flanier-Chronist in den 1920er-Jahren wird Franz Hessel sein. Auch er hatte sich in Paris aufgehalten. Und er hat seine Flanerien einprägsamer und realistischer beschrieben als viele andere.

Langsam durch belebte Strassen zu gehen, ist ein besonderes Vergnügen. Man wird überspielt von der Eile der anderen, es ist ein Bad in der Brandung. Aber meine lieben Berliner Mitbürger machen einem das nicht leicht, wenn man ihnen auch noch so geschickt ausbiegt. Ich bekomme immer misstrauische Blicke ab, wenn ich versuche, zwischen den Geschäftigen zu flanieren. Ich glaube, man hält mich für einen Taschendieb.

Es gibt genug Vehikel aller Art für die Fortbewegung, Fahrräder, Trambahnen, «Benzinvulkane», meinte Hessel. Für die Gesundheit würden die Menschen das «sogenannte Footing» (1932 geschrieben!) pflegen, das jedoch mit Spazierengehen nicht viel zu tun hat. Eher erweist es sich als «eine Art beschwingten Exerzierens» und ist «weder nützlich noch hygienisch». Jedes vorgenommene Ziel lehnt auch Hessel entschieden ab. Sich *ergehen* beziehungsweise beim Gehen *gehen lassen* – das ist die wahre Kunst.

Ich brauche nicht in Läden zu treten, mir genügen Schaufenster, Auslagen, die riesigen Stilleben von Würsten und Weintrauben, rosa Lachs, Melonen und Bananen, gespreitete Stoffe, schlängelnde Krawatten, schmiegende Pelze, lastende Lederjacken. Mir genügt das Schauspiel der Aus- und Eingänge.

Für Hessel wird die Stadt zur Lektüre, wenn er fortfährt:

Reklamen an Hinterhauswänden längs der Stadtbahn, in Wartehallen und auf Glasscheiben der Untergrundwagen, Titel, Aufschriften, Gebrauchsanweisungen, Abkürzungen, da hast du ja das ganze Gegenwartsleben, ablesen kannst du es im Vorübergehen.

Der Flaneur «liest die Stadt wie ein Buch». Auch dies kein unbekannter Gedanke mehr.

Flanieren ist eine Art Lektüre der Stadt, wobei Menschenge-
sichter, Auslagen, Schaufenster, Café-Terrassen, Bahnen, Autos,
Bäume zu lauter gleichberechtigten Buchstaben werden, die zusammen Worte, Sätze und Seiten eines immer neu gelesenen
Buches ergeben.

Weil es mit dem einfachen Herumlaufen indessen keineswegs
getan ist, wie Hessel weiss, muss das Spazierengehen dazu
eingesetzt werden, um «eine Art Heimatkunde» zu betreiben.
Walter Benjamin hatte deshalb, in Anlehnung an Franz Hessel,
dessen Flanerien er bewunderte, die einleuchtende Bemerkung gemacht, dass die Stadt sich als «mnemotechnischer
Behelf des einsamen Spaziergängers» erweise, Flanieren als
Memorieren. Damit werde, meinte Benjamin, das «unabseh-
bare Schauspiel der Flanerie» eröffnet. Und das in den sich
politisch rapid verdüsternden Dreissigerjahren des 20. Jahrhunderts in Berlin. Übrigens lesen sich viele von Hessels Flanier-
Feuilletons wie ein Reise- beziehungsweise Stadtführer mit
verschiedenen Rundgängen durch die Stadt.

Die Stadt zum Lesen ist aber nur ein Aspekt des Themas,
dessen andere unverzichtbare Seite die Stadt zum Schreiben ist.
Seit ihrem ersten Auftreten beschreiben die Flaneure ihre Gänge und Beobachtungen und kreieren zu diesem Zweck eine
eigene literarische Form: die Kurzprosa und das Feuilleton. Die
Schriftsteller, die ihre Schreibprodukte veröffentlichen wollen,
weil sie davon leben müssen, finden ihre Anregungen in ihrer
unmittelbaren Lebensumgebung. Dass der Schriftsteller Ernst
Kossak (1814–1880) den Schriftsteller Ludwig Rellstab kriti-
sierte und von einem Missbrauch, gar einer «Entartung» des
Spazierengehens schrieb, hat Eckardt Köhn, Autor einer Studie
über den Einfluss der Flanerie auf die literarische Form, zum
Anlass genommen, darin eine «Konkurrenz der Schriftsteller
auf dem Pressemarkt» zu sehen.

Rellstab und Kossak haben ihre Spaziergänge in Paris und später Hessel seine eigenen in Berlin wie einen Reiseführer für Ortsunkundige verfasst. Genau so haben in Paris Autoren wie Guillaume Apollinaire oder Léon-Paul Fargue (1876–1947) ihre Flanerien als örtliche Beschreibungen aufgefasst und mit ausgeprägtem Lokalkolorit und persönlichen Erinnerungen garniert. Für Apollinaire waren zum Beispiel die Bouquinisten eine wunderbare Bibliothek. Auch für Fargue, der mit dem zehnten Arrondissement zwischen Gare de l'Est, Gare du Nord und La Chapelle begonnen hätte, wenn er seine Absicht, einen «Plan von Paris» zu verfassen, in die Tat umgesetzt hätte. Es sei, schreibt er, das Quartier «der Poeten und Lokomotiven», mit dem er 35 Jahre verbunden war. Hessels Berliner Flanerien wiederum könnten direkt als Grundlage für die Erstellung eines Stadtplans verwendet werden. Vielleicht kann ein Quartier oder eine Stadt aber auch nur so entdeckt und gar nicht anders beschrieben werden, Schritt für Schritt durch eine lokal wiedererkennbare Gegend.

Lust und Schande des Wanderns

Das Revier des Flaneurs ist die Stadt. Das Land ist ihm etwas Fremdes. Wird der Radius doch einmal erweitert, wird der Flaneur zum Wanderer. Dass ausgerechnet ein Franzose es war, der dem Wandern den Weg bereitete, gehört zu den Paradoxa des Themas. In Frankreich ist die Natur ein Fremdkörper. Man diskutiert lieber in den Bistros. Das Wandern bleibt den Deutschen vorbehalten.

1842 begann Claude François Denecourt (1788–1875), Veteran der Napoleonischen Armee und von Théophile Gautier als «Waldgeist» bezeichnet, damit, den Wald hinter dem Schloss von Fontainebleau, in dem man sich auch heute noch leicht verirren kann, zu erschliessen. Er legte auf eigene Kosten ein Wegnetz an und machte bis dahin unbekannte und unerreichbare Schönheiten des Waldes zugänglich. 150 Kilometer markierte Fusswege durch das Labyrinth des Hochwaldes mit Bergmassiven, pittoresken Felsformationen, lohnenden Aussichtspunkten, geheimen und geheimnisvollen Schluchten und Grotten, denen er poetische, der Mythologie entlehnte Namen gab, waren das Ergebnis seiner langjährigen Arbeit.

1839 hatte Denecourt schon einen «Guide du Voyageur dans la forêt de Fontainebleau» erscheinen lassen. 1847 erschien eine veränderte Fassung, die bis zu seinem Tod 17 Auflagen erlebte. Als 1849 die Eisenbahn Paris–Lyon nach Fontainebleau kam, lockte der Wald zahlreiche Pariser an. Später liessen sich die ersten Freilichtmaler in Barbizon am westlichen Rand des Waldes nieder und wählten den Wald als Motiv. Théodore de Banville, Charles Baudelaire, Alfred Musset, Victor Hugo, Gérard de Nerval haben das Werk Denecourts gewürdigt. Denecourt wurde auf diese Weise zum «Erfinder» des Wanderns, auch wenn die Menschen heute vor allem an Sonntagen den Wald zum Picknicken aufsuchen.

Wandern ist eine neue Art zu gehen. Sie geht über das Promenieren, das auch im Freien erfolgen kann, hinaus, aber nicht so weit wie das Reisen. Johann Gottfried Seume war Reisender, auch wenn er seinen Weg erwanderte. Das Wandern geschieht in einem bewussten Gehtempo und hat ein Ziel, auf jeden Fall eine definierte Absicht: Bewegung, Natur, Erfahrung, positive Einstellung, aber auch immer mehr Leistung und Trimm-Dich-Übung. Sich treiben lassen ist nicht oder heute nicht mehr gemeint. Nach und nach wird das Wandern zu einer beliebten Freizeitbeschäftigung, was sich an Wanderferien aller Art und an einer Fülle von Wanderführern durch die Bretagne, den Schwarzwald und so weiter zeigt. Wandern, zuerst mit dem Ziel, «etwas Gutes» für die Gesundheit und zur Erholung zu tun, wird allmählich zu einer sportlichen Leistung gesteigert. Sie endet auf der Finnenbahn oder beim Trekking, also einer elaborierten Form des Wanderns, mit Ausrüstung, Anleitung, Organisation, Programm und so weiter.

Der Ausdruck «Wandern» weist verschiedene Konnotationen auf. Die Wanderschaft ist die Zurücklegung des Lebenswegs. Der Wanderer zwischen den Welten ist einer, der das Unterwegssein zu seiner Sache gemacht hat. Und dass das Wandern des Müllers Lust ist, wissen wir aus dem Gedichtzyklus von Wilhelm Müller (1794–1827), den Franz Schubert (1797–1828) vertont hat. Bei Ulrich Bräker (1735–1798), dem «armen Mann aus dem Toggenburg», und anderen hat die Wanderung den Zweck, den Bereich der privaten Häuslichkeit zu sprengen und zu erweitern, wieder bei anderen steht die Gewinnung von Erkenntnissen, auch wissenschaftlichen, im Mittelpunkt.

Melancholikern wurde gern eine Wanderung oder Grand Tour empfohlen, um auf gesündere Gedanken zu kommen. Georg Büchners Lenz geht ins Gebirge, am Weg liegt ihm nichts, nur manchmal ist ihm «unangenehm, dass er nicht auf dem Kopf gehen konnte». Friedrich Hölderlin wanderte in seinem Turmzimmer in Tübingen tagaus, tagein auf und ab, um sich zu kurieren, aber vielleicht spielten auch andere Gründe eine Rolle, wie Pierre Bertaux herausgefunden hat (siehe Kapitel 6). Werther sucht das Weite, um vor den Dämonen zu fliehen, die ihn verfolgten. Heinrich August Kerndörffer (1769–1846), der an der Universität Leipzig lehrte und bei dem der Dichter Heinrich von Kleist (1777–1811) Unterricht in Deklamation nahm, wollte sich von seinen negativen Gefühlen heilen, wie er in seinen «Wanderungen eines Mismuthigen in die Gefilde ländlicher Zufriedenheit» (1798) schrieb, und stellte am Ende erlöst fest:

*Johann Gottfried Seume in Italien. Titelvignette der Erstausgabe
des «Spaziergangs nach Syrakus im Jahre 1802» (1803).
Zeichnung von Johann Christian Reinhart.*

Josef Mazzini reiste oft
allein und viel zu Fuss.
Im Gehen wurde ihm
die Welt nicht kleiner,
sondern immer grösser,
so gross, dass er schliesslich in ihr verschwand.

Christoph Ransmayr, «Die Schrecken
des Eises und der Finsternis»

Die Nebel der Selbsttäuschung und die Vorurtheile, die mich immer auf Irrwege geleitet hatten, waren vor meinen Blicken zerronnen.

Wandern heilt. Wenn an die Wanderung keine gesundheitlichen mehr, sondern sportliche Anforderungen gestellt werden, ändern sich die Ergebnisse. Leistung, wenn nicht Rekord, steht auf dem Programm. Ästhetische Empfindsamkeit der Spazierrunde aus idyllischer Zeit oder Wandern als Denkvorgang gilt nicht mehr. Dem Wandern müssen schlechte Noten ausgestellt werden, sie unterliegen einem ideologischen Missbrauch. Das Wandern als «ein eher ‹weitausholender› Spaziergang in die Erfahrung des eigenen Innenraums» wurde, schreibt Wolfgang von der Weppen, so «zu einer stigmatisierenden Nötigung, ein Pflicht-Programm zu übernehmen», und am Ende in den Dienst der nationalsozialistischen Ideologie gestellt.

Um 1900 wurde die Wandervogel-Bewegung ins Leben gerufen und nach und nach in die Jugendbewegung integriert, die um die gleiche Zeit ihren Anfang nahm. Zunächst als antibürgerlicher Affekt gedacht, als Ausdruck von Kultur- und Zivilisationskritik, verband sie Elemente der Romantik mit einer sozialromantischen, unpolitischen Einstellung als Antwort auf die zunehmend ungelösten Probleme der sich ausbreitenden Industrialisierung. Völkisches und anti-aufklärerisches Gedankengut konnten mühelos in die Bewegung einfliessen. War der Spaziergang und die Flanerie noch weitgehend eine Beschäftigung Einzelner, so traten die Wanderschaftsbrüder nun in immer grösseren Gruppen auf. «Die absichtslose Freiheit des Spaziergängers ist geschwunden» (von der Weppen). Aus einer idealistischen Sache wurde eine ideologische *Bewegung*.

«Ist doch eine urdeutsche Sache das Wandern. Seit den Tagen der Völkerwanderung steckt es den Germanen im Blut», schrieb 1918 ein Hermann Hoffmann. Das war vielleicht tatsächlich noch Begeisterung. Aber 1915 tönte es ganz anders in einem Liederbuch der Jugendbewegung, das von der Weppen zitiert:

> Wir müssen immer deutscher werden. Wandern ist der deutscheste aller eingeborenen Triebe, ist unser Grundwesen, ist der Spiegel unseres Nationalcharakters.

Das Wandern degeneriert auf diese Weise zur «vaterländischen Pflicht», schreibt von der Weppen. Zum Diktat, könnte man sagen, «und die ‹Tugenden› des Wanderers, die zur deutschen Tugend deklariert worden sind, werden nunmehr paramilitärisch entwickelt. Das Wandern wird zur Vorstufe des Marschierens.» Aus dem individuellen Gehen aus Lust und nach Laune wird ein Marschieren auf Kommando. Damit ist die unbeschwerteste Fortbewegungsart so weit wie nur möglich pervertiert.

Die Bedeutung der Wanderschaft geht in verschiedene und divergierende Richtungen. Mehr als das Abschreiten eines Weges liegt darin die Wanderschaft als Lebensweg. Für Friedrich Nietzsche war das Leben nicht anders vorstellbar denn als Wanderschaft und der Mensch beziehungsweise Philosoph nicht anders denn als Wanderer.

> Wer nur einigermassen zur Freiheit der Vernunft gekommen ist, kann sich auf Erden nicht anders fühlen denn als Wanderer, – wenn auch nicht als Reisender *nach* einem letzten Ziele: denn dieses gibt es nicht. Wohl aber will er zusehen und die Augen dafür offen haben, was alles in der Welt eigentlich vorgeht; deshalb darf er sein Herz nicht allzufest an alles einzelne anhängen; es muss in ihm selber etwas Wanderndes sein, das seine Freude an dem Wechsel und der Vergänglichkeit habe.

So schreibt Nietzsche in «Menschliches, Allzumenschliches». Sein Wanderer erlebt Schicksals- und Rückschläge aller Art, Entbehrungen, Enttäuschungen, «und sein Herz wird des Wanderns müde». Wenn er aber durchhält, dann kündigt sich ihm eine neuer verheissungsvoller Morgen an, eine *«Philosophie des Vormittages»*.

Wandern ist eine Sache, der sich die Menschen seit Anbeginn unterzogen haben. Es waren im Mittelalter die fahrenden Scholaren, später Handwerksgesellen auf Wanderschaft, noch später Zigeuner und Heimatlose, heute sind es «sans papiers», Papierlose, Migranten aller Art, für die der Ewige Jude als Metapher steht.

Der Wanderer verkörpert nicht weniger als den Sportsmann auch den Irrenden, dem Peter Härtling in seinem Buch «Der Wanderer» ein Denkmal gesetzt hat.

> Wir wandern nicht mehr, um anzukommen, wir sind unterwegs in einer frostigen, auskühlenden Welt. Wir wissen viel, nur was uns verloren geht, merken wir gar nicht. Dennoch wünschen wir, anzukommen.
>
> Der Wanderer wandert nur noch um des Wanderns willen. Er tritt auf der Stelle. Das allerdings begreift er erst am Ende, das unerwartet gar keines ist, aber auch kein Anfang sein kann, sondern die Erfahrung, dass sich die Wanderschaft wiederhole.

Und mit Bezugnahme auf Seume schreibt Härtling die beinahe prophetischen Worte, «der Wanderer entferne sich nicht, um anzukommen, sondern, um Welt aus Distanz zu erkennen».

Die *letzte* Wanderschaft hat Walter Benjamin unternommen, als er auf der Flucht vor den Nationalsozialisten den Weg über die Pyrenäen nahm oder versuchte zu nehmen, allen Strapazen zum Trotz, sich aber um nichts in der Welt von einer schwarzen Ledertasche trennen wollte, in der sich angeblich ein unschätzbares Manuskript befand. Die Flucht war eine Qual, Benjamin schaffte es nur mit Mühe und Not bis Port Bou, zehn Minuten unterwegs, dann eine Minute zum Ausruhen. Weiter kam er nicht.

Die spanischen Grenzbehörden wollten ihn nicht in das Land lassen, weil das französische Ausreisevisum fehlte, und erlaubten ihm wegen seines schlechten Gesundheitszustands nur, eine Nacht in Port Bou zu verbringen. In der Nacht vom 26. auf den 27. September 1940 nahm er sich im Hotel de Francia das Leben. Das war das Ende einer tragischen Wanderschaft.

Der Fussgänger in der modernen Stadt

Der Spaziergänger, der als Flaneur durch die Stadt seinen Weg aufgenommen und später als Wanderer aufs Land, in die Natur hinaus, fortgesetzt hat, kehrt spätestens seit Franz Hessel wieder in die Stadt zurück. Die Stadt wird zum Wanderparadies erweitert. Man richtet sich in der Stadt ein und erklärt sie zum Wandergebiet. Das war schon einmal so gewesen: die Stadt als Landschaft oder «Stadtschaft». Die Städte wachsen, und bis hinaus zur Stadtgrenze ist es ein ganzes Stück weit. Also wird in der Stadt geblieben. Louis Aragons «Pariser Landleben» oder André Bretons «Nadja», beide um die gleiche Zeit wie Hessels Berliner Stadtwanderungen, sind surrealistische Beschreibungen von Spaziergängen und Irr- und Suchfahrten, Flanerien durch eine Welt, die nur städtisch sein kann. Die Welt ist wie zu Balzacs Zeiten belebt von geheimnisvollen Orten und durchwirkt von geheimnisvollen Kräften, die die Menschen wie in einen Irrgarten stellen.

Seither ist viel geschehen. Das Mysterium ist verflogen. Wenn die Stadt eine Landschaft sein soll, dann ist sie es in einer generalstabsmässig durchorganisierten Art und Weise, bar jeden Geheimnisses. Um es deutlich zu sagen: Die moderne Stadt ist eine Einrichtung mit dem Hintergedanken, den Konsum zu fördern.

Zwei Seiten sind dabei zu beachten. Eine negative zuerst: Flanieren heisst jetzt deutsch und deutlich Window Shopping. Die Menschen haben längst alles, was sie benötigen. Die Schaufenster der Geschäfte für Schuhe, insbesondere Turnschuhe, haben die Museen überrundet und laden zum Erlebnis-Shopping ein. Die Einkaufs- und Gastromeilen sind nicht zum Verweilen bestimmt, wie man denken könnte, sondern sollen die potenzielle Kundschaft anlocken. Das Gleiche gilt für die Rail Cities und Airport Cities. Zur Not werden die Städte mit Werbung und Muzak beschallt, um eine behagliche Wohlfühlstimmung zu erzeugen, die sich umsatzfördernd auswirkt. Die Stadt hat sich in eine angenehme, klimatisierte Hölle verwandelt, der niemand entkommt, wenn er nicht auf eine ferne, einsame Insel flieht, die es gar nicht gibt.

Die positive Seite sieht mit viel gutem Willen anders aus. Der Stadtraum beziehungsweise der Raum schlechthin, also mehr als nur «the bubble around us», wird nur erfahren, wenn er begangen werden kann. Je mehr der motorisierte Verkehr verdrängt werden soll, je mehr die Bereiche für die Fussgänger ausgeweitet werden, desto mehr wehren sich die Autofahrer und Geschäfte dagegen. (Die US-amerikanischen Städte sind für die Autos geplant. Es kommt, vor allem in Suburbia vor, dass Trottoire gänzlich fehlen.) Das Ziel heisst in Europa: fussgängerfreundliche Stadt; Stadt nach menschlichem Mass, vielleicht wie im Mittelalter, als in Gehweite alles erreichbar war und sämtliche Bereiche der Stadt (Wohnen, Arbeit, Geselligkeit) miteinander verbunden waren.

Konsum ist jetzt nicht die erste Absicht. Im Gegenteil, die Stadt wird als Ort aufgefasst, wo die Menschen *leben*, was den Konsum nicht ausschliesst, ihn aber nicht an erste Stelle setzt.

Dafür soll der Fussgänger zu seinem Recht kommen. Es gibt Fussgängervereinigungen und Fussgängerzeitungen, die sich für die Rechte der Fussgänger einsetzen. Diese Stadt wird als öffentlicher Raum aufgefasst.

Fussgängerfreundlichkeit heisst breite Strassen, Boulevards, Strassencafés, Stadtfeste einzurichten, heisst anhalten, stehen bleiben, verweilen zu können, heisst Grünanlagen, Bäume, Ruhezonen, Sitzgelegenheiten, Spielmöglichkeiten in das urbane Angebot einzubeziehen. Und es heisst: weniger Parkplätze. Heisst, wie der Stadtplaner Dieter Garbrecht in seinem Buch «Gehen. Plädoyer für das Leben in der Stadt» ausgeführt hat, ein dichtes Netz von Fussgängerstrassen anlegen, das die wichtigsten Orte und Plätze miteinander verbindet, und zwar so, dass der Fussgänger nicht die Autofahrstrasse überqueren muss, sondern Autos die Fussgängerwege, was sie zu Rücksichtnahme und Höflichkeit zwingen würde. Fussgängerunterführungen sind eine Ungeheuerlichkeit. Damit oben der Verkehr ungehindert durch die Städte brausen kann, werden die Fussgänger in den Untergrund gezwungen, der meistens dreckig, schlecht beleuchtet und oft gefährlich ist. Reden wir weiter auch nicht vom Wetter, der Kriminalität, allen jenen Eigenschaften, die schon ein John Gay zum Thema gemacht hatte.

An Stelle von isolierten Inseln oder Zonen für Fussgänger sollen jetzt zusammenhängende Flächen für sie eingerichtet werden. Alle hier aufgezählten Massnahmen sind dazu gedacht, dass die Stadt (wieder) zu einem Ort wird, wo Menschen *leben* und urbanes Leben sich entfalten kann: Begegnungen, Geselligkeit, geistige Auseinandersetzungen, kulturelle Veranstaltungen, Essen und Trinken, Kinobesuch oder einfach nur Spaziergänge. Auch das, jawohl. Die Multiplex-Kinos haben sich längst zu Aufenthaltsorten und Begegnungszentren der zweiten und dritten Art entwickelt, zu Orten zum Verweilen, wo man vorher und nachher sich trifft, etwas trinkt und sich unterhält, wenn auch in einem etwas futuristischen Dekor. Zu Städten innerhalb der Stadt, ähnlich wie die Rail Cities. Dass es dazu keiner Autos bedarf, liegt in der impliziten Logik der Entwicklung. Dieter Garbrecht hat ermittelt, dass ohnehin jeder dritte Gang, der in der Stadt ausgeführt wird, «auf Schusters Rappen» erfolgt.

Der Gang zu einem Ort, wo etwas los ist, und der Heimweg nach erfolgter Begegnung kann im Rahmen dieser Praxis ein Übergang, eine erwünschte oder sinnvolle Phase der richtigen Einstellung und des Nachdenkens sein, des Zurückfindens zu sich selber. Oft sind die Heimwege die Krönung des Tages, wenn man sich sagen kann: Das war mein Tag. Ich habe es geschafft. Bei dieser Gelegenheit merkt man, dass das Gehen eine Wiedererlangung der persönlichen Souveränität ist. Ich gehe, also bin ich und bin ich mit mir.

Alle diese Massnahmen sollen dazu verhelfen, die Stadt wieder zu einem Mittelpunkt zu machen, wo die Menschen *gehen* können, nicht zuletzt deshalb, weil das Gehen eine soziale Tätigkeit ist, zum Beispiel wenn man zu zweit nach Hause geht, wenn man unterwegs jemand trifft, wenn man anhält, um sich mit jemand zu unterhalten, und sei es auch nur für einen Moment. «Gehen ist Mitteilung ohne Worte», schreibt Garbrecht. Ausserdem ist das Gehen eine reizvolle Stadterfahrung, eine Tätigkeit, die mit der Stadt verbindet.

Wachsen die Städte, stellt sich das Problem der Entfernung. Aber das ist nur ein beiläufiges Problem, weil der grössere Teil der Menschen in den grossen Städten in ihren Quartieren bleibt. Die Entfernungen lassen sich mit den öffentlichen Verkehrsmitteln gut überwinden, auch mit dem Velo, wie zum Beispiel in Holland. Und die öffentlichen Transporte machen in der Regel weniger Lärm und sind weniger umweltbelastend. Nur müssten sie noch besser an die Fussgängerbereiche angeschlossen werden. Würden die Summen, die für den Ausbau der angeblich autogerechten Stadt ausgegeben werden, aber nur dazu führen, dass die Städte zu menschenverlassenen Orten, zu Geister- und Transitstädten werden, dazu verwendet, die öffentlichen Verkehrsmittel auszubauen, würden diese schnell an Attraktivität wieder gewinnen und aus ihrem zwielichtigen Schatten, besonders in den Nachtstunden, heraustreten.

«Dem Gehen ist die Würde abhanden gekommen», bemerkt Dieter Garbrecht. Deshalb muss «das Recht zu gehen, das Recht auf freien Umgang» neu begründet werden. Und Benedikt Loderer, «Stadtwanderer» wie Garbrecht, sagt, dass wir die Stadt nicht aufgeben sollen, sondern als Gegebenheit annehmen und «verbessern» müssen und als Raum (Stadtraum) durch den Körper beziehungsweise gehenderweise wieder erfahrbar machen. Das schliesst ein, dass sie nicht dem Autoverkehr überlassen werden darf. «Meistens wird für den Fahrverkehr gebaut. Der Fussgänger hat sich mit den Restflächen und unattraktiven Warteräumen zu begnügen», schreibt Thomas Schweizer, Geschäftsführer des Vereins Fussverkehr Schweiz.

Aber langsam findet ein Umdenken statt. Seit einiger Zeit geht die Entwicklung deutlich in Richtung dieser Rückgewinnung der Stadt durch den Stadtgänger. Das Gehen in einem Wald, in den Bergen, über Felder ist in den allermeisten Fällen auf eine kurze Zeit beschränkt, am Sonntag oder in den Ferien. Zum Beispiel in Berlin in den Grunewald zu kommen, verlangt schon eine halbe Reise. Umso wichtiger wird daher das Gehen in der Stadt. Oder dann aber muss es gleich gänzlich auf das Fitness Center beschränkt werden.

Auf dem Weg in den Cyberspace

Es scheint unglaublich: In den vergangenen 25 Jahren haben sich neue Gangarten entwickelt. Das Gehen soll nicht dazu führen, ein Ziel zu erreichen, aber auch nicht dazu, lustvoll zu spazieren oder zu flanieren, sondern es steht neuerdings unter einem ebenso zielgerichteten wie organisierten Gesundheitsgedanken. Immer deutlicher hat es sich herumgesprochen, dass der Mensch nicht zum Sitzen geschaffen ist, dass der menschliche Körper evolutionsgeschichtlich für eine aktive Tätigkeit geschaffen ist, aber der moderne Alltag ihn zu einer sitzenden Lebensweise zwingt: im Auto, im Büro, im Restaurant, im Kino, vor dem Fernseher. Der Rest ist Liegen, und für die körperliche Bewegung bleibt nur eine Rest- und Randzeit. Gegen diese negativen Verhältnisse, die sich im Lauf der Zeit immer stärker herausgebildet haben, hat sich eine Gesundheitsideologie entwickelt, gegen die gar nichts einzuwenden wäre, wenn sie nicht Dimensionen angenommen hätte, bei denen man sich fragen muss, was dahintersteckt.

Der Homo sedentarius hat gemerkt, dass er sich aufraffen muss, dass es so wie bisher nicht weitergehen kann. In der Schweiz sind es gegenwärtig 800 000 Männer und Frauen, die regelmässig laufen, walken, joggen. «Aus Freude», wie der Sportjournalist Heinz Schild schrieb. «Es gibt ein Ziel, das man zu Fuss schneller erreicht als mit dem Auto: die Gesundheit.» Seine Schlussfolgerung: «Laufen führt zu Glücksgefühlen.» Man denke!

Wenn es darum geht, den Körper mehr zu bewegen, ist wandern immer noch die einfachste Methode, mag sie noch so sehr den Eindruck eines Relikts aus mittelalterlicher Zeit erwecken. Eine bessere Figur macht man heute mit Walken, das heisst energischem Gehen, am besten mit Stöcken. In diesem Fall wird von Nordic Walking oder Skigang gesprochen. Noch einmal etwas anderes ist Joggen, eine moderne, aber nicht immer nur entspannte Art des sogenannten Dauerlaufs (siehe Glossar).

Alle diese Geharten haben sich seit ungefähr 1980 entwickelt und stellen heute eine Massenbewegung dar mit eingeschriebenen Mitgliedern, Vereinen, Vorständen, Publikationen, Lehrbüchern, Ausrüstungsgegenständen sowie Auftritten im Internet (Runner's World, Deutscher Nordic Walking Verband e.V.). In Deutschland waren angeblich 2004 zwei Millionen «Marsch-Menschen» auf der Piste («Der Spiegel» Nr. 21/2005). «Am Stock gehen» ist ein Volksvergnügen geworden.

Die Ergebnisse sind tatsächlich vielversprechend. Wer geht, sieht nicht nur mehr, wie Seume sagte, sondern tut sich selber etwas Gutes an. Alle diese Gangarten, die sich vom Bummeln, Schlendern, Flanieren unterscheiden, setzen eine fortdauernde, regelmässige, gewohnheitsbildende Ganzkörperbewegung voraus, die kräftiges Ausschreiten verlangt und mindestens dreimal in der Woche während mindestens 20 Minuten betrieben werden sollte. Sie setzen nicht Kraft und Leistung voraus, sondern verlangen vor allem Ausdauer. Ehrgeiz ist das Verkehrteste dabei. Solange man sich beim Walken und Joggen noch mit einer Begleitperson unterhalten kann, ist alles in Ordnung.

Beide Tätigkeiten verlangen ausserdem Disziplin sowie eine diätetische Lebensweise, zu der Ernährung und Schlaf gehören. Es ist ein auf die eigene Person bezogenes Gehen, das keinem anderen Zweck oder Ziel dient als der Selbstvervollkommnung.

Mit Walken und Joggen kann vieles erreicht werden. Es sind aerobe Tätigkeiten, also solche, die die Sauerstoffzufuhr anregen und daher den Stoffwechsel anregen. Sie können eingesetzt werden gegen Stress und Angst sowie ganz allgemein gegen psychische Leiden. Sie fördern und begünstigen die Entspannung, verbessern die geistige Leistungsfähigkeit und die allgemeine Aktivierung des Organismus, überwinden geistige und körperliche Trägheit, erzeugen ein positives Körpergefühl, wirken sich vorteilhaft auf die Psyche aus. Zwischen psychischen und körperlichen Vorgängen findet eine Wechselwirkung statt. «Gehen ist besser als Fasten», schreiben Les Snowdon und Maggie Humphreys. Die «schlanke Figur» ist ein nicht unerwünschter Nebeneffekt. Sogar «Power für den Po» verspricht das Nordic Walking, das mehr Muskeln beansprucht als das Joggen, nämlich 600, mithin 90 Prozent aller Muskeln, exakt ausgerechnet. Auf jeden Fall ist sowohl das eine wie das andere eine «Sache des Herzens» (Snowdon und Humphreys), weil es Sauerstoff in den Organismus pumpt und auf diese Weise den Blutkreislauf anregt.

«Mehr Extroversion, weniger Neurotizismen», so bringt Ulrich Bartmann von der Fachhochschule Würzburg-Schweinfurth Walken und Joggen als «aktive Selbsthilfe» auf eine einfache Formel. Alle Menschen von acht bis achtzig können sich daran beteiligen, die einen schneller, mit erhöhter Schrittfrequenz, die anderen in gemächlicherem Tempo. Joggen wird von jüngeren Menschen mit Karriereambitionen betrieben, Wandern und Nordic Walking besonders von Menschen über 50. Die durchschnittliche Gehgeschwindigkeit, die im Normalfall ungefähr bei 4,8 Kilometer/Stunde liegt, lässt sich beim erhöhten Walken auf 6,4 bis 6,8 Kilometer in der Stunde steigern.

Hauptsache: Bewegung und nochmals Bewegung. Frauen halten das alles übrigens genauso gut durch wie Männer. Kein Walking- oder Jogging-Ratgeber (von denen es haufenweise gibt), der dies nicht ausdrücklich betonte. Liest man in den Anleitungen zum Walken und Joggen, begegnet man den gleichen Exkursen wie in den medizinischen Lehrbüchern des 19. Jahrhunderts und über militärisches Exerzieren. Beim Walken hat, anders als beim Joggen, ein Fuss immer Kontakt zum Boden, es kommt also keine sogenannte Flugphase vor. Typisch ist für die Walking-Technik das «aktive Abrollen» der Füsse. Dadurch entspannt sich das Becken und wird beweglicher, erklärt ein Walking-Lehrbuch. Schritt nach vorne, vorderen Fuss aufsetzen, Gewicht verlagern, Fuss abrollen, und so weiter. Nichts Unbekanntes.

Nur heillos aufpassen muss man beim Walken und Joggen! Sonst gibt es Unfälle und Verletzungen. Um die Pulsfrequenz zu messen, stehen besondere Instrumente zur Verfügung, ebenso um die Schritte zu zählen, der Pedometer. Dann stellt sich die Frage, wie schnell und wie lange man unterwegs sein soll oder sein darf. Ohnehin wäre es am besten, vorsichtshalber einen Arzt zu konsultieren und einen «Fitness-Check» zu verlangen, bevor man sich auf den Weg macht. Man hat ja keine Ahnung vom Walken und Joggen! Und die Ausrüstung nicht vergessen! Zum Beispiel sollte man dem Schnüren der Schuhe grösste Aufmerksamkeit schenken, wegen der richtigen «Druckverteilung auf den Fuss», um druckempfindliche Stellen beim Schnüren auszusparen oder bei einem Hohlfuss den Druck auf den Spann zu reduzieren («Fit for Fun» Nr. 7/2006, «Leichter laufen»). Wer hätte das gedacht? Vielleicht hat die Sportartikelindustrie das Joggen erfunden. Walken und Joggen weisen ökonomische Aspekte auf. Sport ist ein Milliardengeschäft.

Ein Punkt allerdings wird fast in der gesamten Literatur unterschlagen. Der Wille zu einer aktiven Lebensweise verwandelt sich mit der Zeit in ein Bedürfnis und kann noch später als Sucht enden. Psychomedizinische Fachleute wollen das nicht gelten lassen. Aber offenbar produziert der Körper sowohl beim Walken, Joggen sowie langem, ausdauerndem Wandern Endorphine, die ein «angenehmes Körpergefühl» erzeugen, das heisst rauschhafte Gefühle, eine Euphorisierung, einen Zustand mit der Bezeichnung «Runner's High» oder «Wanderhoch». Es sind die Hochgefühle, die in Kapitel 1 beschrieben worden sind. Für Ulrich Bartmann ist das jedoch keine gesicherte Aussage. Es müssten dazu viel grössere Laufpensen absolviert werden, mindestens 160 Kilometer in der Woche im

Durchschnitt. Darüber hinaus ist es methodisch schwierig, die geringen Endorphinmengen beim bescheidenen täglichen Walken und Joggen zu messen.

Was nicht heisst, dass sich beim Walken und Joggen nicht ein entspannungsförderndes Wohlgefühl im Körper einstellte. Auf die Frage, was die Menschen im Wald und auf den Bergen verloren hätten, antwortete Felizitas Romeiss-Stracke vom Büro für Sozial- und Freizeitforschung: «Vielleicht suchen sie dort ihre Seele. Auf jeden Fall aber Natur» («Focus» Nr. 20/2005). Seele, Natur, Erholung «vom Stress der Bildschirm-existenz», die eine sitzende, stationäre, immobile Existenz ist. Mit einem Mal ist Laufen, Joggen, Wandern hip.

Überhaupt ist Bewegung, also auch jede Form des Gehens, Laufens, Wanderns gut für die Gesundheit. Und das Denken. «Die Heilkraft der Bewegung» war das Thema einer Titelge-schichte des «Spiegel» (Nr. 5/2006). Die englische Pharmako-login Susan A. Greenfield machte die Feststellung, dass «prak-tisch unsere gesamte Kommunikation auf Bewegung» basiert. Das müsste folgerichtig dann auch für das Denken gelten. Aus-gehend von der Beobachtung bei Tieren kam sie zur Schluss-folgerung, «dass man nur dann ein Gehirn benötigt, wenn man sich fortbewegt». Wer sich bewegt, benötigt eine «Vorrichtung» wie das Gehirn, um festzustellen, was in der sich ständig verän-dernden Umwelt geschieht und um sich darauf einzustellen. Bewegung, Denken, Überleben bilden eine Triade. «Sessile Tiere brauchen ihr Gehirn nicht länger.» Ein wunderbarer Vergleich. Warum sollte er nicht auch auf Sesselkleber, Sofa-hocker und andere immobile Menschen zutreffen?

Es ist ein langer Weg, der dem Thema Gehen entlang bis hierher zurückgelegt wurde. Und er ist noch nicht abgeschlos-sen. So wie der Flaneur sich aus der weit offen stehenden Welt in den begrenzten Stadtraum zurückgezogen hat, den er kaum je verlässt, beschränken sich sportsame Menschen darauf, ihre

Übungen an Ort und Stelle auszuführen, ohne extensive Raumbeanspruchung, und verkriechen sich zu diesem Zweck in die Fitness-Studios, die heute zu einem bestimmten guten Gesellschaftsstil gehören. Auf Power Steppern (Tretmaschinen mit variabler Schrittlängeneinstellung, Hügel-, Zufall- und Intervallprogramm und CardioAdvisor) oder Treadmills (Laufbändern mit individuell einstellbarer Laufgeschwindigkeit von 0,2 bis 20 km/h, Kraftwiderstands- und Kalorienverbrauchsanzeige) absolvieren sie ihre schweisstreibenden Runden und bewegen sich trotz enormer (allerdings nur virtueller) Marschleistungen nicht von der Stelle. Nach tausend Schritten sind sie noch keinen einzigen vorangekommen. Auf sie trifft das Wort vom «rasenden Stillstand» von Paul Virilio wunderbar zu.

Es mag ein «zweckentbundenes» Gehen im Sinn von Wilhelm von Humboldt oder Franz Hessel sein, aber bestimmt ist es ein extrem ortsgebundenes. Man möchte an die Mäuse in der Tretmühle in den Käfigen denken. Wer weiss, ob im Cyber Walk nicht eines Tages die Lösung für das Problem von Bewegung und Distanz in einer völlig vollgestopften Welt liegt, so wie heute schon Computer und Mobiltelefon jede Ortsveränderung überflüssig machen und die Disco das Universum ersetzt.

5. Erfahrung. Grosse Geher

Gegangen sind die Menschen zu allen Zeiten. Weil es lange Zeit die einzige Fortbewegungsart war. Später ist das Gehen, als es moderne Verkehrsmittel gab, als sportliche Tätigkeit um ihrer selbst willen hinzugekommen. Was die Menschen beim Gehen ausser gehen getan haben, ist weniger bekannt. Manchmal war der Weg zu Fuss nicht weiter als bis ins nächste Dorf eine unumgängliche Notwendigkeit, um auf dem Markt die bäuerlichen Produkte zu verkaufen. Einige Schriftsteller und Philosophen haben ihre Erfahrungen beim Gehen beschrieben und die vielfältigen Bedeutungen festgehalten, die im Gehen liegen. Was geschieht beim Gehen, was geht einem beim Gehen durch den Kopf? Dieses Kapitel befasst sich am Beispiel einiger bekannter Geher mit der körperlichen und mentalen Erfahrung des Gehens.

Jean-Jacques Rousseau: Denken beim Gehen

Für Jean-Jacques Rousseau war das Gehen und Laufen etwas, das vor allem anderen um der körperlichen Ertüchtigung willen betrieben wurde. In seinem Buch «Emil oder Über die Erziehung» beschreibt er, wie er als supponierter Erzieher einem trägen und faulen Jungen die Lust am Laufen beibringt. Das

Kind war der Ansicht, ein Mensch seines Rangs müsse «weder etwas tun noch etwas wissen dürfen, und dass sein Adel ihm Arme und Beine und jede Art von Verdienst ersetzt». Wie geht der Erzieher also vor? Etwas umständlich. Er nimmt ein Stück Kuchen auf einen Spaziergang mit, veranstaltet unter den spielenden Kindern eine Art Wettrennen und gibt dem Sieger den Kuchen als Siegespreis. Bis es dem schutzbefohlenen jungen «Herrn Ritter» leid wird, zuschauen zu müssen, wie immer die anderen den Kuchen essen, auf den er selber Appetit hat. Langsam glaubte er zu verstehen, «dass Laufen doch zu etwas gut sei». Er entdeckt, dass er zwei Beine hat, und fängt heimlich an zu laufen. Schliesslich wird er bei den Wettrennen sogar auch noch Sieger.

Ganz anderes lässt Rousseau über die Frauen verlauten:

> Frauen sind nicht zum Laufen geschaffen. Wenn sie fliehen, dann nur, um eingeholt zu werden. Laufen ist nicht das einzige, was sie ungeschickt machen, aber es ist das einzige, das ihnen schlecht steht.

Wie Rousseau zu solchen Erkenntnissen gekommen ist, verschweigt er. Besonders freundlich sind sie nicht. Rousseau lässt dann aber Sophie, die Partnerin Emils, doch einen Wettlauf gegen ihn gewinnen. Indessen auch wieder auf eine zweifelhafte Art. Sie erzielt zwar einen Fortschritt, Emil holt sie aber atemlos ein, hebt sie hoch «wie eine Feder» und trägt sie über die Ziellinie. Sie gewinnt also auch nur, weil Emil ihr den Vortritt gelassen hat.

Die Spaziergänge, die in Rousseaus Werken einen wichtigen Platz einnehmen, waren für ihn eine einsame Angelegenheit. Viele darunter waren botanische Exkursionen. Die Botanik war zu der Zeit eine Modewissenschaft und das ideale Studium für einen Einsiedler, wie Rousseau sich für einen hielt. Botanik setzte er höher an als allen «traurigen Papier-kram» der Welt. Was er als Naturforscher an den Pflanzen beobachtete, wollte er experimentell auch an sich selber studieren und «das Barometer meiner Seele» ablesen (Goethe hatte am Ende seiner Italienreise «einen äusseren Punkt» seines Lebens kennen gelernt, «nach welchem ich das Thermometer meiner Existenz künftig abmessen kann»). Die «Träumereien des einsamen Spaziergängers», die Fortsetzung der «Bekennt-nisse», waren ein Versuch, den eigenen Lebensweg in Gedan-ken noch einmal abzuschreiten und zu reflektieren. Gehen und schreiben, schreiben und gehen wurden auf diese Weise Vor-gänge und Abläufe von analoger Bedeutung.

Zugleich hoffte Rousseau auch, auf seinen Spaziergän-gen und durch sie ebenso wie durch sein literarisches Schrei-ben dem Verfolgungswahnsinn, an dem er litt, zu entkom-men. Zur Zeit, als Rousseau, wie er sagte, «im Wohlstand» lebte, fand er Spaziergänge langweilig und fad, und wenn er doch einmal das Bedürfnis empfand, sich «an der frischen Luft zu bewegen», erinnerte er sich augenblicklich an die eitlen Gespräche in den Salons, und die Stimmung war verdorben. Erst als er sich von den Zwängen und Abhängigkeiten der Gesellschaft gänzlich befreit hatte, konnte er die Einsamkeit der Spaziergänge geniessen. Sie gestalteten sich für ihn so zu einer sowohl körperlichen wie therapeutischen Tätigkeit und erhielten eine ebenso praktische wie symbolische Be-deutung.

Rousseau war ein leidenschaftlicher Spaziergänger, wofür sich in seinem Werk zahlreiche Belegstellen finden lassen. Aber in seinen Spaziergängen versteckt sich stets auch eine Flucht-absicht. Am liebsten war er zu Fuss unterwegs, wenn nötig in Begleitung eines Dieners, der ihm den «Nachtsack» trug, aber später leistete er sich auch eine Kutsche, die er in jüngeren Jah-ren abgelehnt hatte.

Nur in meinen jungen Jahren bin ich zu Fuss gereist und stets mit Entzücken. Bald aber haben mich die Pflichten, die Geschäfte, das Mitnehmen von Gepäck gezwungen, den Herrn zu spielen und einen Wagen zu nehmen.

Über seine erste Reise nach Paris schrieb er später in den «Bekenntnissen»:

Ich brauchte für diese Reise vierzehn Tage, die ich zu den glücklichsten meines Lebens zählen kann. Ich war jung, fühlte mich wohl, hatte genug Geld, viel Hoffnung, reiste, reiste zu Fuss und reiste allein. Wenn man mir einen leeren Platz auf einem Wagen anbot, oder wenn mich unterwegs jemand ansprach, zog ich ein finsteres Gesicht, aus Furcht, das Glückshaus, das ich mir beim Wandern baute, einstürzen zu sehen.

Die motorische Bewegung des Gehens war für ihn ein geistiger Antrieb. Ohne körperlichen Auslauf schien ihm das Leben nur ein «träges Dahindämmern» zu sein. Nie habe er so viel nachgedacht, nie sei er sich seines Lebens bewusster gewesen als auf den Reisen, «die ich allein und zu Fuss gemacht habe»:

Im Wandern liegt etwas meine Gedanken Anfeuerndes und Belebendes, und ich kann kaum denken, wenn ich mich nicht vom Platz rühre; mein Körper muss in Bewegung sein, wenn es mein Gehen sein soll.

Der gleiche Gedanken taucht später in den «Bekenntnissen» noch einmal auf und weist Rousseau als echten Peripatetiker aus:

Ich kann nur beim Gehen denken; sobald ich anhalte, denke ich nicht mehr, und mein Kopf geht mit den Füssen.

Zu guter Letzt stellte sich Rousseau vor, «dass der Wald von Montmorency, der fast vor meiner Tür lag, von nun an mein Arbeitszimmer sein würde». Die vielen Hinweise machen deutlich, wie sehr das Wanderleben Rousseaus Leben geprägt hat.

> Ein Wanderleben ist das, was ich brauche. Zu Fuss meinen Weg machen, bei schönem Wetter, in einer schönen Landschaft, ohne Eile, als Ziel meiner Reise vor mir etwas Angenehmes, diese Lebensweise ist am meisten von allen nach meinem Geschmack.

Wenn Rousseau von Wandertrieb spricht, ist das aber nicht nur die Beschreibung einer Fortbewegungsart, sondern dann ist damit auch ein innerer Zustand gemeint. Was in der deutschen Übersetzung Wandertrieb heisst, lautet im Original «ma manie ambulante». Das ist mehr als die Ausführung einer Gehbewegung – das ist eine innere Erregung, die man beim Lesen in Rousseaus Werken wieder antrifft.

Rousseau hat zahlreiche Spaziergänge beschrieben. Zwei verdienen eine besondere Erwähnung. Einmal drang er durch Gehölz in eine zerklüftete Berggegend, bis er in eine abgelegene Gegend gelangte, von der er glaubte, dass noch niemand sie je vor ihm betreten habe, und meinte, einen Zufluchtsort entdeckt zu haben, von dem die Welt noch keinerlei Kenntnisse besass. Er betrachtete sich schon als «zweiten Kolumbus» und war entzückt, aber dann hörte er ein fernes Geräusch, dem er nachging, bis er schliesslich in geringer Distanz in einer Talmulde eine Strumpfmanufaktur entdeckt. Das Land sei bis in den hintersten Winkel erschlossen, dachte er und musste sich eingestehen, «selbst in den Höhlen der Alpen den grausamen Händen des Menschen nicht entgehen» zu können. Die Schweiz, so kam er zur Einsicht, und das im Jahr 1776, als er die «Träumereien des einsamen Spaziergängers» schrieb, sei «gewissermassen nur eine grosse Stadt».

Der zweite von Rousseaus Spaziergängen, der hier erwähnt werden soll, ist in die Philosophiegeschichte eingegangen. 1749 war Denis Diderot, der Philosoph und Herausgeber der «Enzyklopädie», im Gefängnis von Vincennes eingesperrt, später im Schloss und Park des gleichen Orts, übrigens unter angenehmen Umständen. Rousseau besuchte ihn. Der Weg war weit, aber Rousseau konnte sich kein Fahrzeug leisten. Also machte er sich frühzeitig, um zwei Uhr nachmittags, auf den Weg. Im Gehen las er den «Mercure de France». Sein Blick fiel auf eine Preisfrage, die die Akademie von Dijon ausgeschrieben hatte: Ob der Fortschritt der Wissenschaften und der Künste den Menschen verbessert habe.

Rousseau geriet sofort in einen Erregungszustand, «der an Wahnsinn grenzte», wie er sich später erinnerte. Natürlich haben Wissenschaft und Kunst die Sitten der Menschen um keinen Deut veredelt, fand er. Im Gegenteil, der zivilisatorische Fortschritt hat den Menschen ins Elend gestürzt. Der Mensch ist von Natur aus gut, die Gesellschaft macht ihn schlecht: das berühmte Rousseausche Axiom. Auf dem Weg nach Vincennes war es ihm klar geworden.

Er erzählte Diderot davon, der ihn ermunterte, seinen Gedanken «freien Lauf» zu lassen. Als Folge schrieb Rousseau seine berühmte «Abhandlung über die Wissenschaften und Künste», in der er seine unterwegs gewonnenen Einsichten zusammenfasste. Der Spaziergang hatte sein Leben verändert und er war ein anderer Mensch geworden. Im darauffolgenden Jahr wurde die Abhandlung mit dem ersten Preis ausgezeichnet. Rousseaus gequälte Laufbahn als «philosophe» begann.

Karl Philipp Moritz: «Poor travelling creature»

Das Reisen zu Fuss war in der damaligen Zeit oft anstrengend, aber nicht selten war es auch mit Gefahren verbunden. Darüber findet man bei Rousseau nichts. Umso mehr hat sich Karl Philipp Moritz (1756–1793), der deutsche Verfasser des Entwicklungsromans «Anton Reiser», dazu geäussert. Moritz bereiste 1782 England, in den Jahren 1786–1788 hielt er sich in Italien auf, zu gleicher Zeit wie Goethe, dem er auch dort begegnete. In England war er zu Fuss unterwegs, was ihm viel Ungemach eintrug. Er wollte Menschen und Sitten kennen lernen. Zu diesem Zweck erschien ihm die Fussreise am zweckmässigsten (wie zum Beispiel Wilhelm Heinrich Riehl 100 Jahre nach ihm, siehe Kapitel 2). Nur gelegentlich und offenbar nur ungern bestieg er die «Postchaise». Die herrlichsten Landschaften, die er gern näher angesehen hätte, flogen «mit Pfeilschnelle» vorüber, sodass die Fahrt «in einer Art von Betäubung» erfolgte.

Als er dann auf der Landstrasse seines Wegs dahinzog, hinterliessen die Postkutschen und Fuhrwerke, die an ihm vorbeifuhren, riesige Staubwolken, die ihm zu schaffen machten. Einmal fragte er einen Mann, der vor der Tür seines Hauses stand, ob er auf dem richtigen Weg nach Oxford sei.

> «Yes, but you want a Carriage, to bring you there», (ja, aber ihr braucht ein Fuhrwerk, um euch hinzubringen), sagte er: als ich ihm antwortete, ich würde zu Fuss hingehen, sahe er mich bedeutend an, schüttelte den Kopf, und ging ins Haus hinein.

Immer wieder wird er wie ein Wundertier bestaunt und von den Vorbeireitenden und Fahrenden mit Verwunderung angegafft, «als ob sie mich für einen Verrückten hielten». Andere urteilten milder über ihn: «He is a poor travelling Creature.»

Einmal wird er unterwegs auf der Strasse um ein Almosen auf eine dermassen drohende Weise gebeten, dass ihm nichts anderes übrig bleibt, als Folge zu leisten. Einen Augenblick lang überlegt er sogar, ob er seine Reise fortsetzen sollte.

Auch in den Gasthöfen wurde er schlecht behandelt.

Als ich nun in den Gasthof trat, und zu Essen forderte, prophezeite mir das Angesicht des Aufwärters sogleich eine sehr unfreundliche Aufnahme. Man gab mir alles mit Murren und Verachtung, wie einem Bettler, und liess mich es doch wie einen Gentleman bezahlen. Ich glaube, es war dem Kerl nicht gelegen, dass er mir, als einem so erbärmlichen Menschen, der zu Fuss ging, aufwarten sollte.

Mit einem Seufzer der Enttäuschung stellt er fest:

Was für sonderbaren Schicksalen und Abenteuern ist doch ein Fussgänger in diesem Land der Pferde und Karossen ausgesetzt!

Dann besteigt er doch die Postkutsche und berichtete einem Begleiter von seinen Erfahrungen. Dieser billigt seine Art zu reisen, wenn er auch findet, «dies sei erstaunlich viel gewagt».

Auf meine Frage, warum die Engländer denn nicht auch um derselben Vorteile willen manchmal zu Fusse reisen? war seine Antwort: «they are too rich and too lazy.» (sie sind zu reich und zu träge dazu). Und wahr ist es, selbst der ärmste Mensch setzt sich lieber in Gefahr, auf der Outside einer Postkutsche den Hals zu brechen, als eine Strecke zu Fuss zu gehen.

Und das in dem Land, in dem nur kurze Zeit später rund um die Repräsentanten der englischen Romantik sich eine wahre Lust und Leidenschaft des Wanderns herausbilden sollte. Übrigens hatte der amerikanische Schriftsteller John Burroughs eine andere Beobachtung gemacht als Karl Philipp Moritz, allerdings 100 Jahre nach ihm. Er hatte gemeint, die Engländer seien im Vergleich zu den Nordamerikanern einfachere Menschen, mit einfachem Geschmack, sie würden sich einfacher kleiden, einfacher sprechen, sich an die Tatsachen halten: «alles dies Wesensmerkmale, die auch Gewohnheiten eines Fussgängers sind»: «Der englische Vornehme ist nicht an sein Fahrzeug gebunden; aber wenn der amerikanische Aristokrat seines verlässt, ist er erledigt.»

Auch in Italien schienen sich die Menschen, wie in England, «keinen hohen Begriff» von Moritz zu machen, wenn er zu Fuss eintraf.

> Vor dem Tore des Gasthofes hörte ich, wie mein Wegweiser erzählte, dass er mit einem «Signore forastiere» (fremden Herrn) zu Fuss ginge. Die Leute wunderten sich hierüber, und meinten, es werde denn wohl immer «piano, piano» gehen. – «Piano?» rief mein Wegweiser aus, und machte eine Beschreibung von der Geschwindigkeit unseres zu Fusse Gehens, dass die Leute noch mehr in Erstaunen gerieten.

Gelegentlich musste sich Moritz' «Wegweiser» (Begleiter) selbst motivieren, wenn er «mit ‹Allegro!› und ‹Corraggio›» seinen Mut zum Gehen» anstachelte. Moritz merkte bald, dass es «auch hier», in Italien, eine Ausnahme war, wenn Leute zu Fuss reisen. Wer keinen Wagen oder Pferde besitzt, lässt sich wenigstens von einem Esel tragen, «welche letztere Art zu reisen hier gar nichts Auffallendes hat».

In den «Reisen eines Deutschen in Italien» verwendet Moritz gelegentlich den Ausdruck «wandeln», aber häufig kommt der Ausdruck «Spaziergang» vor. Er meint damit meistens einen Rundgang an einem Ort, um die nähere Umgebung kennen zu lernen: Strassen, Kaufläden («die ein unterhaltendes Schauspiel darbieten»), Sitzbänke. Einmal schreibt er über eine «Abendwanderung» in Rom, die für ihn die «erste Stadt der Welt» ist:

> Ich gehe durch Maria Maggiore. Man macht durch einen solchen Tempel ordentlich einen Spaziergang; man tritt von der Strasse in einen Umfang, der zum Wandeln Raum verstattet, und wo man durch die Mauer sich nicht eingeengt und beschränkt fühlt.

Oft sind diese Spaziergänge Zeitreisen in eine Vergangenheit:

> Als ich neulich in der verödeten Gegend von Rom wandelte, die ehemals die bevölkertste war, und nun in Weingärten und grasbewachsene Plätze verwandelt ist, so las ich Martials Prophezeiung: «Wenn des Messala Felsenhaus nicht mehr sein wird (...)
> Nun ist keine Spur mehr von dem Felsenhaus des Messala – der Marmor des Licius ist zu Staub geworden – der Fremde kömmt hierher und liest den Dichter, und wandert, so wie ich es jetzt tue, mit ihm in der verödeten Stadt umher, um in seiner Gedanken Widerschein die Trümmer der Vorzeit zu betrachten.

Johann Gottfried Seume: Theokrit in Syrakus lesen

Anderthalb Jahrzehnte nach Moritz und Goethe macht ein anderer Deutscher, Johann Gottfried Seume, sich auf den Weg nach Italien und veröffentlicht daraufhin in einem Buch seine Eindrücke. Es trägt den Titel «Mein Spaziergang nach Syrakus im Jahre 1802» und gehört zu den grossen Werken der Reise- im Allgemeinen und deutschen Literatur im Besonderen. Auch in Bezug auf das Thema Gehen ist es aufschlussreich, schon allein deshalb, weil Seume den allergrössten Teil des Wegs tatsächlich zu Fuss zurückgelegt hat. Nur ausnahmsweise benutzte er einen Wagen, etwa zwischen Ferrara und Bologna, um den dort gelegenen Sümpfen aus dem Weg zu gehen, gelegentlich bestieg er auch das Schiff, zum Beispiel, um die Strecke von Neapel nach Sizilien zurückzulegen.

Seume machte sich im Dezember 1801 in Grimma bei Leipzig auf den Weg nach Italien. «Ich schnallte im Grimme meinen Tornister, und wir gingen.» Daraus leitete er den Ausdruck «tornistern» für gehen ab. Am Anfang der Reise wurde er von seinem Freund Veit Hanns Schnorr von Carolsfeld, dem Nazarener-Maler, sowie einem dritten, nicht identifizierten Mitreisenden begleitet.

Wer nicht die Extrapost benützt, «sondern zu Fuss trotzig vor sich hinstapelt», musse sich «sehr oft sehr huronisch behelfen», stellt Seume bald fest. Er meinte damit eine raubeinige, aber unverdorbene, aufrichtige charakterliche Eigenschaft, wie sie Rousseaus «edlen Wilden» auszeichnet. Das Reisen, zumal zu Fuss, war eben damals keine selbstverständliche Tätigkeit. Als die Leute hörten, dass er zu Fuss von Triest nach Venedig gehen wolle, fanden sie, «ich sei nicht gescheit» und meinten, «da würde ich nun wohl ein Bisschen tot geschlagen werden».

Die Polizei in Venedig erkundigte sich «mit viel Artigkeit und Teilnahme wer ich sei? wohin ich wolle? und dergleichen; und wunderte sich höchlich als man hörte, dass ich zu Fusse allein einen Spaziergang von Leipzig nach Syrakus machen wolle». Seine «fusswandelnde Person» erregt Erstaunen und Misstrauen, aber manchmal hatte er auch Glück.

In Syrakus ging ich durch alle drei Tore der Festung als Spaziergänger, ohne dass man mir eine Sylbe sagte; auch bin ich nicht weiter gefragt worden. Das war doch noch eine artige stillschweigende Anerkennung meiner Qualität. Den Spaziergänger lässt man gehen.

Der Ausdruck «Spaziergang», den Seume beharrlich verwendet, ist natürlich eine ironische Formulierung. Es war ein längerer, physisch anspruchsvoller Fussmarsch. Aber die Frage stellt sich natürlich schon: Warum hat Seume diese Reise unternommen? Auch darauf gab er nur eine Anzahl skurriler Antworten. Die Frage wurde oft an ihn gestellt. In der «italiänischen Kanzlei» in Wien wurde er von einem Beamten gefragt (oder verhört), was er in Sizilien vorhabe.

> Hätte ich ihm nun die reine Wahrheit gesagt, dass ich bloss spazierengehen wolle, um mir das Zwerchfell auseinander zu wandeln, das ich mir über dem Druck von Klopstocks Oden etwas zusammen gesessen hatte, so hätte der Mann höchst wahrscheinlich gar keinen Begriff davon gehabt, und geglaubt, ich sei irgendeinem Bedlam entlaufen.
> Ich will den Theokrit dort studieren, sagte ich.

Eine Aussage, um ohne allzu grosse Behinderung die Grenze zu passieren. Die Wirklichkeit sah, wie man weiss, etwas differenzierter aus. Der Verleger Göschen in Leipzig, der Goethe, Schiller, Klopstock und andere herausgab, unterhielt in Grimma eine Druckerei, in der Seume bis November 1801 als Lektor und Druckereiaufseher arbeitete und die Drucklegung einer Ausgabe der Oden des Dichters Friedrich Gottlieb Klopstock überwachte. Als das vollbracht war, hatte Seume nur einen Gedanken – den Betrieb zu verlassen und sich «das Zwerchfell auseinander zu wandeln». Gehen ist immer eine gute Abwechslung. Aber wie hätte er diesen Sachverhalt dem Beamten klarmachen können? Er wäre, dachte er, als Verrückter angesehen worden; Bedlam (Bethlehem) war ein bekanntes englisches Hospiz für Geisteskranke.

Seumes Behauptung, den altgriechischen Lyriker Theokrit an dessen Geburtsort in Syrakus zu lesen, erscheint allerdings weniger kurios, wenn man bedenkt, dass Seume in seinem Gepäck eine kleine Bibliothek mit sich führte, darunter neben Theokrit auch Anakreon, Plautus, Horaz, Virgil und andere. Aus den Büchern, die er weniger schätzte, riss er jeweils die gelesenen Seiten heraus, zuletzt warf er den übrig gebliebenen Einband fort. Auf diese Weise leistete er einen zweifellos willkommenen Beitrag zur Erleichterung seines Gepäcks.

Seumes Beobachtungen des täglichen Lebens unterwegs sind von kundigem Wissen, die Altertümer dagegen interessierten ihn nur bedingt. Eine klassische Bildungsreise hatte er nicht im Sinn. Dass er sich selber nicht als «ordentlichen, systematischen Reisenden» sah, hatte Folgen auf den Reiseweg. Umwege, um Sehenswürdigkeiten zu betrachten, machte er keine. Selten schrieb er eine Inschrift ab (wie etwa Moritz), am wenigstens irgendwelche «Orthodoxistereien». Das Leben der Menschen interessierte ihn mehr. Dabei machte er verschiedene ziemlich deutliche klerikalkritische Bemerkungen.

In Böhmen fragte er sich, ob der Boden nicht sinnvoller angebaut werden könnte als durch Weinbau. «Die Armen müssen billig eher Brot haben, als die Reichen Wein.» In Italien fand er, dass man Papst Paul, «ich weiss nicht welcher», «fast vergeben» könne, wenn er eine «schöne wohltätige Wasserleitung» bauen lasse. Im Übrigen bekannte er, «dass ich für die zwecklose Pracht, wenn es auch Riesenwerke wären, keine sonderliche Stimmung habe». Die Jämmerlichkeit der Bettler in Agrigent entlockte ihm, beim Anblick des fruchtbaren Bodens, den Wunsch, «alle sicilischen Barone und Äbte mit den Ministern an der Spitze ohne Barmherzigkeit vor die Kartätsche stellen» zu wollen. Trotzdem bildet die Erreichung des Ätna Gipfels den Höhepunkt seiner Reise.

Übrigens hat Seume an verschiedenen Stellen anschaulich über das eigentliche Handwerk und die kleinen alltäglichen

Ereignisse des Gehens, Wandelns, Spazierengehens, Tornisterns, Stapelns Auskunft gegeben. Täglich war er von halb acht Uhr morgens bis halb sechs Uhr abends auf den Beinen. Gehen, was heisst das? Nachdem sich Seume von Schnorr von Carolsfeld getrennt hatte, setzte er seinen Weg allein in einer vorübergehend nachdenklichen Stimmung fort. Immer wieder wurden Seume die Gefahren des Reisens vor Augen geführt. Er «als einzelnes isoliertes Menschenkind» konnte ruhig seines Wegs ziehen, aber für Schnorr als Familienvater wäre es eine «Tollkühnheit» gewesen.

> Ich zog nun an den Bergen hin, die rechts immer grösser wurden, dachte so wenig wie möglich, denn viel Denken ist, zumal in einer solchen Stimmung und bei einer solchen Unternehmung, sehr unbequem, und setzte gemächlich einen Fuss vor den andern immer weiter fort.

In den Sümpfen von Terracino musste er bis über den Gürtel im Wasser gehen. In Palermo liess er die Stiefel sohlen, und während er wartete, ass er Orangen, die im Norden nur vom Hörensagen bekannt waren. Und natürlich las er in seinem Theokrit. Das weitere Erwähnenswerte waren die schlechten Wirtshäuser, die Betrügereien, das jederzeit bedrohliche Banditenwesen – Beobachtungen, die unzählige Reisende gemacht haben.

Im August 1802 kehrte Seume schliesslich nach Hause zurück, immer noch mit den gleichen Stiefeln an den Füssen wie bei der Abreise. «Zum Lobe meines Schuhmachers» stellte er fest, «dass diese noch das Ansehen haben, in baulichem Wesen noch eine solche Wanderung mit zu machen». Letzter, abschliessender Befund:

> Wer in neun Monaten meistens zu Fusse eine solche Wanderung macht, schützt sich noch einige Jahre vor dem Podagara.

Er war nun gut durchtrainiert, würden wir heute sagen, und Aussicht auf Fussbeschwerden wie Fussgicht (Podagara) bestand keine.

William Wordsworth: «Tausend Träume des Glücks»

Wenn es ein Goldenes Zeitalter des Zufussgehens gibt, dann muss es in England um 1800, in der Frühromantik, situiert werden. Zu dieser Zeit setzte eine regelrechte «walking decade» (Robert Jarvis) ein, eine Epoche, die vom Gehen zu Fuss geprägt war, und bürgerte sich im englischen Sprachgebrauch der Ausdruck «pedestrian» ein. Die englischen romantischen Dichter und Schriftsteller, William Wordsworth, Samuel Taylor Coleridge und Thomas De Quincey, später der Städter Charles Dickens, noch später Leslie Stephen, waren programmatische, passionierte und peripatetische Geher und Stadtläufer, denen sich beim Gehen mehr erschloss als die Welt, die sie unmittelbar durchliefen. Die Fünf waren bei Weitem nicht die Einzigen. Sie sollen hier alle Übrigen vertreten.

Als Gründe für das Gehen werden die bekannten Angaben gemacht: Gefühl der Freiheit, Erfahrung der Mobilität, eingeschlossen Mobilität des Geistes; Konzentration auf sich selbst; Möglichkeit des Nachdenkens; Sammeln von Auskünften über fremde Länder und Sitten. Stets kommt auch das ästhetische Vergnügen hinzu, zum Beispiel beim Betrachten der Natur, das den Geher von demjenigen unterscheidet, der sich auf die Grand Tour begibt, die eher eine standesgemässe, *noble* Pflichtübung war.

Jeden Tag unterwegs sein muss keineswegs eine ausschliesslich englische Tugend sein. Aus den Tagebüchern des Dichters Ludwig Uhland (1787–1862) ist bekannt, dass er fast täglich Spaziergänge unternahm. Er hat sie in seinen Tagebüchern genau protokolliert. Aber in England scheint das Gehen, zumal in der Romantik, doch eine besondere Praxis gewesen zu sein, die mit dem englischen Nationalcharakter zusammenhängen dürfte. Vielleicht mehr als jedes andere Volk haben die Engländer eine Einstellung entwickelt, in der die Disziplin beim Gehen sich mit einem praktischen Sinn verbindet.

Für den englischen Fussgänger ist das Wetter immer eine Überraschung und eine Erwähnung wert, wie zum Beispiel für den politischen Reformer und Dichter John Thelwall (1764–1834), der in «The Peripathetic» (1793) schrieb:

Was mich betrifft, kann mich nichts von meinem Weg abhalten; oder die stille Unabhängigkeit stören, mit der ich so unermüdlich die wunderbaren Erscheinungen der Natur beobachte: eine Beschäftigung, das kein unerwarteter Wetterumschlag enttäuschen kann: denn welcher dieser Vorgänge würde mir keine zusätzliche Nahrung für Wissen oder Einbildung verschaffen?

Die Veränderungen der Natur, «the operations of nature», wie er sagt, beanspruchten Thelwalls ganze Aufmerksamkeit. Sie regten ihn zu diversen Betrachtungen an. Wenn es regnete, suchte er Unterschlupf in einem Bierhaus am Weg und beobachtete die Menschen bei ihren Gesprächen und Gewohnheiten, die von denen in seinem eigenen sozialen Milieu verschieden waren.

Die Vielfalt der Natur wurde für die englischen Romantiker, die sich im Lake District niedergelassen hatten, zu einer Quelle der poetischen Inspiration, genau wie die Betätigung des Gehens sie in ihrer dichterischen Arbeit beeinflusste. An erster Stelle zu nennen ist William Wordsworth (1770–1850), der einer der ausdauerndsten Geher unter den Schriftstellern gewesen sein dürfte. Das Gehen gehörte zu seinem täglichen Programm, aus Vergnügen, aber ebenso aus produktiver Not-

wendigkeit. Malcolm Hayward hat Wordsworths Gehweise als
«betriebsam» («walking industriously») beschrieben.

Am 14. Dezember 1801 notierte Dorothy Wordsworth, die
Schwester des Dichters, in ihrem Tagebuch: «Wm & Mary
(Wordworths Ehefrau Mary Hutchinson) gingen am Morgen
nach Ambleside, um Mausefallen zu kaufen», am 15.: «Wm &
ich gingen nach Rydale wegen Briefen», am 16.: «Nach dem
Essen gingen Wm & ich zweimal hin zu den Swan und zurück», am 17.: «Wir hatten einen wunderbaren Spaziergang»,
am 18.: «Mary & Wm machten die Runde um die beiden
Seen», am 19.: «Wir gingen vorbei an Brathay nach Ambleside» Alles zusammen 30 Meilen in sechs Tagen. Das wäre noch
nicht weiter bemerkenswert, aber es war tiefer Winter. Dorothy notierte unter anderem auch: «Schneidender Frost, ausserordentlich glatt» und « Nachts Schnee & immer noch schnei-
end».

Das tägliche Gehen war so selbstverständlich, dass es auffiel,
wenn Wordsworth einmal zu Hause blieb. Am 13. September
1800 hielt Dorothy zum Beispiel fest: «William schrieb das Vor-
wort ging nicht aus.» Waren keine grösseren Strecken zurückzulegen, blieb er zu Hause im terrassierten Garten, der hinter
Dove Cottage in Grasmere angelegt war, wo die Wordsworth
von 1799–1808 lebten. Gross war dieser Garten nicht, ein paar
Schritt auf, ein paar Schritte ab, das musste genügen. Trotz
dieser räumlichen Beschränkung entstanden hier viele von
Wordsworths Versen. Im Gehen fand er das richtige Versmass,
sodass man in Anlehnung an ein Wort von Thomas Schestag,
von Wordsworths *Gehdichten* sprechen müsste, die er im Gehen
gehstaltete. Dorothy Wordsworth hat festgehalten, wie ihr Bruder am 12. Juli 1800 der Strasse von Cockermouth entlang
ging: «Er war dabei, seine Gedichte zu überarbeiten.»

Die Bedürfnis zu gehen entstand während Wordsworths
Studienzeit in Cambridge. Während der Semesterferien 1789

hatte er Dorothy in Forncett besucht, die über die gemeinsam verbrachte Zeit berichtete: «Wir waren regelmässig jeden Morgen zwei Stunden unterwegs, und jeden Nachmittag begaben wir uns um vier oder halb fünf in den Garten und hatten die Angewohnheit, auf und ab zu schreiten, bis sechs.»

1790 unternahm Wordsworth, wiederum während der Semesterferien, zusammen mit seinem Studienfreund Robert Jones eine grosse Fusswanderung nach Frankreich, in die Schweiz und nach Italien. Am 10. Juli machten sich die beiden auf den Weg. Die Reise dauerte drei Monate.

Der Weg führte die beiden über Calais, Dijon, Lyon, die Grande Chartreuse, Genf und den Simplonpass nach Como und weiter über Chiavenna durch die Via Mala und die Schöllenen über Luzern, Zürich, Appenzell, Konstanz, Schaffhausen, Luzern und Grindelwald über Bern nach Basel.

Für die Strecke rheinabwärts ab Basel benützten sie ein Boot. Den allergrössten Teil der Reise legten sie jedoch zu Fuss zurück, und der war nicht unbedeutend. Die ganze Reise dürfte zwischen 3000 und 4000 Kilometer betragen haben, Tagestouren von 50 Kilometern waren keine Ausnahme. Robert Jones erinnerte sich später, dass es nicht selten vorgekommen sei, dass sie schon vor dem Frühstück 20, 25 Kilometer zurücklegten.

Grund für Wordsworths Reise war seine Begeisterung für die Französische Revolution sowie der Wunsch, die republikanischen Freiheitsvorstellungen der Schweiz an Ort und Stelle kennen zu lernen. Wordsworth war im Besitz der «Briefe über die Schweiz» von William Coxe mit den Anmerkungen von Ramond de Charbonnières, auf den er sich ausdrücklich bezog.

Unterwegs waren es dann die landschaftlichen Eindrücke, die überwogen. Von unterwegs schrieb Wordsworth an seine Schwester zu Hause: «Meine Stimmung wurde in einer nicht abreissenden Überstürzung des Entzückens gehalten durch die

*Dove Cottage, wo der Dichter William Wordsworth seine Verse
im Auf- und Abschreiten im kleinen Garten hinter seinem Haus
sprachlich und rhythmisch formte.*

*Solange du wanderst,
bist du mit deiner Seele
verbunden. Wenn du
stehen bleibst, geht sie
weiter und entfernt sich
von dir.*

Ibrahim al-Koni, «Die steinerne Herrin»

nie unterbrochene Folge erhabener und schöner Aussichten, die in den vergangenen Monaten an meinem Auge vorbeigezogen sind.» In Como durchflossen ihn «tausend Träume des Glücks», und in den Alpen beeindruckte ihn die «fürchterliche Majestät» der Berge. Die Erlebnisse auf der ersten grossen von Wordsworths Reisen sind in den «Deskriptive Sketches» (1793) in poetischer Form beschrieben. Sie werden auch im grossen autobiografischen Gedicht «Präludium oder Das Reifen eines Dichtergeistes» (1798, 1804) aufgegriffen.

1791, ein Jahr nach der Tour durch Europa, unternahm Wordsworth mit Robert Jones eine weitere Exkursion, die sie auf den Mount Snowdon (Nord-Wales, 1085 Meter, in «Präludium» überliefert) führte. In Wordsworths weiterem Leben sind zwei Reisen besonders zu vermerken, die er 1793 zusammen mit William Calvert auf die Isle of Wight, nach Südengland und Nord-Wales sowie 1803 zusammen mit seiner Schwester Dorothy und Samuel Taylor Coleridge nach Schottland unternahm.

Wordsworth und Coleridge hatten sich 1795 kennen gelernt und später in nächster Nähe zueinander gewohnt, zunächst in Südengland, später im Lake District, und einen engen freundschaftlichen und literarischen Verkehr gepflegt. Ergebnis war der Band «Lyrical Ballads», der einen nachhaltigen Einfluss auf die englische Literatur ausgeübt hat. Die sechswöchige Schottland-Reise scheint für Wordsworth ein Versuch gewesen zu sein, seine poetische Inspiration zurückzugewinnen. Stephen Gill, Wordsworths Biograf, meint, der Dichter sei auf der Suche nach «Veränderung, Anregung und Erleben» gewesen und spricht von einem «Akt der poetischen Selbstgewinnung». Dass auf dieser Exkursion von den drei Reisenden ein Fahrzeug benützt wurde («an Irish-Car and one horse», wie Sarah Coleridge, die Frau des Dichters überliefert hat), sei zum Schluss erwähnt.

Alles in allem soll Wordsworth in seinem Leben, nach einer Berechnung Thomas De Quinceys, eine Distanz von «175 bis 180 000 englischen Meilen» zurückgelegt haben. Von allen weiblichen Kennerinnen in Sachen männlicher Beine, die er, De Quincey, je darüber habe sprechen hören, seien diejenigen von Wordsworth auf eine beissende Art missbilligt worden. Es müssen unglaubliche Gehwerkzeuge gewesen sein. Die geschmähten Stücke hätten jedoch zweifellos ihre Dienste weit über das normale Mass menschlicher Erwartung erfüllt.

In Wordsworths Werken kommen Bewunderung für die Erscheinungen der Natur und Erfahrungen beim Gehen in einer kunstvollen Verknüpfung zusammen. Gehen hiess für ihn dichten, dichten so viel wie in Kontakt mit der Natur treten. Das Gehen ist wie die Vorliebe für Naturbeschreibungen immer wieder ein Thema. «I saw an aged Beggar in my walk», «While I wandered», «I wandered lonely as a cloud». Einsam, wie eine treibende Wolke am Himmel – so zieht Wordsworth seines Wegs. Viele seiner grossen Gedichte gehen von einem umherziehenden Erzähler aus. Das Gehen aktiviert den dichterischen Prozess, es bildet seinen Ausgangspunkt, wie es ihn in Gang setzt. Robert Jarvis hat von einem «textual pedestrianism» gesprochen, von einem textgerechten Fussgängertum Wordsworths oder vielleicht von einer fussgängerbezogenen Textualisierung seines Stoffs, Russell Noyes von Wordsworths «excursive mind», von seiner ausschreitenden Denkweise, Anne D. Wallace von Gehen im Fall Wordsworths als einem Instrument der Wahrnehmung.

Über seine Naturliebe hatte Wordsworth in einem Brief die Bemerkung gemacht: «Ich bin ein völliger Enthusiast in meiner Bewunderung für die Natur in allen ihren Erscheinungen.» Sein erstes grösseres Werk, «An Evening Walk» (1793, wie «Deskriptive Sketches») ist ein «loco-deskriptiver» (so James Averill, Stephen Gill, Russell Noyes, John Williams) Versuch über die Schönheit des Lake Districts, wie sie der Poet, der sie durchwandert, antrifft und wiedergibt. Eine Eiche an der Strasse von Hawkshead nach Ambleside weckte die Aufmerksamkeit des Dichters und rief ihm die Natur als Vielfalt in der Einheit ins Bewusstsein. «Der Augenblick war entscheidend in meiner poetischen Laufbahn», hat Wordsworth sich später erinnert. Er war seine poetische Initiation. Das Gedicht ist durchtränkt von der lokalen landschaftlichen Schönheit, auch wenn es darin um das Elend einer Bettlerin mit ihren zwei Kindern geht.

Die Grundlage für diese Bewunderung für die Natur scheint auf der Reise von 1790 auf dem Kontinent gelegt worden zu sein. Auf der drei Jahre später unternommenen Reise von der Isle of Wight durch Südengland nach Nord-Wales war Calvert vorausgegangen und Wordsworth, der zurückgeblieben war, während einiger Tage allein über die Salisbury-Ebene gewandert. In Stonehenge hatte Wordsworth eine weitere seiner Visionen. Wie in einem Umzug sah er die Gestalten der englischen Geschichte vor seinem geistigen Auge vorüberziehen und verglich auf eine nicht einfach nachzuvollziehende Art und Weise die Barbaren der Megalithkultur mit den armen Menschen auf dem Land, denen er begegnet war und denen seine Anteilnahme gehört. Das soziale Elend war damals erdrückend, und der Dichter hatte es genau registriert.

Die *voranschreitende* Form der philosophischen oder sozialkritischen Erzählung in vielen von Wordsworths Werken («The Excursion», «The Ruinded Cottage», «Manuel») lässt manchmal an ein Roadmovie denken, in die englische Romantik versetzt. Sie steht in der Tradition des Genres, das der irische Dichter Oliver Goldsmith (1730–1774) mit seinem Poem «The Traveller» (1764) begründet hat. Ein Wanderer sitzt auf einem Alpengipfel und sinniert mit einem grandiosen Blick ins Weite über die Welt. Wordsworth hat es sich zu eigen gemacht.

Samuel Taylor Coleridge: Von einer Strassenseite zu anderen

Die Biografie von Samuel Taylor Coleridge (1772–1834) verzeichnet neben den mit William Wordsworth unternommenen Marschleistungen zahlreiche weitere eigene Wanderungen. Er war, wie sein Antipode, ein gewaltiger Fussgänger («formidable walker»), und «seine Energie (beim Gehen) hatte eine besondere formende Wirkung auf seine Dichtung», wie Richard Holmes bemerkt hat.

1794 unternahm Coleridge zusammen mit Joseph Hucks eine Fussreise durch Wales, auf der sie ungefähr 630 Meilen zurücklegten. Als Coleridge in Nether Stowey lebte, begab er sich 1796 von dort nach Bristol und am darauf folgenden Tag von Bristol wieder zurück nach Nether Stowey. Das war eine Wegstrecke in einer Richtung von ungefähr 40 englischen Meilen.

In Südengland und später im Lake District lebten Coleridge und Wordsworth in nächster Nähe zueinander. Um sich zu treffen, was häufig geschah, legten sie den Weg zum anderen zu Fuss zurück.

Den Winter von 1798 bis 1799 verbrachte Coleridge, teilweise zusammen mit Wordsworth und Dorothy, in Deutschland. Das Interesse für das Land und die deutsche Literatur hatte den Ausschlag gegeben. Coleridge lernte intensiv Deutsch, studierte Naturgeschichte einerseits sowie Theologie andererseits und unternahm im Mai 1799 in Begleitung einiger Freunde eine Exkursion auf den Brocken, «Sitz unzähliger abergläubiger Vorstellungen», wo sich eine «*wogende* Landschaftsszenerie, nur begrenzt durch die blaue Ferne» vor ihm ausbreitete. «Ich sehe, was ich schreibe, aber ich kann nicht schreiben, was ich sehe», meldete er nach Hause.

In den Briefen an seine Frau Sara Fricker beschrieb er die Reise: Schlafen im Stroh, Schnee, Fieber, Zähneklappern, Blasen an den Füssen. Der Übergang «von meiner Angewohnheit, täglich stundenlang zu sitzen und zu schreiben, zu einer solchen grossen körperlichen Übung war zu schnell und zu gross» gewesen, urteilte Coleridge selbst, aber der Aufenthalt in Deutschland führt dazu, dass er sich vermehrt mit deutscher Philosophie und Literatur befasste, ein Buch über Lessing ins Auge fasste und Friedrich Schillers «Wallenstein» ins Englische übersetzte.

Im August 1802 bestieg Coleridge allein einen anderen Gipfel, den Scafell im Lake District in England (978 Meter, trotz der geringen Höhe aber ein äusserst anspruchsvoller Berg). Nachdem er den Gipfel erreicht hatte und den Rückweg antreten wollte, fand Coleridge den Abstieg nicht mehr und geriet in eine lebensbedrohliche Situation, in der er weder weiter noch zurück konnte und in einen tranceähnlichen Zustand geriet. Zum Schluss konnte er sich durch einen Couloir befreien. Später schrieb er einen sprachlich stürmischen Brief, der wohl der Lage entsprach, der er eben entronnen war, an Sara Hutchinson, in die er sich verliebt hatte (sie war die Schwester von Wordsworths Frau Mary, die «Asra» in seinen Gedichten, nicht zu verwechseln mit seiner Frau, die ebenfalls Sara hiess). (Gehört diese Beschreibung hierher? Auch das Bergsteigen ist eine Form des Gehens, und in Coleridges Leben stellt die Begegnung des Dichters mit dem Scafell eine entscheidende Episode dar.)

Unterwegs nahm eine fantastische Gruppe von Bergen Coleridges ganze Aufmerksamkeit in Anspruch: «wundervoll und bewunderungswürdig verteilt – kein noch so winziger Gegenstand, der die Einheit («oneness») der Aussicht unterbrochen hätte». Ungeachtet dessen sprach er von «unseren bescheidenen Bergen» in England und verlegte den Schauplatz seiner Empfindungen in die Alpen, um das Bergerlebnis noch zu steigern. Als Frucht der Besteigung des Scafells entstand das Gedicht «Hymne Before Sunrise, at the Vale of Chamouni», für das er auch Anregungen aus einem Gedicht von Frederike Brun übernahm. In Chamonix gewesen war Coleridge nie.

Auf der Reise nach Schottland im darauf folgenden Jahr (1803) mit William und Dorothy Wordsworth, die weiter oben besprochen wurde und auf der es zum Bruch zwischen den Dichterfreunden kam, legte Coleridge in acht Tagen 263 englische Meilen zurück, zum Teil offenbar barfuss, weil seine Schuhe beim Trockenen an einem Ofen verbrannt waren. Die Reise hatte unter anderem den Zweck, ihn von seiner Opiumsucht zu befreien.

Jules Brown hat Coleridges Wanderungen als grosse sportliche Leistungen bezeichnet, auf seine Pioniertaten als Kletterer hingewiesen und ihn einen «richtigen Berggänger» genannt. Das ist die eine Seite von Coleridge. Es ist aber bekannt, dass Coleridge auch ein Neurotiker war, ein unruhiger, unsteter, suchender, gleichwohl einfallsreicher Geist, wie das aus seinem Gedicht «The Pains of Sleep» hervorgeht.

Seine Manien sind oft festgehalten worden. William Hazlitt hat den Dichter, der in Shrewsbury predigen sollte, im Januar 1798 aufgesucht. Er war zu diesem Zweck vor Tagesanbruch aufgestanden und hatte zehn englische Meilen durch den Schneematsch zurückgelegt. Hazlitt zufolge hatte Coleridge das Thema gewählt: «Und er begab sich in die Berge, um zu beten, MIT SICH, ALLEIN.» Man könnte denken: ein der Zeit vorausgeeiltes Selbstporträt.

Später im Verlauf des gleichen Jahres besuchte Hazlitt Coleridge ein weiteres Mal. Er traf ihn in Nether Stowey und unternahm mit ihm und dessen Freund John Chester einen Ausflug nach Linton.

Wir hatten einen langen Tagesmarsch zurückgelegt – (unsere Füsse blieben im Schritt mit dem Echo von Coleridges Zunge) – durch Minehead, vorbei an Blue Anchor, und weiter nach Linton, das wir gegen Mitternacht erreichten und wo wir einige Mühe hatten, eine Unterkunft zu finden. Aber zum Schluss klopften wir die Menschen aus ihren Häusern und wurden für unsere Besorgnis und Müdigkeit mit gebratenem Speck und Eiern belohnt. Die Aussicht auf dem Weg hierher war herrlich gewesen. Wir waren Meile um Meile auf brauner Heide gelaufen mit Aussicht auf den Bristolkanal, mit den walisischen Bergen im Hintergrund, und dazwischen in kleine geschützte Täler nahe der Küste hinuntergestiegen, mit dem finstern Gesicht eines Schmugglers unterwegs, dann wieder mussten wir konische Hügel hinaufsteigen, auf Wegen, die sich durch Dickicht hinauf zu einem unbebauten Gipfel wie eine Mönchstonsur wanden, und wo ich von einem dieser Hügel Coleridges Aufmerksamkeit auf die nackten Masten eines Schiffs am Rand des Horizonts zog.

Beim Gehen scheint Coleridge unentwegt gesprochen zu haben, wobei er von einem Thema zum nächsten sprang, offenbar genau gleich, wie er sich selber gehend vorwärts bewegt. Hazlitt hat berichtet:

> In der Art, wie er abschweifte, Zusätze machte, von einem Thema zum anderen überging, erschien er mir wie in der Luft zu schweben, wie auf Eis zu gleiten. Ich beobachtete, dass er kontinuierlich den Weg vor mir kreuzte, indem er von der einen Seite des Fusswegs zur anderen wechselte. Er schien nicht in der Lage, eine gerade Linie einzuhalten.

Hazlitt war selber ein guter Geher. Grössere Touren führten ihn 1822 von Glasgow in das schottische Hochland und ein Jahr darauf durch Hampshire. Im Anschluss daran machte

Hazlitt die stolze Bemerkung, noch immer in der Lage zu sein, «vierzig bis fünfzig Meilen am Tag» hinter sich zu bringen.

1819 traf auch der englische Dichter John Keats (1795–1821) Coleridge in Highgate in London und machte die gleiche Beobachtung wie Hazlitt. Die beiden gingen ein Stück weit zusammen. Coleridge redete, ohne zu unterbrechen, und sprang im Gespräch von einem Thema zum anderen. Keats erinnerte sich in einem Brief an seinen Bruder George und seine Schwester Georgina:

> Während dieser zwei Meilen berührte er tausend Dinge – lass mich schauen, ob ich Dir eine Aufzählung davon geben kann – Nachtigallen, Dichtung – über poetische Empfindung – Metaphysik – Verschiedene Genera und Arten von Träumen – Albträume – ein Traum begleitet von einem Gefühl der Ergriffenheit – einfachen und doppelten Widerstand – Ein dazu passender Traum – Bewusstsein der ersten und zweiten Art – der Unterschied erklärt zwischen Willen und Willenskraft – Monster – Kraken – Meerjungfrauen – Southey (der englische Dichter Robert Southey) glaubt an sie – Southeys Glauben zu sehr verwässert – Eine Geistergeschichte – Guten Tag – Ich hörte seine Stimme, als er mir entgegenkam – Ich hörte sie, als er sich entfernte – Ich hörte sie in jeder Pause – wenn ich so sagen darf. Er war so höflich, mich aufzufordern, ihn in Highgate aufzusuchen. Gute Nacht!

Keats unternahm 1818 selbst eine grosse Tour nach Schottland, zusammen mit seinem Begleiter Charles Brown. Sie starteten am 23. Juni in Liverpool, am 18. August waren sie wieder in London. In dieser Zeit legten sie 642 Meilen zurück. Als Keats unterwegs im Lake District zum ersten Mal das romantische Land und die Berge erblickte, war er in seinen Briefen an seine Brüder und andere Empfänger nicht in der Lage, sie und das Entzücken, das er bei ihrem Anblick empfand, zu beschreiben: «Sie übersteigen meine Erwartungen.»

Was ihn vielleicht mehr als alles andere beeindruckte, war «der Geist, die innere Bedeutung» der Orte, die er besuchte. Berge und landschaftliche Schönheiten sind längst im Voraus in der Vorstellung eingeschrieben, aber sie übersteigen im Augenblick der Begegnung doch jede Erwartung und fordern die Erinnerung heraus.

> Ich werde hier viel über Dichtung lernen und bin entschlossen, in Zukunft mehr denn je zu schreiben, um des einzigen abstrakten Vorhabens willen, eine Winzigkeit zu der grossen Menge an Schönheit hinzuzufügen, im reinsten Geist, und in die ätherische Existenz zur Erbauung der Mitmenschen zu stellen.

Keats und Brown standen in der Regel frühzeitig auf, um vier oder fünf Uhr morgens, bestiegen unter anderem den Skiddaw im Lake District, besuchten das Grab des Dichters Robert Burns und legten gelegentlich auch sie, wenn es sein musste, zehn und mehr Meilen noch vor dem Frühstück zurück und dann 20 vor dem Abendessen.

> Ich fürchte, unser beständiges Wandern von einem Ort zum anderen werde uns abhalten, Einblicke in die dörflichen Angelegenheiten zu gewinnen; wird sind eher Geschöpfe von Flüssen, Seen und Bergen.

Kurze Zeit danach musste Keats seinen Rock zum Ausbessern zum Schneider bringen. Die beiden waren mit Rucksäcken unterwegs, meistens zu Fuss, aber auch mit Schiff und Wagen, und zogen «ein wenig im Zickzack durch Berge und die Seenlandschaft von Cumberland und Westmoreland».

Wir sind damit beschäftigt, auf Berge zu steigen, seltsame Städte zu betrachten, alte Ruinen neugierig zu erkunden und herzhafte Frühstücke zu verzehren.

Das Frühstück und, allgemeiner, das Essen nimmt einen grösseren Raum in Keats' Berichten ein. (Warum auch nicht?) Mehr als einmal besteht es aus Hafergebäck («oat cake»), während die beiden Wanderer «den Anblick von Weissbrot aus den Augen verloren» hatten, wie Keats bemerkt, ausserdem Whisky, gelegentlich eine Forelle oder «zehn Eier am Tag», gelegentlich auch ein Huhn und eine gute Flasche Portwein oder Rhum, die der begleitende Führer mitgenommen hatte. Wenn es regnete, wurden sie gehörig nass, und nicht selten mussten sie durch knöcheltiefen Morast stampfen. Wo sie die Nacht zubrachten, ist nicht eindeutig überliefert, denn einmal schreibt Keats, bisher noch nicht im Freien kampiert zu haben, einmal macht er die Bemerkung, die Hütten der Schäfer seien zu rauchig, als dass man darin hätte atmen können. Zum Schluss waren Keats und Brown müde, und die Blasen an den Füssen machten ihnen zu schaffen. Dazu kam ein Halsweh, bis Keats delikate Gesundheit ihn zur Umkehr zwang. Aber da hatten er und Brown bereits 642 englische Meilen zurückgelegt. (Immer diese Zahlen, und in England mehr als anderswo.)

Doch das alles war am Ende nicht weiter der Rede wert. In einem Gedicht schrieb Keats unterwegs: «Es ist eine Freude, langsam über eine stumme Ebene zu gehen» (zu «füsseln», «footing slow across a silent plain», heisst es bei Keats). Vielleicht war er in diesem Augenblick dem Geheimnis des Gehens so nahe wie kein anderer.

Thomas de Quincey: Im Zelt unterwegs

Ein weiterer ambulanter Dichter, ein Dichter auf der Strasse des Lebens, war Thomas De Quincey (1785–1859), der sich so herzhaft über William Wordsworths Beine mokiert hatte. Er war ein Homme de lettres wie Coleridge; ein Opiumsüchtiger wie dieser, wie aus seiner Autobiografie «Bekenntnisse eines englischen Opiumessers», seinem bekanntesten Werk, hervorgeht, und, ebenfalls wie Coleridge, ein Vermittler deutscher Philosophie (Kant) und Literatur (Jean Paul) in England.

De Quincey führte in jungen Jahren während einiger Zeit ein unruhiges Wanderleben. Er floh mit 17 Jahren aus der Grammar Schule in Manchester und zog als Landstreicher durch Wales, dessen landschaftliche Schönheiten einen starken Eindruck auf ihn machten. Sein erstes Ziel sollte Chester sein.

> Die Entfernung *betrug* etwa vierzig Meilen. Ich weiss nicht, wieviel sie heute auf Grund der Veränderungen, die die Eisenbahn mit sich brachte, *betragt.* Diese Strecke wollte ich in zwei Tagen zurücklegen; denn obwohl das ganze auch an einem Tag zu schaffen gewesen wäre, sah ich keinen Nutzen darin, mich zu überanstrengen, und meine Kraft zu wandern war durch den langen Nichtgebrauch eingerostet.

Fusswandern wurde in Wales nicht als «Schande» betrachtet, schreibt De Quincey, es waren viele Menschen zu Fuss unterwegs, das Reisen nahm zu, es gab überall Gasthäuser, nur die Wirte betrachteten mit Misstrauen alle, die zu Fuss ankamen (wie bei Moritz). Aus diesem Grund bestieg De Quincey gelegentlich die Postchaise, weil neun Tage, in den Gasthäusern verbracht, am Ende teurer zu stehen kamen als die Fahrt mit der Kutsche. Sonst ging er zu Fuss. Viele Angaben über Distanzen stehen in seinen «Bekenntnissen». In Wales schrieb er:

Auf diesen lieblichen Wegen durch die Wälder ragten keine ungeheuren babylonischen Handelszentren in die Wolken; keine Stürme der Hast, keine von Fieber befallenen Armeen von Pferden und fliegenden Kutschen peinigten die Echos in dieser bergigen Zuflucht. Und es erschien mir oft, dass ein weltmüder Mensch, der nach dem Frieden der Klöster ohne ihre düstere Gefangenschaft suchte – nach klösterlicher Ruhe und Stille, verbunden mit der ausgedehnten Freiheit der Natur –, nichts Besseres tun könnte, als zwischen den einfachen Gasthäusern in den fünf nordwalisischen Grafschaften Denbigh, Montgomery, Carnarvon, Merioneth und Cardigan umherzuziehen. Zum Beispiel könnte er in Carnarvon schlafen und frühstücken, dann, nach einer bequemen Wanderung von neun Meilen, in Bangor sein Dinner einnehmen, und von dort aus nach Aber – wieder neun Meilen; oder nach Llanberris; und immer weiter so, jede Woche siebzig bis neunzig oder hundert Meilen zurücklegen. Ich hatte das Woche für Woche selbst ausprobiert und empfand es als das herrlichste Leben. Hier war die unaufhörliche Bewegung der Winde und Flüsse oder des Ewigen Juden, der befreit war von der Verfolgung, die ihn zum Wandern zwang und seine luftige Freiheit zur tödlichen Gefangenschaft machte. Wenn das Wetter nur erträglich war, kann ich mir kein glücklicheres Leben vorstellen als diese Landstreicherei durch endlose Folgen von verändernder Schönheit, und gegen Abend ein höfliches Willkommen in einem hübschen ländlichen Quartier – das allen Luxus eines guten Hotels bot und gleichzeitig von den unvermeidlichen Begleiterscheinungen solcher Hotels in grossen Städten und Reisezentren frei war – nämlich Tumult und Lärm.

Da De Quincey über ein kleines «Zehrgeld» von zu Hause verfügte, hatte das Vagabundieren auch seine angenehmen Seiten. Umso mehr, als er ein Mensch war, der sich «niemals völlig gesund fühlte, wenn er nicht täglich bis zu fünfzen Meilen und zumindest acht bis zehn Meilen zu Fuss ging».

Wenn die Herbstluft warm genug war, pflegte ich daher die Ausgaben für ein Bett und für das Zimmermädchen dadurch einzusparen, dass ich zwischen Farnen und Ginster auf einem Hügel schlief, und hätte ich einen Mantel von ausreichendem Gewicht und Umfang um mich herum gehabt, oder den Burnus eines Arabers, dann wäre das kein grosses Unglück gewesen. Aber tagsüber, was für eine drückende Last hätte ich dann tragen müssen. Einige Wochen lang erprobte ich den Plan, ein von mir selbst hergestelltes Zelt aus Segeltuch mitzuführen, das nicht grösser als ein gewöhnlicher Regenschirm war; doch ich fand es schwierig, dieses Zelt aufzuschlagen, und in windigen Nächten wurde es zu einem lästigen Gefährten.

Wie De Quincey berichtet, hatte er innerhalb von zwei Wochen neun Nächte im Freien verbracht. Die einzige Gefahr, die bestanden hatte, wäre gewesen, so vermutete De Quincey, dass eine Kuh über den Schläfer gestolpert wäre. Auch Henry David Thoreau (siehe weiter unten) hatte oft im Zelt übernachtet, aber es dürfte sich dabei, wie bei De Quincey, einfach um ein aufgespanntes Stück Leinwand gehandelt haben.

Im November 1802 fand sich De Quincey mittellos auf den Strassen von London wieder, wo er, 17 Jahre alt, vorübergehend mit einem Mädchen namens Ann, das auch nur knapp sechzehn Jahre alt war, zusammenlebte, in elenden Wohnungen, ohne Miete zu bezahlen, dafür in Gesellschaft von Ratten und Ungeziefer. Ein Squatter, wie wir heute sagen. Es ist eine rührende Geschichte zweier sozial Ausgestossener in dem für seine gesellschaftliche Brutalität bekannten London im 19. Jahrhundert. Zwei Menschen, die versuchen, sich ein bisschen Liebe und Wärme zu geben. Als es De Quincey später besser ging, versuchte er, das Mädchen aus seinen Jugendtagen wiederzufinden, leider vergeblich.

In den darauf folgenden Jahren verkehrte De Quincey mit Wordsworth und Coleridge, er übernahm Dove Cottage, als Wordsworth von Grasmere wegzog, und liess sich 1830 in Edinburgh nieder. Seine höllischen Probleme mit Opium hat er in den «Bekenntnissen» mit klinischer Gewissenhaftigkeit protokolliert.

Charles Dickens: Zehn bis zwanzig Meilen am Tag

Alle bisherigen Beispiele betrafen Geher im Freien, auf dem Land. Die nächste Generation ist in der Stadt anzutreffen. Der Romancier Charles Dickens (1812–1870), war ein passionierter Geher, der in der Stadt zu Hause war wie kein anderer vor ihm. In «The Uncommercial Traveller» stellt er sich als Stadt- wie Landstreicher vor «und immer unterwegs», aber auf das Land begab er sich offenbar nur, wenn die grosse Stadt für ihn zu klein geworden war und er einen grösseren Auslauf suchte.

Vier Meilen in der Stunde war Dickens' durchschnittliche Gehgeschwindigkeit, was freilich noch nichts aussagt, wie weit er gegangen ist. Wenn möglich, legte er täglich zehn Meilen zurück, das war der Minimalstandard, unter Umständen auch mehr, nachmittags, nachdem er von neun bis zwei Uhr gearbeitet hatte. Nachts konnte er unbegrenzt unterwegs sein, 15 bis 20 Meilen, wie Dickens' Zeitgenossen überliefert haben oder einer kleinen, autobiografisch inspirierten Skizze von ihm entnommen werden kann: «Night Walks».

Das Gehen, zu jeder Tageszeit und bei jedem Wetter, gehörte zu seinen täglichen, streng eingehaltenen Gewohnheiten. Anfänglich hatten die Gänge durch die Stadt Dickens geholfen, den Stoff für seine journalistische Arbeit zu finden und sich direkt an den Ort des Geschehens zu begeben: in Arbeitshäu-

214

ser, nach New Gate, dem Londoner Gefängnis, oder an die Nordküste von Wales, wo er einen Friedhof besucht, auf dem die Opfer einer Schiffskatastrophe begraben lagen. In den «Sketches by Boz» (1836) beschrieb er das Alltagsleben der alltäglichen Leute als Ergebnis seiner Stadtwanderungen; die im späteren Lauf seiner Schriftstellerlaufbahn entstandenen Skizzen sammelte er unter dem Titel «The Uncommercial Traveller». Beide Werke lassen sich als Vorstudien zu seinen grossen Romanwerken verstehen.

Wenn er eine Stunde oder zwei erübrigen könne, gebe es nichts Erfreulicheres für ihn, bekannte er, «als sich unschuldig ein wenig herumzutreiben – eine Strasse hinauf und eine andere hinunter». In einem der Sketches von Boz schrieb Dickens, wie er die Schaufenster und Häuser von Holborn, Strand, Fleet Street, Cheapside inspizierte, als ob es sich «für meinen unruhig wandernden Geist um eine fremde Gegend handeln würde». Der «unruhig wandernde Geist» weist auf den Flaneur hin, aber ein Flaneur im strengen Sinn war Dickens doch nicht, weil seine Gänge durch die Stadt immer im Bewusstsein erfolgten, dass er auf Stoffsuche war und sie einen Teil seines Arbeitsprogramms bildeten.

Viele meiner Reisen erfolgen zu Fuss, sodass ich mich wahrscheinlich, wenn ich den Hang dazu verspüren sollte, in einer Sportzeitung unter der Rubrik wie Elastizitätsnovize wiederfinden und die Menschheit zu einem Gehwettkampf herausfordern müsste. Mein letztes Kunststück bestand darin, mich aus dem Bett zu wälzen, um zwei, nach einem strengen Tag, zu Fuss und auf andere Art und Weise, und mich auf den Weg machte, dreissig Meilen hinaus aufs Land zum Frühstücken. Die Strasse in der Nacht war so verlassen, dass ich zum monotonen Geräusch meiner Füsse, die ihre regulären vier Meilen in der Stunde zurücklegten, einschlief. Meile um Meile brachte ich hinter mich, ohne den

geringsten Eindruck von Anstrengung, in himmlischer Art dö-
send und ununterbrochen träumend.

Etwas später folgt das Bekenntnis:

Für mich gibt es zwei Arten zu gehen; die eine geradeaus auf ein
betimmtes Ziel hin in zügigem Schritt; die andere ohne Absicht,
bummelnd und im besten Sinn vagabundierend. In der zweiten
Art gibt es keinen grösseren Herumtreiber als mich auf Erden; es
entspricht dermassen meinem Wesen und hält mich so sehr auf
Trab, dass es mir vorkommt, ich müsse der direkte Nachfahre
eines unverbesserlichen Landstreichers sein.

Dickens litt unter Schlaflosigkeit. Wenn er den nächtlichen
Fluss seiner Gedanken nicht mehr anhalten konnte, wie er in
seinem Feuilleton «Lying Awake» hinreissend beschrieben hat,
und keine Ruhe finden konnte, stand er auf und verliess seine
«Behausung» in Covent Garden, sein «temporäres Stadtzelt»,
wie er sagte (eigentlich das Büro der Zeitschrift, die er leitete
und in der zahlreiche seiner Romane in Fortsetzungen erschienen). Stundenlang konnte er dann durch das nächtliche
London ziehen, «Ruhe suchend, keine findend», aber auf diese
Weise seine «Lebenskenntnisse um die anschauliche Erfahrung
einer selbstgewählten Obdachlosigkeit» vervollständigen.

Selbst dreissig zurückgelegte Meilen, wie er in einer seiner
Skizzen überliefert hat, scheinen keine Seltenheit für Dickens
gewesen zu sein. Er war ein gefürchteter Stadtgänger, wenn er
Freunde und Bekannte zu einem Spaziergang einlud. Sie
scheinen ziemlich erschöpft gewesen zu sein, wenn sie jeweils
zurückkamen. Dickens Fortbewegungsweise scheint, Augen-
zeugen zufolge, eine «mechanische Art zu gehen» gewesen zu
sein (man muss an die «maschinenmässig» gehenden Menschen
aus den Bergen denken, die Franz Ludwig Pfyffer erwähnt hat,

siehe Kapitel 2). John Hollingshead hat sogar die Ansicht vertreten, Dickens' Verlangen, weite Distanzen zurückzulegen, habe schon fast den Charakter eines Leidens («disease») angenommen. Trotzdem war er entschlossen, auf seine im Tagesablauf fest eingeplanten Spaziergänge unter keinen Umständen zu verzichten. Spaziergang ist natürlich ein irreführender Ausdruck. Es waren beträchtliche Marschleistungen, die er absolvierte. Sie dienten ebenso seiner Gesundheit wie seiner literarischen Produktion als Anregung und als Stoff wie zum Beispiel der Erzählung eines Spaziergangs am Anfang seines Romans «Der Raritätenladen» entnommen werden kann. Auch in den «Sketches» und in «The Uncommercial Traveller» bringt sich Dickens immer wieder als umherziehender Beobachterautor ins Spiel.

Leslie Stephen: Ablenkung des Geistes

Leslie Stephen (1832–1904) Philosoph, Agnostiker, Sozialkritiker, Schriftsteller, Bergsteiger und nicht zuletzt passionierter Geher. Dass er in der Schweiz zu den zahlreichen Engländern gehörte, die das Bergsteigen populär machten, zeigt an, dass es auch ein Gehen in die Höhe gibt, nicht nur in die Breite und Weite.

Was den Berggang betrifft, meinte Stephen, dass beim Steigen das Gehirn nicht mehr als ein «Instrument» mit Hilfsdienstfunktionen sein dürfe, dessen Funktion darin bestehe, «die Muskelbewegung richtig zu steuern» (siehe Kapitel 3).

Gerade das halte ich für die grösste Wohltat dieser Form von Leibesübung. Es wird gerade genug Gedanken-Energie abgesondert, dass Arme und Beine richtig arbeiten und der Organismus in der gewünschten Richtung sich befriedigend bewegt. Das Gehirn liefert aber keinen Überschuss, der sich bewusst geistreich auswirkt. Verschwommene Ideen mögen vielleicht aufsteigen, aber sie regen den Geist nicht zu ernster Tätigkeit an, geschweige denn zu kritischem Denken oder dem Wälzen schwerer Probleme.

Er habe herausgefunden, dass es nichts Besseres gebe, jedenfalls für ihn, «um den Zustand des wundervollen Dösens zu erreichen, als der gleichmässige Schwung meiner Füsse in einem Paar schwer genagelter Schuhe, die mich in der Stunde etwa 500 Meter bergauf bringen. Schnelles Steigen verlangt zu viel Aufmerksamkeit; ein langsames Tempo bietet dem Verstand Gelegenheit, sich sehr unnötig zu betätigen». Gehen, um zu dösen, man könnte auch sagen: um in Trance zu verfallen, wie das den Walkern am Anfang des 21. Jahrhunderts widerfahren wird. Es muss ein entschiedener Anti-Peripatetiker sein, der so etwas sagt: Gehen, ohne dabei oder dadurch zu denken, ganz anders als Rousseau, der nur beim Gehen denken konnte beziehungsweise durch das Gehen zum Denken kam.

Für Stephen galten diese Überlegungen auch für die Fortbewegung auf ebenem Gelände. In seinem Essay «In Praise of Walking» gab er ausdrücklich zu, von der flachen Moorlandschaft von Cambridgeshire mehr angeregt zu werden als von den Bergen des Lake Districts. Er kommt in dem Essay auch darauf zu sprechen, dass Gehen eine Art der natürlichen Erholung sei für Menschen, die ihren Geist nicht unbedingt unterdrücken wollen, aber zufrieden sind, ihn von Zeit zu Zeit ausschalten zu können.

Die Freude am Gehen, die in Unabhängigkeit und Distanzierung von der Welt besteht, war Stephen aufgegangen, als er von Heidelberg zu einem Marsch in den Odenwald aufbrach. Er vertraute auf seine Beine, hielt an, wenn es ihm gefiel, wich vom Weg ab, wenn ihm danach war, und geriet manchmal in irgendeine kuriose Vielfalt des menschlichen Lebens, wenn er in eine Herberge kam, wo er die Absicht hatte, die Nacht zu verbringen. Gehen, wandern, marschieren sei, meinte er, «anspruchslos und einfach» und erfordere «keine aufwändige Apparate und keine unnötige Aufregung». Also eine Art Lowtech, die in jeder Lebenslage anwendbar ist. Sogar gegen das Velofahren erhob Stephen Einwände.

Am allerwichtigsten war es für Stephen, dass der Gehende, womit er sich unausgesprochen selber meinte, seine eigene Gesellschaft geniesst, so wie William Hazlitt es gemeint hatte oder Robert Louis Stevenson, der sich auf Hazlitt bezog.

Der wahrhafte Fussgänger liebt das Gehen deshalb, weil es, abgesehen von der Ablenkung seines Geistes, vorteilhaft ist für den gleichmässigen und breiten Fluss ruhiger und halbbewusster Meditation.

Zwischen Dösen und Meditation machte Stephen begrifflich vielleicht keinen grossen Unterschied. Zum Arbeiten, etwa zum Dichten, fand er das Gehen ungeeignet. Dazu war das Studierzimmer besser geeignet. Er habe, meinte er, einmal von einer angesehenen Persönlichkeit gelesen, die im Gehen ihre Texte verfasste, und angenommen, dass diese Aussage ein Hinweis sein sollte auf die unglaubliche intellektuelle Kraft und Konzentration dieser Person. Ob damit Wordsworth gemeint war? «Meine eigene Erfahrung würde dazu tendieren, dieses Wunder zurückzunehmen.» Im Gehen geistige Arbeit verrichten oder es zu diesem Zweck zu missbrauchen war für ihn ein Gräuel.

Einmal soll Leslie Stephen von Cambridge nach London und wieder zurück gelaufen sein, nur um an einem Dinner teilzunehmen. Seine grossen Marschleistungen haben ihren Ausdruck in jener Organisation gefunden, die unter der Bezeichnung Sunday Tramps in die Geschichte des Gehens eingegangen ist.

Dieser Club oder diese «Bruderschaft» wurde 1879 ins Leben berufen, in der Absicht, jeden zweiten Sonntag während acht Monaten im Jahr einen langen Spaziergang zu unternehmen. Die Vereinigung bestand bis 1895 und zählte zeitweise 60 Mitglieder, aber nicht alle waren jedes Mal dabei. 252 solcher Spaziergänge sind protokolliert. Stephen war bis 1891 der Organisator, der die Route festlegt, die Treffpunkte, meistens einen Bahnhof, bestimmte und darauf achtete, dass die Teilnehmer mit etwas Brot und Käse oder einem Sandwich in einem lokalen Ale-Haus unterwegs auskamen. Verwöhnung war verpönt. Dagegen konnte es vorkommen, dass die Mitglieder, bevor sie sich abends trennten und nach Hause zurückkehrten, unterwegs noch einen Besuch abstatteten, zum Beispiel beim greisen Charles Darwin oder bei John Tyndall, dem Physiker und grossen Alpinisten in den Schweizer Bergen.

Auf die Frage, warum ausgerechnet so viele Engländer so konsequente und ungewöhnliche Marschierer waren, gibt es verschiedene Antworten. Die eine besagt, es habe damit zu tun, dass die Engländer alles andere als Metaphysiker, sondern eher nüchterne Tatsachenmenschen oder Pragmatiker sind, Faktualisten, die sich an feststellbare Tatsachen und nichts anderes halten. Die zweite, die mit der ersten zusammenhängt, geht davon aus, dass jede sportliche Betätigung eine messbare Leistung ist. Der Rekord ist eine festgestellte, gemessene und überlieferte Tat. (Daher vielleicht die vielen exakten Distanzangaben in diesem Kapitel.) Hinter dem Sport als einer britischen Erfindung steht die Nationalbildung. Bei Leslie Stephen kann man lesen, dass Gehen Gehen ist: weder Denken noch geistige Arbeit irgendwelcher Art. Eine dritte, überraschende Antwort hat der Princeton-Professor William Howarth mit der Bemerkung gegeben, dass das Victorianische Zeitalter «einen Schub von imperialem Adrenalin» ausgelöst habe.

Henry David Thoreau: Durch die Wildnis streifen

Dem geselligen beziehungsweise organisierten Gehen stand das individuelle, beinahe meditative Gehen von Henry David Thoreau gegenüber. Das tägliche Gehen, mehr als ein Spaziergang, gehörte auch für den amerikanischen Schriftsteller, wie für so viele andere, zum täglichen Programm.

Gehen hiess für ihn, nach Westen gehen, und Westen hiess für ihn Wildnis. Wildnis wiederum bedeutete für ihn Erneuerung des Lebens. Andere sassen an ihrer Arbeit, Thoreau streifte durch die Wälder. Gehen war für ihn eine Lebensaufgabe.

Er brauchte, um die Tätigkeit des Gehens zu bezeichnen, weder die englischen Ausdrücke «to ramble», «to hike» oder «to wander», eher noch einfach «to walk», aber vor allem sprach er von «sauntering» («to saunter»). Das war eine Wortschöpfung, die von «Sainte Terre» kam und von den Landstreichern angewendet wurde, die behaupteten, auf einer Pilgerfahrt ins Heilige Land zu sein und um ein bisschen Geld für ihre Reise bettelten. Vielleicht kommt der Ausdruck «sauntering» aber auch von «sans terre» (ohne Erde, ohne Zuhause), «was daher im guten Sinne bedeutet, ohne eigenes Zuhause, aber überall gleichermassen zu Hause» zu sein. «Denn das ist das Geheimnis erfolgreichens Gehens.» Der Vagabund aber oder der Landstreicher kann auch zu Hause hocken («herumhängen», würden wir heute sagen). Die Assoziation mit Heimatlosigkeit kam Thoreau nicht in den Sinn.

> Wenn wir spazieren gehen, gehen wir natürlich in die Felder und Wälder: Was würde aus uns werden, ergingen wir uns nur in einem Garten oder auf einer Promenade? ... Meine nähere Umgebung bietet viele gute Spaziergänge: und obwohl ich seit so vielen Jahren fast jeden Tag spazierengehe, und manchmal gleich mehrere Tage lang, habe ich sie noch nicht erschöpft. Eine völlig

neue Aussicht ist ein grosses Glück, und das kann ich noch immer jeden Nachmittag haben. Ein Gang von zwei oder drei Stunden bringt mich in ein Land, das mir so unbekannt ist, wie ich es irgend zu sehen erwarte.

Wenn er sein Haus verliess, ohne noch genau zu wissen, wohin er seine Schritte lenken wollte, überliess er die Entscheidung seinem «Instinkt». Meistens schlug er die Richtung nach Südwesten ein, «nach einem Wald, nach einer Wiese oder verlassenen Weide oder nach einem Hügel in jener Richtung». Osten hiess für Thoreau, die Geschichte begreifen, Westen dagegen bedeutete für ihn Zukunft. Auch: Amerika. Aber ein Amerika, von dem er wusste, das es immer weniger bedeutete, was einmal damit gemeint war. Eines Tages würden sich die Menschen auf die öffentlichen Strassen beschränken müssen, und gehen würde dann heissen, widerrechtlich fremdes Eigentum betreten. Es gibt Gegenden heute in den USA, wo es keine Fusswege mehr gibt («No trespassing»: Kein Durchgang, Zutritt verboten), sondern nur noch Strasse für den motorisierten Verkehr, wo der Fussgänger nichts zu suchen hat.

Der amerikanische Stadtsoziologe Mike Davis hat berichtet, wie in verschiedenen Stadtteilen von Los Angeles die Trottoirs sukzessive entfernt werden, unter anderem auch, um Fremde fernzuhalten. Thoreau, wenn er sich auf den Weg machte, bevorzugte gerade solche Gegenden, wo es noch keine Wege gab und er direkt in die Natur gelangte.

Wenn ich mich erholen möchte, suche ich den dunkelsten Wald, den dichtesten, endlosesten und für den Bürger trostlosesten Sumpf auf. Ich betrete einen Sumpf wie einen geweihten Ort, ein sanctum sanctorum. Dort ist die Kraft, das Mark der Natur. Der Urwald bedeckt den jungfräulichen Boden, und dieselbe Erde ist gut für Menschen und für Bäume.

Spaziergehen, soweit der Ausdruck die Sache überhaupt richtig wiedergibt, war für Thoreau immer eine Begegnung mit der Natur, die er, als «naturalist», als Naturforscher, immer besser kannte. In der Natur sah er ein Medium für das Göttliche, für das Transzendentale. Die Ausflüge, die er unternahm, waren ebenso sportliche wie wissenschaftliche Unternehmen, aber noch mehr, wie William Howarth sie genannt hat, «transzendentalistische Exkursionen», Exkursionen im Geist des amerikanischen Transzendentalismus, jener geistigen Erneuerung in den 1830er-Jahren in New England. Er machte dabei die Erfahrung, dass die Natur nicht nur eine Idylle ist, sondern sie eine fürchterliche Kraft, wenn nicht eine Gewalt, sein kann, wie er in einer eindrucklichen Passage in seinem Bericht über seine Wanderung auf den Mt Katadihn festhielt. Das Übernatürliche ist immer gegenwärtig.

Thoreaus Exkursionen in New England galten vor allem den Bergen: Wachusett und Greylock in Massachusetts, Katadihn in Maine, Monadnock, Lafayette und Washington in New Hampshire. Zwischen 1839 und 1862 unternahm er jedes Jahr regelmässig einige grössere Ausflüge.

Wenn Thoreau sich auf den Weg machte, benützte er den Zug bis Fitchburg als Ausgangspunkt, sehr oft das Kanu, immer wieder Pferdewagen und einmal offenbar sogar das Auto. In den Fahrzeugen jedweder Art war ihm nie wohl, und er beneidete die «Unabhängigkeit» der Menschen, die zu Fuss unterwegs waren, wenn er es selber nicht sein konnte, und ihr Mittagessen an den schönsten Orten einnehmen konnten, die sie unterwegs antrafen.

Wenn man liest, was Thoreau in seinen Büchern und Essays über seine Ausflüge geschrieben hat, fällt etwas auf, was man sich heute nicht mehr richtig vorstellen kann: Neu-England *war* Wildnis, unerschlossenes Land. Es gab kaum Wege, sowieso keine Landkarten oder nur sehr ungenügende. Am besten war es, die Wasserwege zu benützen. Einmal wurde ihm von einem Landvermesser berichtet, der sich einmal in der Nähe von Mt Katadihn aufgehalten hatte. Sonst war vor ihm noch niemand in die Gegend gekommen, ausser einigen wenigen, meistens schrulligen Siedlern und Einsiedlern.

Mehr als einmal hatte sich Thoreau in der Gegend verirrt, und er musste erst seinen Weg durch wegloses Gelände suchen. Ein Taschenkompass war alles, was ihm dabei zur Verfügung stand. Ungewohnt waren solche «Trips» für ihn dennoch nicht. Am liebsten streifte er durch wegloses, wildes Gelände, zu Fuss. Das beanspruchte sowieso nicht mehr Zeit oder Geld als die Benützung der ausgebauten Strassen. Eigentlich war es unmöglich, sich zu verlaufen, dachte er. Wer in seinen alten Schuhen auf der Stelle steht, wo er sich gerade aufhält, wird nie verloren sein, sondern dort leben, wo er gerade weilt. Ein fast zen-buddhistischer Gedanke.

Proviant nahm Thoreau wenig mit: Tee und Reis, Plumcake. Oft ernährte er sich von wilden Beeren, auch von Fischen, die er in den Flüssen und Seen fing. Im Gepäck führte er einen Teekessel und eine Bratpfanne mit sich. Auch ein Buch hatte er meistens bei sich: Virgil, Samuel John, William Wordsworth. Und nicht nur gelegentlich übernachtete er im Freien oder in einem Zelt wie Coleridge. Bei so viel Anspruchslosigkeit hatte er die ganze Zeit für seine Beobachtungen über Flora und Topografie zur Verfügung.

Wenn Thoreau auf den Berggipfeln die Nacht verbrachte, nicht selten in Begleitung eines Freundes, oft seines Bruders John, verzichtete er darauf, auf eine bemalte Decke oder tapezierte Wände zu starren und dafür zum Himmel als Bemalung der Natur emporzuschauen. Auf diese Weise hatten die Berggipfel immer etwas Bewegendes für ihn. Es waren die Orte, «wo Götter gerne wandeln, so feierlich und fernab gelegen, und getrennt von allen Ansteckungen durch die Ebene».

Am schönsten sind in Thoreaus Werk die Passagen, wo er über die Berge, ihre Erscheinung und die Aussicht von ihnen, schreibt.

> Wir konnten ausgiebig überblicken, welche Lage Berge weiterum im Land einnehmen und welchen Platz im allgemeinen Schema des Universums. Wenn wir zunächst ihre Gipfel ersteigen und ihre weniger auffälligen Unregelmässigkeiten feststellen, berücksichtigen wir nicht die umfassende, gestaltende Intelligenz, mit der sie ihre Form gefunden haben; aber wenn wir uns später ihre Umrisse am Horizont vergegenwärtigen, gestehen wir uns ein, dass die Hand, die ihre auf der entgegengesetzten Seite liegenden Hänge formte, wodurch die eine die andere ausbalanciert, rund um eine tiefe Kraft wirksam und am Plan des Universums beteiligt war.

Eine «gestaltende Intelligenz» sah Thoreau überall am Werk. So steht der kleinste Teil der Natur stets in Verbindung mit dem gesamten Raum. Und so schreitet der erkennende Geist von Konfusion zu Einsicht voran und erkennt die Ordnung, die in der Gestalt der Landschaft und in der Natur vorkommt.

Er meinte zwar, dass die Berggipfel zu den unvollendeten Erscheinungen auf dem Globus gehörten, aber sie waren für ihn dann doch zunächst poetische Objekte, später Wissensgebiete, ausserdem waren Bergbesteigungen ohne Umschreibung etwas wie Pilgerfahrten auf dem Weg in eine höhere geistige Welt, eine quasi-religiöse Begegnung mit dem Wunderbaren.

Thoreau hat keine grossen Reisen unternommen. Er verbrachte die allermeiste Zeit in Concord, Massachusetts, und Neu-England, aber hier kannte er jeden Ort, jede Stelle, jeden Platz. «Da ich nicht die Nordwest-Passage durchqueren kann», meinte er, «werde ich eine Passage durch die gegenwärtige

Welt finden, wo ich bin.» In Concord hatte er die ganze Welt zu Hause.

John Muir: 1000 Meilen unterwegs

Ein anderer Amerikaner überquerte am 2. September 1867, fünf Jahre nach Thoreaus letzter Exkursion, bei Louisville «froh und frei» den Ohio und machte sich auf den Weg nach Süden. Es sollte «a thousand-mile walk» nach Florida und weiter nach Kuba werden. Der Mann, der sich auf dieses Unternehmen eingelassen hatte, hiess John Muir (1838–1914), war in Schottland geboren, mit seinen Eltern im Alter von elf Jahren nach Wisconsin emigriert und jetzt 29 Jahre alt.

Sein Gepäck: ein Rucksack, eine portable Pflanzenpresse und drei Bücher (Burns, Milton und das Neue Testament). Muir war Botaniker, aber noch vieles andere mehr, für das eine Biografie kaum ausreichen würde. Er war sein Leben lang unterwegs und als Gelegenheitsarbeiter tätig, in Sägewerken, in einer Kutschenfarbik, als Erfinder, Schäfer, Naturforscher, Obstfarmer, Schriftsteller, um Geld zu verdienen und durch die damals noch weitgehend unberührten Wälder im Norden der USA und Kanadas ziehen zu können. Nachdem er die Yosemite-Gegend entdeckt hatte, wurde er zum Naturschützer und Begründer der amerikanischen Nationalpärke. Mit seiner Hilfe entwarf Präsident Theodore Roosevelt sein umfassendes Naturschutzprogramm. Man muss das alles erwähnen, weil Muir eine bemerkenswerte und vielseitige, für viele Zeitgenossen inspirierende Gestalt war, die aber in Europa kaum jemand kennt.

Auf seinem grossen Marsch (er sprach wie Thoreau lieber von «to saunter» als «to hike») von Norden nach Süden durch die Vereinigten Staaten war er auf der Suche nach ausgedehnten Urwäldern, denen sein Interesse galt, zum Beispiel den Eichenwäldern von Kentucky, während er gleichzeitig an Pinien und Palmen im Süden dachte.

In seinen Tagebüchern hat er die Reise festgehalten. Bemerkenswert ist es, dass die Gegend, durch die er kam, damals noch weitgehend unbesiedelt war, zum Teil aber auch deshalb, weil der amerikanische Sezessionskrieg erst kurz zuvor zu Ende gegangen war und viele Häuser und Siedlungen aufgegeben worden waren. Dafür zogen marodierende Soldaten aus dem Krieg immer noch durch das Land, und mehr als einmal wurde Muir von ihnen bedroht.

Wenn er keine Unterkunft fand, schlief er im Freien. Manchmal lief er 40 Meilen am Tag ohne Nahrung. Dann mussten ihn die botanischen Beobachtungen und Entdeckungen, die er machte, entschädigen, zum Beispiel in den Cumberland Mountains Farn- und Magnolienbäume. Als er doch einmal ein Nachtmahl (Maisbrot und Speck) und Unterkunft bei einem Schmied erhielt, wollte dieser wissen, was Muir treibe. Er studiere Pflanzen, gab Muir zur Antwort. Ob das heisse, dass er keine feste Anstellung habe? «Ich bin von niemandem angestellt ausser von mir selber», erwiderte Muir. Zur weiteren Erklärung wies er darauf hin, dass König Salomo der erste historisch überlieferte Botaniker gewesen sei. Nachzulesen in der Bibel.

Muirs Bericht schwankt zwischen der Begeisterung des Botanikers und der Beobachtung rückständiger, erbärmlicher Lebensverhältnisse, die er unterwegs antraf. In Murphy, North Carolina, wurde er zunächst vom örtlichen Sheriff verdächtigt, aber nur schon nach kurzer Zeit wurde er für harmlos erklärt und ins Haus des Sheriffs eingeladen. Es war das erste Haus, das Muir innen und aussen sauber fand.

In Georgia wurde er nach anfänglichen Bedenken von einem wohlhabenden Plantagenbesitzer mit dem Namen Cameron eingeladen. Alle Fremden waren suspekt. Immer das Gleiche. Muir erklärte ihm den Grund seiner Reise. Aha, erwiderte der Boss, Ihr Hobby ist Botanik, meines ist «E-lek-trizi-tät»: Eines Tages werde diese mysteriöse Energie nicht nur für den Betrieb von Telegrafen verwendet, sondern Eisenbahnen und Dampfschiffe antreiben, die Welt erhellen «und, mit einem Wort, die ganze Arbeit der Welt erledigen». Diese Prophezeiung gab Muir noch lange zu denken.

In Savannah musste Muir mehrere Tage auf Geld warten. Leider ist nicht bekannt, wie Muir seine Reise bezahlte. Viel zum Leben benötigte er kaum, aber wie die Auslagen für das Reisen beglichen wurden, steht selten in der Literatur. Bekannt ist nur, dass Muir die Menschen, die er um ein Nachtlager anging, warnte, er habe nur einen Fünf-Dollar-Schein. Das muss enorm viel gewesen sein damals. Während der Zeit in Savannah verbrachte Muir die Nächte auf einem Friedhof.

Von Savannah aus nahm er das Schiff nach Fernandino, durchquerte Florida, wo die erste Palme, die er in seinem Leben sah, einen grossen Eindruck auf ihn machte. In Cedar Keys fand er in einem Sägewerk Arbeit, erlitt aber kurz darauf einen Malaria-Anfall und wurde von der Familie des Sägewerkbesitzers gepflegt. Drei Monate verbrachte er in Cedar Keys. Im Januar 1868 segelte Muir nach Kuba, wo er drei Monate blieb.

Danach kehrte er nach New York zurück und reiste nach San Francisco weiter. Dort angekommen, hielt er auf der Strasse einen Passanten an und fragte ihn nach dem kürzesten Weg aus der Stadt hinaus. Wohin er wollte, wurde er gefragt. «Irgendwo hin, wenn es nur ein wilder Ort ist», antwortete Muir. Wie für Thoreau war auch für Muir die Wildnis mit einer besonderen Vorstellung der Ursprünglichkeit verbunden, die bewahrt werden musste.

Muir verbrachte längere Zeit in Yosemite, reiste mehrmals nach Alaska und mit 73 Jahren noch nach Afrika. Zu seinen Lebzeiten wurden mehrere seiner Bücher veröffentlicht sowie auf seine Anregung hin die Nationalpärke Yosemite, Mt Rainier und Grand Canyon eingerichtet. Ein bewegtes Leben. Muir starb 1914.

Robert Walser: Spaziergänge des Schriftstellers

So etwas wie Wildnis gab es zu Muirs Zeit noch. Aber sie wurde in dem Mass zurückgedrängt, wie die Städte wuchsen und sich zum Terrain des Gehers entwickelten. Wie der Flaneur eine städtische Figur ist, so ist es auch der Spaziergänger, der die Städte bevölkert. In diesem Sinn war Robert Walser ein Stadtgänger, der jedoch gelegentlich auch die nähere Umgebung aufsuchte, also die Stadt verliess.

Walser verwendet am liebsten den Ausdruck «spazieren» oder «marschieren», seltener «wandern», weil Wandern ein rüstiges Ausschreiten verlangt. Das jedoch kommt bei Walser kaum vor, eher ist es ein gemächliches, in sich gekehrtes, versonnenes, «behagliches» Gehen (ein Schlüsselwort in Walsers Vokabular), auf das er sich beruft. Man könnte es gelegentlich fast ein Treibenlassen nennen. Hinter der spätromantischen Spaziergängerfigur Walsers verbirgt sich in Tat und Wahrheit nicht selten ein wandelnder Selbsttherapeut, wie er aus zahlreichen Zeugnissen aus der Literatur bekannt ist. Man denke bloss an Goethes «Werther». Guido Stefani hat über Robert Walsers Spaziergänger gesagt, dass das *Alleinsein* durch das *Unterwegssein* kuriert werden solle. «Das Marschieren mit den Beinen beruhigte und tröstete ihn», heisst es in «Der Gehülfe», und der Anblick der «freundlichen, landschaftlichen Welt» lässt ihn die Nichtigkeit seiner Unruhe vergessen. Nach dem Motto: Mit dem Gehen geht alles gleich viel besser.

Manchmal ist das Marschieren eine heimliche Flucht – oder eine Befreiung, wie im Prosastück «Die Fee». Ein «armer, junger Wanderbursche» quartiert sich bei einer freundlichen Frau ein – einer Fee. Das angenehme, leichte Leben gefällt ihm eine Zeitlang, aber dann verflüchtigt sich die gute Stimmung, und ein Manko meldet sich fordernd an. «Das Marschieren fehlte ihm», lautet die Erklärung für seine aufgestaute Unzufriedenheit. Die alte «Wandersehnsucht» meldet sich zurück. Und so tritt der Bursche vor die Fee und erklärt:

> «Ich will, ich muss gehen», sagte er, «ich muss wieder hinauswandern in die weite Welt. Ich sterbe hier, ich fühle es. Ich muss meine Beine brauchen. Ich muss Landstrassenluft einatmen…»

Das ist, ins Märchenhafte gewendet, die alte, tief eingesessene existenzielle Unruhe oder Angst, die sich einen Ausweg sucht. Die Beine brauchen, um die Melancholie zu überwinden. Wird die Unruhe zu gross, gibt es nur eins: «Ich halte es nicht mehr aus, ich muss spazieren gehen.» So drückt es eine von Walsers Figuren aus. «Ohne Spazieren wäre ich tot», bekennt eine andere: die in der Ich-Form sprechende Figur in der grossen Erzählung «Der Spaziergang».

> Eines Vormittags, da mich die Lust, einen Spaziergang zu machen, ankam, setzte ich den Hut auf den Kopf, lief aus dem Schreib- und Geisterzimmer weg und die Treppe hinunter, um auf die Strasse zu eilen.

Der Spaziergang und das Spazierengehen sind ein zentrales Thema in Walsers Werk. Der Spaziergang in der Erzählung, die diesen Titel trägt, ist ein Stationenweg eigener Art. So, wie das

Gehen die vorwärtstreibende Kraft ist, die in Walsers Schreibpraxis den Verlauf der Prosastücke in Gang hält, ist der Spaziergang das konstruktive Prinzip, das den Ablauf der einzelnen Episoden, die der Erzähler durchläuft, in einer lockeren Verbindung zusammenhält: in der Buchhandlung, auf der Bank, beim Mittagessen bei Frau Aebi, bei der Anprobe beim Schneider. Ein Monteur spricht ihn unterwegs auf seine Spaziergänge an, auf dem Steueramt entspannt sich das folgende Gespräch:

> Der Vorsteher oder Taxator sagte: «Man sieht Sie aber immer spazieren!»
>
> «Spazieren», gab ich zur Antwort, «muss ich unbedingt, damit ich mich belebe und die Verbindung mit der Welt aufrechterhalte.»

Denn der Ich-Erzähler ist ein Schriftsteller – Robert Walser selbst. Und spazieren gehen ist für ihn kein Vergnügen um seiner selbst willen, sondern eine unerlässliche Tätigkeit, die zu seiner Belebung beiträgt und die damit zu seinem Beruf und zur täglichen Arbeit gehört. Der Erzähler fährt mit einer Erklärung für den «Taxator» fort: Ohne Spaziergänge würde er nicht in der Lage sein, weder «Studien» noch «Beobachtungen» sammeln zu können.

> Auf weitschweifigen Spaziergängen fallen mir tausend brauchbare Gedanken en, während ich zu Hause eingeschlossen jämmerlich verdorren, vertrocknen würde. Spazieren ist für mich nicht nur gesund, sondern auch dienlich, und nicht nur schön, sondern auch nützlich. Ein Spaziergang fördert mich beruflich, macht mir aber zugleich auch persönlich Spass.

Eine lange Erklärung, die über die Auskunft für den Steuerbeamten, der in ihm einen wohlhabenden Menschen vermutet, hinausgeht und einen Einblick in Walsers Schriftstellerdasein gewährt; die Aussage darf getrost autobiografisch interpretiert werden. Nur manchmal wird es dem Erzähler ungemütlich beim Gedanken, dass andere «schuften und schaffen» müssen, während er spazieren gehen kann. Aber dann denkt er, dass er vielleicht zu einer Zeit arbeitet, wenn die anderen Feierabend haben, was er selber nicht kennt. Gelegentlich kann die Stimmung auch in einen gewissen Stolz und eine Selbstachtung umschlagen, wenn jemand wie der Taxator gewillt ist, ihm, Walser oder einer seiner literarischen Figuren, zuzuhören.

In dem Prosastück «Der Student» wird von der darin vorkommenden Figur gesagt: «Er spazierte viel.» Und mit Gefühl.

Marschieren war ihm etwas wie ein musikalischer Genuss. Denken und Gehen, Sinnen und Schreiben, Dichten und Laufen waren miteinander verwandt.

In den selteneren Momenten der Hochstimmung ist das Gehen und Spazieren dann kein Abschreiten eines Weges mehr, keine Flucht oder Heilsuche, sondern «ein fliegendes und fliessendes Ruhen». Diese Einstellung hielt an, solange Robert Walser als Prosastückeschreiber ein bescheidener Erfolg beschieden war. Aber als der Zusammenhang von Gehen und Schreiben, Denken und Dichten zerrissen war, dache er, dass er nun ruhiger als zuvor «zu Hause sitzen» dürfe. Das Haus, das Zuhausebleiben, wenn auch nur in symbolischer Form, signalisierte das Ende der Schriftstellerkarriere Robert Walsers, auch wenn er noch weiterhin, in der Anstalt in Herisau, wo er die letzten Jahre seines Lebens verbrachte, ausgedehnte Spaziergänge unternahm. Sie waren alles, was ihm geblieben war: Repetition und Beruhigung. Von seinem letzten Spaziergang am 25. Dezember 1956 kehrte er nicht mehr heim. Er wurde tot im Schnee liegend aufgefunden. Ein hintersinniges Ende für ein Spaziergängerleben.

Charles Dickens. Zeitgenössische Karikatur.

*Wenceslas sprach
das Zauberwort des
Flaneurs aus:
Auf geht's.*

Honoré de Balzac «Cousine Bette»

Die Spaziergänge haben Walser sein Leben lang nie weiter geführt als in die nächste Umgebung. Aus dem Stadtraum ist er selten herausgekommen. Spazieren ist etwas, das auch in einem neutralen Raum erfolgen kann. «Einer», der im Prosastück «Spazieren» genau das tat, was der Titel verspricht, vermied es, die Eisenbahn zu besteigen, und zog es vor, «nur in der Nähe» zu wandern. Das Nahe kommt ihm bedeutender vor als das Ferne und das Unbedeutende demnach bedeutend. Berlin war für Walser nur ein *Ausflug*. Die kleinen, zufälligen Beobachtungen sind es, auf die es ihm ankam.

Gehen als «reine» Tat

In diesem Geist ist auch der Schweizer Schriftsteller Kurt Marti in der Umgebung von Bern spazieren gegangen. Seine Spaziergänge zwischen 1985 und 1989 hat er genau aufgezeichnet, auf eine unspektakuläre, beinahe biedere, aber umso unbestechlichere Art.

Der Titel seines Buchs lautet «Högerland» (Höger ist der schweizerdeutsche Ausdruck für Hügel) und soll hier kurz erwähnt werden, weil es perfekt an die Spaziergänge von Robert Walser anschliesst und sie, auch thematisch, weiterführt bis in die Gegenwart. Was heisst spazieren gehen heute? Was sieht der Spaziergänger unterwegs?

Das Land, durch das Marti geht, verändert sich mit rasender Geschwindigkeit, aber die kleinen Schritte, aus denen sich die grossen Veränderungen zusammensetzen, wie unaufhaltsam und unauffällig auch immer, sind nicht sofort erkennbar. Erst nach einiger Zeit fällt einem auf, dass das Land nicht mehr das gleiche ist wie in der Erinnerung. Die Grenze zwischen Stadt und Land wird durch die sich willkürlich in alle Richtungen ausdehnende Agglomeration durchlässig und fliessend, die

Autobahn zerschneidet Wohn- und Siedlungsgebiete, Schall-schluckmauern sollen die angrenzenden Bewohner vor dem allerschlimmsten Lärm schützen, tun es aber nur ungenügend. Ein Menschenrecht, das vor Lärm schützt, gibt es nicht, meint Marti sarkastisch. In Bolligen, einer Ortschaft in der Nähe von Bern, kostete der Quadratmeter in den Fünfzigerjahren 10 Franken, Ende der Achtzigerjahre sind es 600 und mehr, «weil das Land nun einmal keine vermehrbare Ware ist», wie wir alle wissen. Wem gehört unter diesen Umständen heute das Land, konkret gesagt: die Grundstücke? Den Banken und Versiche-rungen, während die Eigentümer sich als «Zinssklaven» abra-ckern.

Keine Illusionen. Der Spaziergang führt durch eine fremd gewordene Welt, was zu Robert Walsers Spazierzeiten nicht anders war. Nur ist es heute viel deutlicher ins Bewusstsein eingescannt. Damit bestätigt sich noch einmal die Regel, dass, wer geht, mehr und manches besser sieht. Auch die Füsse kön-nen sehen.

Der Unterschied zwischen Muir und Walser macht darauf aufmerksam, dass es beim Gehen auch noch um eine Frage der Distanzen geht. 1600 Kilometer sind etwas anderes als ein Spaziergang in der Umgebung der Stadt. Die zurückgelegte Wegstrecke muss kein qualitatives Merkmal sein, aber in eine höhere Dimension führt sie dennoch. Der Franzose René Caillié legte 1824–28 die Strecke von Senegal über Timbuktu nach Tanger unter abenteuerlichen Umständen zurück, Fritjof Nansen durchquerte 1888 Grönland auf Schneeschuhen, die Reisen von Sven Hedin durch Zentralasien sind herausragen-de, beinahe heroische Individualleistungen.

Es sieht so aus, als würden heute die Gehversuche einerseits immer kürzer wie im Fitness-Salon, anderseits immer länger, wie zum Beispiel derjenige von Werner Herzog von München nach Paris durch Schnee und Regen; von W. G. Sebald, der in

Suffolk zu Fuss unterwegs war und Geschichten aufstöberte, deren Spuren er nachging; von Otl Aicher, der die Wüste zu Fuss durchquert («es gibt keine Ablenkungen, mit denen man sich davonmogeln könnte»). Oder von Wolfgang Büscher, der die Strecke Berlin–Moskau zurücklegte und sich unterwegs zur Hauptsache von Schokolade und Bier ernährte (etwas anderes war kaum aufzutreiben).

Das Unternehmen, auf das sich Büscher eingelassen hatte, wurde zu einer Begegnung mit den Folgen der deutschen Politik unter Hitler in Osteuropa. Was den physischen Akt des Gehens betrifft, fing Büscher unterwegs an, die Schritte zu zählen, wenn sich die Kilometer in die Länge zogen und es «keinen Schober und keine Scheue und auch keinen Unterstand» weit und breit gab. «Es war ein einfaches, starkes Mantra.» Keine Heldentat, eher eine *reine* Tat, ein «acte gratuit», eine veränderte Einstellung der Lebensaggregate.

Auch an den Land-Art-Künstler Richard Long sollte man in diesem Zusammenhang denken, der zahlreiche mehrtätige Walking Tours im Berner Oberland, in Cornwall, im Hoggar-Gebirge, in Ladakh, in der Mongolei, also überall auf der Welt, unternommen hat, um an Ort und Stelle seine vergänglichen Installationen auszuführen. Manchmal sind es gerade Linien, die er auf der Landkarte zieht und im Gelände abschreitet, manchmal sind es kurze Wegstücke, die er hin und her geht, bis auf der Erde eine Spur sichtbar geworden ist, ähnlich wie auf dem abgewetzten Teppich von Karl Marx, manchmal sind es Steine, die er zu Kreisen arrangiert und die so bestehen bleiben, bis sie durch äussere (zum Beispiel klimatische) Umstände verändert oder zerstört werden.

Zu seinen Projekten erklärte Long, das Gehen sei, wie die Kunst, «eine Art Verdichtung». Es befreit den Gehenden von vielem und erlaube ihm, «sich wirklich zu konzentrieren».

Wenn ich in menschenleeren Gegenden tagelang unterwegs bin, kann ich überflüssigen Ballast abwerfen, mein Leben vereinfachen, wenn auch nur für ein paar Tage oder Wochen, mein Dasein auf eine sehr einfache, aber ungemein konzentrierte Aktivität beschränken, die mit dem komplizierten Leben des Normalbürgers nichts mehr gemeinsam hat … Wenn ich wandere oder in der Natur naturgegebene Dinge berühre, erfüllen mich die erhabensten und tiefsten Empfindungen.

Eine ausserordentliche Marschleistung hat der Basler Arzt Martin Vosseler vollbracht, als er im Jahr 2003 in sechs Monaten, mit einigen ein- und mehrtätigen Unterbrechungen, die Strecke von Basel nach Jerusalem und Bethlehem zu Fuss zurücklegte. Die durchschnittliche Tagesleistung lag bei 35 Kilometern, an einzelnen Tagen betrug sie 50, 55, 60, einmal sogar 72 Kilometer. Nach durchschlafener Nacht war er am nächsten Morgen wieder voll erfrischt. Auch das lernt man gehenderweise: Dass das Gehen eine alerte Stimmung erzeugt, eine Beschwingtheit, die sich auf den ganzen Organismus erstreckt, auf Körper und Geist. Es ist das gleiche Ergebnis wie beim Fasten, und wie dieses ist es ein Bekenntnis zur Freiheit.

Mit der Zeit wirft das Laufen die ganze Schulmedizin über den Haufen, entdeckte der Arzt Vosseler. Der Körper ist erstaunlich regenerationsfähig. Das Schlafbedürfnis nimmt ab, die Durchblutung zu, weil der Körper gut mit Sauerstoff versorgt wird, die Immunkräfte werden gestärkt.

Von Bedeutung waren für ihn ausserdem unzählige gute Begegnungen mit Menschen unterwegs und viele Zeugnisse von Gastfreundschaft, die sich auf die Mentalität positiv auswirkten. Im Gehen wird es schnell möglich, Kontakt mit den Menschen zu finden, die einander nicht so fremd sind, wie die Politik oder die Medien glauben machen wollen.

Das Gehen regt die Gedanken an. Manchmal zählte Vosseler die Schritte, um in einen guten Rhythmus zu kommen; auch Büscher hat das getan. Im Singen kirchlicher Lieder oder Rezitieren von Gedichten entdeckte er eine erstaunliche Energiequelle. Das Wandern erleichterte es ihm, ganz im Augenblick zu leben und darin aufzugehen. Als grösste Befriedigung stellte sich am Ende heraus, über die eigene Zeit verfügen zu können.

So wurde das Gehen für Vosseler zu einem «Gebet mit ganzem Körper und ganzer Seele». Er spricht auch von «nachhaltiger Mobilität». Als Arzt und Ökologe war Vosseler ausgezogen in der Überzeugung, dass das Gehen sich vorteilhaft auf die Gesundheit auswirken würde, aber alles, was der Gesundheit gut tut, zuletzt auch dem Planeten zugute kommt. Er wollte ein Beispiel geben, wie man ausschliesslich von der Sonne leben und ohne Erdöl, Uran oder Kohle auskommen kann. Er sah darin einen Beitrag, den «ökologischen Fussabdruck» zu verkleinern (Mathias Wackernagel und William Rees haben mit dem Begriff versucht, die Belastung der Natur durch den Menschen zu berechnen).

Man kann also auf kleinem Fuss leben und trotzdem mit den Füssen weit herumkommen.

6. Philosophie

Der Spaziergang als literarisches Modell

Viele grosse Fussreisende haben über ihre Erlebnisse geschrieben. Zu Fuss reisen ist eine Form, in Kontakt mit dem Boden, dem Land, dem Fremden zu treten, das uns umgibt. Auch die oft beschwerlichen Umstände und Strapazen der Forscher, Entdecker und Eroberer in vergangenen Jahrhunderten sind festgehalten worden. Die Beschreibungen geben jedoch vor allem die dabei gemachten Begegnungen und Beobachtungen wieder, seltener eine Reflexion über die Erfahrungen, die bei der gehenden Fortbewegung gemacht werden.

Der Reisebericht ist eine literarische Gattung eigener Art zwischen der Realität, auf die Bezug genommen wird (Sache der Zwangsläufigkeit), und der Fiktion, die sich aus der schriftlichen Abfassung ergibt (Sache der Interpretation). In alten Reiseberichten wird die Welt erfunden, man denke nur etwa an den Ritter John de Mandeville und seine fantastische Reise. Aber auch Kolumbus' Begegnungen mit den fremden Menschen und der exotischen Welt in der Karibik sind nicht frei von wunderbaren Elementen. Etwas anderes ist die narrative Form, die den Gang zu Fuss zum Thema nimmt: Gehen als Motiv, aber unter Umständen auch als Vorwand. Gehen und das unterwegs Gesehene überliefern, oder gehen und die Praxis, die Erfahrung, die Betroffenheit, die Verwandlung, die dabei stattfindet, zum Thema machen. Das sind die zwei verschiedenen, sich anbietenden Möglichkeiten.

Erstaunlicherweise gibt es nicht so viele literarische Beschreibungen von Spaziergängen, wie man erwarten könnte. Georg Büchners Lenz geht «durchs Gebirg». Seine Art zu gehen drückt Lenz' innere Erregung aus. Darin erschöpft sich die Betrachtung über den Akt des Gehens auch schon. In Karl Krolows Erzählung «Im Gehen» wird innere Befindlichkeit in motorische Bewegung umgesetzt und als solche zum Ausdruck gebracht. «Seine Füsse gingen für ihn» ist eine Aussage über Späths Schizophrenie bei Krolow. Doch auch die beim Gehen gemachte Erfahrung wird von Krolow thematisiert (Mechanik der Füsse, Schuhe, Rückgrat), was in der Literatur eher eine Ausnahme ist. Auch Paul Austers Hauptperson Quinn lässt sich «einfach von seinem eigenen Körper treiben». Der Körper geht für ihn oder an seiner Stelle. Damit ist kein Zweck verbunden, eher wird eine Einsicht damit angegeben.

Friedrich Schillers Gedicht «Der Spaziergang» nimmt den Fuss- und Spaziergang als Modell für einen philosophischen Diskurs. Der Gang auf die «belebte Flur», wo der Mensch noch «nachbarlich» mit dem Acker zusammenwohnt, wird für Schiller zum Anlass, über den Unterschied zwischen dem «engen Gesetz» der Fluren und Gefilde auf der einen Seite und der Freiheit der Kultur in den Städten auf der anderen Seite zu reflektieren und in Rousseaus Geist und Verständnis den Zerfall der Sitten zu bedauern. Die Natur ist bei Schiller noch nicht zur Freiheit erwacht. Klaus Jeziorkowski hat in seiner Interpretation des Gedichts weniger den Inhalt der «Gesellschaftsvision» und schon gar nicht den Gehvorgang in den Mittelpunkt gerückt als vielmehr die Aufmerksamkeit scharfsinnig darauf gelenkt, «dass das Gehen der Philosophen dem Gang der Dinge auf der Spur ist». Es ist der Fuss, der sich selbstständig gemacht hat und den Versfuss, das Versmass, beflügelt. Aber eine eigentliche Geherfahrung ist damit nicht verbunden.

Robert Walsers Spaziergang ist eine Hilfskonstruktion, um eine Anzahl Einfälle in eine sinnvolle, auf jeden Fall chronologische Abfolge zu bringen und eine «itinerarische Erzählstruktur» anzuwenden, wie der deutsche Literaturwissenschafter Ottmar Ette sagt, die anders nicht zu erreichen wäre. Eine Reihe von lockeren Einfällen, Episoden, Ereignissen, Begebenheiten wird Schritt für Schritt, wie der Ablauf eines Spaziergangs, sequenziell beschrieben. Doch der Spaziergang selbst, dessen Verlauf sowie die dabei gemachte körperliche Erfahrung und Befindlichkeit, ist kein Thema bei Walser.

Für Paul Nizon wird der Spaziergang mit seinem Hund zu einem passenden Anlass, die Stationen seines Lebens im Rückblick zu überschauen und in immer neuen Abschweifungen zu umkreisen, auch wenn er die Gestalt eines Clochards für sich sprechen lässt und dessen Erinnerungen von ihm aus seiner eigenen Biografie alimentierte Fiktionen sind.

Thomas Mann bricht mit seinem Hund Bauschan zu Streifzügen durch die Isarauen auf und benützt die Gelegenheit vor allem dazu, das drollige Benehmen seines Hunde und seine charakterlichen Eigenschaften in allen Einzelheiten auszuwalzen. Daneben findet er freilich auch Gelegenheit, ausführlich auf die Gegend einzugehen, durch welche diese Streifzüge führen. Die Auseinandersetzung mit dem Hundes und die Spaziergänge zerstreuen Mann, wecken seine Lebensgeister und bereiten ihn auf «den Rest des Tages, an dem noch manches zu leisten ist», vor. Bemerkenswert, beinahe schon ungewöhnlich, ist es, wie ausführlich Mann auf die Beschaffenheit des Bodens und die örtlichen Besonderheiten eingeht, über den er hinwegschreitet, wenn er Bauschan begleitet: grobe Kieswüste, ausgetretener Fusssteig, Kiesdamm, lehmiger Fussweg, Promenade, Uferpfad, Uferregion. Oder der Spazier-

gänger Mann sucht einen geeigneten Namen für das «wunder-
liche Gelände», der anschaulicher wäre als das abgegriffene
Wort «Wald». «Sogar eine Adalbert-Stifter-Strasse ist da, auf der
ich mich mit besonders sympathischer Andacht in meinen Na-
gelschuhen ergehe.»

Es verhält sich im Sinn von Elisabetta Niccolini, wenn sie
feststellt, dass «in der poetischen Figuration des Spaziergangs
eine Sehnsucht nach der Unmittelbarkeit in der Darstellung
von Lebensvorgängen» zum Ausdruck kommt, seien diese nun
real erlebt, fiktiv aufgezeichnet oder frei assoziiert. Nur kommt
das nicht häufig vor, und wenn, dann eher fiktiv und assoziativ.
Wenn die Geschichte eine Handlung hat, hat sie einen Ablauf:
einen filmischen Ablauf beziehungsweise einen Faden, dem
entlang sich der Autor voranbewegt, von Episode zu Episode,
und dem die Leserschaft folgt. Die Spazierwege bereiten den
Ablauf der Handlung vor. Eins nach dem anderen: «Dann fuhr
ich zum Great Western Hotel, lud mein Gepäck ab und ging
los, mir die Stadt ansehn» (Dashiell Hammett, «Rote Ernte»).

Karrer und Knapp: Gehen und Denken

Es ist ein «spaziergängerisches Erzählen». So bringt es Claudia
Albes auf den Punkt. Der Spaziergang ist ein Modell, kein Thema. Die Erzählung «Gehen» von Thomas Bernhard ist dafür
ein überzeugendes Beispiel. Es findet in dem Text kein Spaziergang statt, es ist nur laufend davon die Rede. Und wenn es
tatsächlich ein Spaziergang wäre, würde er sich im Kreis mit
dem allerkleinsten Radius bewegen, gleichsam um die eigene
Achse. Das Buch ist von Anfang bis Ende eine Schreibtischtat.

Bernhard experimentiert mit den Begriffen Gehen und
Denken, manchmal auf eine launische, virtuose und akrobati-
sche, aber manchmal ziemlich penetrante Art. Eine Person, die

244

Karrer genannt wird, und eine andere, die Oehler heisst, haben regelmässig Spaziergänge unternommen, ebenso der Erzähler und Oehler. Seitdem aber diejenige, die Karrer genannt wird, verrückt geworden ist, treffen sich der Erzähler und Oehler häufiger zu gemeinsamen Spaziergängen.

Mit Karrer zu gehen, ist eine ununterbrochene Folge von Denkvorgängen gewesen, sagt Oehler, die wir oft lange Zeit nebeneinander entwickelt und dann plötzlich an irgendeiner, einer Stehstelle oder einer Denkstelle, aber meistens an einer bestimmten Steh- und Denkstelle zusammengeführt haben.

Gehen und Denken sind «zwei durchaus gleiche Begriffe» (Bernhard) und zwei vergleichbare Vorgänge: Kursieren und Diskurs. Aber gleichzeitig zu gehen und zu denken ist ein Ding der Unmöglichkeit (wie bei Leslie Stephen und anderen). Das eine lenkt vom anderen ab oder verunmöglicht es.

Gehen wir intensiver, lässt unser Denken nach, sagt Oehler, denken wir intensiver, unser Gehen. Andererseits müssen wir gehen, um denken zu können, sagt Oehler, wie wir denken müssen, um gehen zu können.

Dann kommt Bernhard zur erstaunlichen Feststellung: «Wir gehen mit unserem Kopf», und zur zweiten Feststellung, dass der Denkende das Denken «als ein Gehen» auffasst, als «Gedankengang». Alles das ist bekannt, Bernhard permutiert nur den Einfall weiter, ad infinitum, ohne jedoch dass dabei ein Erkenntnisgewinn resultierte. Es ist nur ein Sprachspiel, das unendlich mit Umkehrungen und Abwandlungen arbeitet: Gehen und denken, denken und gehen; gehend denken, denkend gehen; gehen, um zu denken (eher nicht), denken, um zu gehen, um einen Gedankengang zurückzulegen (am ehesten).

Auf eine andere Art und Weise hat der Schweizer Schriftsteller André Vladimir Heiz 22 Jahre nach «Gehen» das Relationspaar Gehen und Denken in seinem kleinen Roman «Knapp» aufgegriffen, ohne dabei das sinnliche Vergnügen des Gehens, das sich aus dessen vitaler Ausführung ergibt, zu vernachlässigen oder gar in Abrede zu stellen. Knapp verliert also, wenn er Heiz' Spuren folgt, nie den Boden unter den Füssen.

«Keine übertriebenen Erwartungen», «kein romantisches Schwärmen», meint er, aber eine gute Ausrüstung! So kann man sich auf den Weg begeben. Es lässt sich kaum sagen, ob es ein Spaziergang ist oder nicht, zu dem Knapp aufbricht, gewiss ist nur, dass es «ein Gang durch diese Gegend auf diesem Weg» ist, «dem es an sich vollkommen gleichgültig ist, ob er zum Spaziergang wird». Was es ist, ergibt sich aus der Unmittelbarkeit, und diese Unmittelbarkeit wiederum «wird augenblicklich Körper, wenn Herr Knapp spaziert».

Beim Spazieren oder einfach beim Gehen entstehen Bilder, und diese eilen den Füssen voraus, ähnlich wie bei Krolow oder Auster.

> Indem Herr Knapp spaziert, entstehen Bilder. Vor seinen Augen. Nur das Spazieren an sich kann nicht Bild werden. Das Spazieren als Vorgang des Körpers ist immer leicht im Vorsprung. Er ist trotz allem zuerst da. Die Bilder sind ein Nachhinein. Die Bilder sind eine Nachfolge dieses Körpers.

Zuletzt kommt es, in wahrhaft inspirierter zen-buddhistischer Einsicht, darauf an, den Weg zu vergessen. Es genügt, sich voll und ganz auf den Körper einzulassen, das Denken «unter den Füssen» zu vergessen und auf diese Weise zu verhindern, dass es dem Denken gelingt, «das schillernde Empfinden eines sinnlichen Körpers» zu besetzen und zu bändigen. «Herr Knapp spaziert nämlich nicht. In Gedanken. Er spaziert tatsächlich.» Und das ist es, worauf es einzig und allein ankommt. Dann kann die Gegend, in der spazieren gegangen wird, im Gehen entstehen, also faktisch und physisch, nicht in Bildern, so wie bei Zhuangzi der Weg dadurch entsteht, dass er begangen wird (Kapitel 1).

Nicht weiter erstaunlich ist es daher, dass auch bei Heiz die praktischen und technischen Aspekte des Gehens nicht übergangen werden. So kommt in einer Mitgliederversammlung von Spaziergängern und Spaziergängerinnen zur Sprache, was an einem Spaziergang alles zu berücksichtigen ist, nämlich «die typische Länge eines Spaziergangs, die Ausgewogenheit der Schleife, die zutreffende Dauer, die Bemessenheit der einzelnen Schritte, die Kadenzen des Atems, das bewusste Ausatmen auf dem jeweiligen Standbein, die richtige Verlagerung des Körpergewichts, die verträgliche Neigung des Oberkörpers, die Haltung der Arme, die Balance der Schultern, die Lockerheit der Füsse, das sanfte Abrollen der Ferse», nicht zuletzt «die Beschaffenheit des Weges, das vorsichtige Einhalten von Pausen vor zugelassenen Höhenunterschieden» und so weiter. Eine veritable Gehschule. Der Autor muss sich in der Materie gut ausgekannt haben, als er diese Zeilen schrieb, auch wenn sie ironisch gemeint sind.

Übrigens macht Quinn in Paul Austers Roman «Stadt aus Glas» an sich die Beobachtung, was es heisst, «das Pflaster unter den Schuhsohlen zu spüren». Er entdeckt zum Beispiel, dass er leichter vorankommt, wenn er die Füsse beim Gehen so wenig wie möglich hebt «und mit langsamen, gleitenden Schritten dahinschlurfte».

All dies in Betracht gezogen, kann man sagen: Der Spaziergang ist ein realisierter Akt des Körpers. Jede Gehtätigkeit ist es. Gehen und nur Gehen. Oder: «Nicht denken. Gehen.» So notierte Wolfgang Büscher auf seiner Fussreise von Berlin nach Moskau. Wir wissen jetzt: Das ist eine alte, oft in Erinnerung gerufene, geeignete, stets bewährte Gehregel: das Denken beim Gehen ausschalten.

Nur dann ist es nicht angezeigt, wenn es in einem übertragenen, methodischen Sinn gemeint ist. Dann gilt das Gleiche wie für das Denken auch für das Schreiben. Denn Gehen einerseits und Schreiben, Erzählen, Dichten und also Denken andererseits sind keine identischen, jedoch vergleichbare Tätigkeiten, Schritt für Schritt, Wort für Wort, Satz für Satz. Bis ein Weg, bis ein Text entstanden ist. Die Handlung einer Erzählung nimmt ihren Lauf, ebenso der Schreibakt, der ein Prozess ist, ein Vorgang. Das wird deutlich, wenn man sich abends an den vergangenen Tag und den zurückgelegten Weg erinnert beziehungsweise die geschriebenen Seiten durchliest. Ein Schreibweg ist zurückgelegt. Sein Buch und er selber, meinte Michel de Montaigne in seinem Essay «Über die Reue», würden «übereinstimmend und im Gleichschritt» gehen.

Beim Gehen nicht zu denken muss keineswegs heissen, auf das Nachdenken über den Vorgang des Gehens und Denkens zu verzichten. Der körperliche Akt ist die Durchzeichnung, die einen Ablauf registriert und beschreibt und ihn auf diese Weise in einen Meta-Ablauf umwandelt. Beide gehen gewissermassen aufeinander ein. Wie jeder Gang eine Spur im Wüstensand oder regenweichen Boden hinterlässt, so ist das geschriebene Wort eine literarische Fährte, die der Leser aufnimmt.

Manchmal ist das Gehen eine Tätigkeit, um das Bewegungsbedürfnis zu befriedigen, wie bei Dickens, bei dem es unbändig gewesen sein muss, manchmal eine Handlung, um Beobachtungen anzustellen, die sich für die schriftstellerische Arbeit verwerten lassen, wie das ebenfalls auf Dickens zutraf (Kapitel 5). Das war dann der Fall, wenn er seine Spaziergänge durch London machte, die nicht selten wahre «athletische Exkursionen» waren (Anne D. Wallace), während aus seinen unterwegs gesammelten Eindrücken und Besichtigungen am

Ende seine literarischen Reportagen hervorgingen («Londoner Skizzen», «The Uncommercial Traveller») und später seine grossen Romane. In gleicher Weise hatten sich schon Mercier, Balzac und andere zu Fuss auf den Weg gemacht auf der Suche nach Eindrücken für ihre Werke.

Zusammengefasst, könnte man also sagen, dass jedes praktische Gehen beziehungsweise sinnbildliche Vorgehen eine dreifache Funktion und Bedeutung erfüllt: Es ist erstens eine reale körperliche Investition in Raum und Zeit; zweitens ein Motiv und eine poetische Anleitung in der Literatur (Kapitel 3 und 5); und drittens, in einem erweiterten Sinn, eine Methode der Wahrnehmung und Erkenntnis (Kapitel 2).

Der Körper geht dem Wort voraus

Ob die Beine wichtiger sind als die Bücher oder umgekehrt die Bücher wichtiger als die Beine, ist eine offene Frage, aber offensichtlich besteht zwischen dem Akt des Gehens und der Literatur ein direkter Zusammenhang. Wer mit den Füssen schreibt wie Louis-Sébastien Mercier oder mit den Füssen sieht, weil er sich in der Welt aufhält und vorwärtsbewegt, wird auch in der Lage sein, mit ihnen zu lesen, zum Beispiel eine Landschaft, die für die Wahrnehmung wie ein Text organisiert ist. Klaus Jeziorkowski hat in seiner Auseinandersetzung mit Friedrich Schillers Gedicht «Der Spaziergang» die Elegie als literarische Form in der deutschen Lyrik um 1795 wegen ihrer metrischen und rhythmischen Struktur zur «Form des Sichbewegens, des Gehens, des Wanderns, des Laufens, des Tanzens» gedeutet, so wie die antike Elegie «ein rhythmisches Modell lustvoll bewegter Körperlichkeit» gewesen sei. Schillers «Spaziergang» ist für Jeziorkowski der «mit allen Gliedern erfahrene Weg eines gehend Reflektierenden durch den Text».

Dieser Weg wird schreibend gegangen, und er will lesend gegangen sein. Nicht das Sitzen auf dem Stuhl – die übliche Haltung beim Lesen oder Schreiben – wird durch dieses Gedicht vermittelt, sondern das Gehen auf eigenen Füssen.

Es wird durch die literarische Form vermittelt, aber ist nicht Gegenstand des Gedichts. Sprache und Diskurs sind Formen von Bewegung. Wie beim Gehen eine Spur entsteht, so entstehen beim Schreiben ein Text und beim Lesen ein Bild, eine Vorstellung. Das Gehen wird auf diese Weise zum Vorbild und Modell des Schreibens ebenso wie des Lesens. Das geschriebene und gelesene Wort erweisen sich noch vor dem ersten Buchstaben als Schöpfungen, denen eine körperliche Tätigkeit vorausgegangen ist. Das ist ein Gedanke, zu dem Paul Valéry ein paar aufschlussreiche Gedanken beigesteuert hat.

In einem Vortrag über «Dichtkunst und abstraktes Denken» erzählt er, wie er sich einmal von einem «langweiligen Geschäft» erholen wollte und zu diesem Zweck einen Spaziergang durch die Strasse, wo er wohnte, unternahm und wie er von einem Rhythmus «plötzlich ergriffen» wurde. Die «Bewegung meiner Beine und irgendein Gesang, den ich vor mich hin summte, oder vielmehr, der sich mittels meiner Person summte», überlagerten sich. Zwischen seiner Gangart auf der einen und seinen Gedanken und der anderen Seite stellte sich eine Wechselwirkung ein.

Valéry fährt dann fort, dass man mit den Beinen nicht nur gehen, sondern auch laufen und tanzen könne, und dass, während das Gehen eine eintönige Sache sei, das Tanzen «eine Unendlichkeit von Schöpfungen und Variationen oder Figuren» erlaube. Was dazu führt, dass sich «parallel dem Gang und dem Tanz» die «auseinanderstrebenden Grundformen der Prosa und der Poesie» herausbilden.

Valéry geht es hier zur Hauptsache darum, zwischen den beiden literarischen Formen einen Unterschied zu machen, aber wenn er nach dem Ursprung der einen wie der anderen fragt, kommt er zum Schluss, dass beide trotz ihrer Verschiedenheit aus der Aktion der Beine hervorgehen und dass «die Bewegung meines Ausschreitens sich durch ein kunstvolles System von Rhythmen auf mein Bewusstsein übertrug, anstatt in mir jene Geburt von Bildern, inneren Worten und virtuellen Akten hervorzurufen, die man ‹Ideen› nennt».

Daraus lässt sich ableiten, dass vor der Sprache der Rhythmus kommt, dass er ihr vorausgeht, und dass der Rhythmus wiederum aus dem Gehen beziehungsweise verschiedenen Arten zu gehen und sich zu bewegen hervorgeht, aus der Körperlichkeit. Anders ausgedrückt: Bevor die Menschen gesprochen haben, sind sie gegangen. Offenbar mussten sie sehr weit gehen, bis sie den ersten Satz einigermassen verständlich ausdrücken konnten. Dass der aufrechte Gang dabei grossen Einfluss hatte, ist eine Annahme, die nicht ohne weiteres ausgeschlossen werden kann. (Meistens wird angenommen, dass der aufrechte Gang die Sprechfähigkeit begünstigt hat.)

Der Körper bestimmt das Wort, den Vers, die Schrift, er initiiert und generiert sie. Die Stadt erleben, sie sich aneignen heisst daher, sie zu besprechen beziehungsweise sie zu lesen, sie in eine Folge von Sprech- und Sprachakten umzuwandeln, bis der Gang «buchstäbliche Bedeutung» bekommt, wie der französische Philosoph Michel de Certeau gesagt hat. Auf der von Paul Valéry vorbereiteten Grundlage hat er diesen Gedanken in seinem Buch «Kunst des Handelns» weiterentwickelt.

De Certeau beginnt seine Überlegungen auf der 110. Etage des World Trade Centers (als es noch stand), von wo aus der Betrachter «in einem Universum lesen» könne. Das ausgebreitete Panorama wird zu einem Text. Der Anblick des distanzierten, panoptischen Raums löst Wogen der Lust und der Befreiung beim Menschen aus, der dem Zugriff der Stadt entrissen ist. Die erhöhte Stellung macht den Betrachter zum «Voyeur». Die «gewöhnlichen Benutzer der Stadt» werden unten, «jenseits der Schwellen, wo die Sichtbarkeit aufhört», vom Strassenleben ergriffen und totalisiert und zu mikrobischen Existenzen gemacht, auf jeden Fall zu Fussgängern, zu Wandersmännern (im Sinn von Angelus Silesius, 1624–1677, dem «cherubinischen Wandersmann», womit eine spirituelle Konnotation gemeint ist), «deren Körper dem mehr oder weniger deutlichen Schriftbild eines städtischen ‹Textes› folgen, den sie schreiben, ohne ihn lesen zu können». Die Wege unten entziehen sich im Unterschied zum Blick von oben der Lesbarkeit. Zwei Positionen, zwei Erfahrungen, zwei Formen von Tätigkeit und Handlungsanweisungen stossen hier aufeinander.

Die Spiele und Bewegungen der ausgeführten Schritte sind «Gestaltungen von Räumen. Sie weben die Grundstruktur von Orten.» Hier setzt bei de Certeau der Vergleich des Gangs mit dem Sprechakt ein, also auch des Sprechakts mit dem Gang, der uns hier interessiert.

> Der Akt des Gehens ist für das urbane System das, was die Äusserung (der Sprechakt) für die Sprache oder für formulierte Aussagen ist. Auf der elementarsten Ebene gibt es in der Tat eine dreifache Funktion der Äusserung: zum einen gibt es den Prozess der Aneignung des topografischen Systems durch den Fussgänger (ebenso wie der Sprechende die Sprache übernimmt oder sich aneignet); dann eine räumliche Realisierung des Ortes (ebenso wie der Sprechakt eine lautliche Realisierung der Sprache ist); und schliesslich beinhaltet er Beziehungen zwischen unterschiedlichen Positionen, das heisst pragmatische ‹Übereinstimmungen› in Form von Bewegungen (ebenso wie das verbale Aussagen eine ‹Anrede› ist, die den Angesprochenen festlegt und die Übereinkünfte zwischen Mitredenden ins Spiel bringt).

Das Gehen wird auf diese Weise zu einem «Raum der Äusserung». In diesem Raum bringt der Gehende gewisse Orte zum Verschwinden, mit anderen bildet er «räumliche ‹Wendungen› (wie Redewendungen). Und das führt bereits zu einer Rhetorik des Gehens.» Durchaus in einem fast wortwörtlichen Sinn:

> Das Verhalten des Passanten, der sich durch eine Reihe von Drehungen und Wendungen seinen Weg bahnt, kann mit den «Redewendungen» oder «Stilfiguren» verglichen werden. Die Kunst, Sätze zu drehen und zu wenden, hat als Äquivalent eine Kunst des «Rundendrehens».

Gehverhalten und Raumaufteilung führen de Certeau schliesslich zu zwei grundlegenden Stilfiguren: zur Synekdoche (ein Teil an Stelle des Ganzen, zu dem dieser Teil gehört) und zum Asyndeton (das Weglassen von Bindewörtern, Konjunktionen und Adverbien). Einmal steht, so de Certeaus Vergleich, ein Moped oder ein Möbelstück, das in einem Schaufenster ausgestellt ist, stellvertretend für eine ganze Strasse oder einen Stadtteil, einmal treten Lücken im räumlichen Kontinuum auf, während ausgewählte Stücke davon, «also Relikte» (de Certeau), zurückbleiben. Durch diese Veränderungen (Ausweitungen, Zusammenziehungen, Zerstückelungen) beziehungsweise «diese rhetorische Arbeit» bildet sich «ein räumliches Satzgebilde analogischer (nebeneinander stehender Zitate) und elliptischer Art (Lücken, Lapsus und Anspielung)».

Soweit Certeaus Versuch, die sprachlichen und rhetorischen Formen aus dem Vorgang des Gehens abzuleiten. Man könnte dabei an die Figur von Quinn bei Paul Auster denken, die einen Weg voller Haken durch New York einschlägt, bei dem ein merkwürdiges Muster entsteht, das als Buchstaben gelesen werden kann, die helfen, eine geheime Botschaft zu entziffern.

Zusammengefasst könnte man daher sagen: Jede sprachliche Artikulation und Aussage, jeder Gesang, jeder rhetorische Versuch und zuletzt die Schrift lassen sich auf eine Sprache im Sinn eines Zeichensystems oder einer Formalisierung zurückführen, die aus dem Akt, dem körperlichen Vorgang des Gehens und der dabei ausgeführten Gehfiguren hervorgeht. So wie man den Gedanken freien Lauf lässt, so gehen Schritte in ein Zeichensystem und in eine Sprache über. Was de Certeau auf wissenschaftliche Weise unternimmt, erfolgt bei Auster auf eine einfallsreiche literarische Art.

Der Schritt des Dichters

Noch ein Schritt weiter, und wir sind beim Thema Versfuss angekommen. Im Gehen wird mit den Füssen eine Wegstrecke zurückgelegt, abgeschritten, abgemessen. Daher der Fuss («foot») als englische Masseinheit (0,3048 Meter). Die Bezeichnung «Meter» (von gr. métron», Mass) wurde in Frankreich am Ende des 18. Jahrhunderts von der Nationalversammlung als Grundmass eingeführt, in Deutschland 1868 durch Reichsgesetz. Der Meter entspricht heute der Distanz, die das Licht im Vakuum in einer 299792458stel Sekunde zurücklegt.

Der Körper wird also nicht nur, wie Michel de Montaigne sagte, eingesetzt, um «an den ewigen Belohnungen teilzunehmen», er wird auch zu ganz irdischen und gelegentlich künstlerischen Zwecken verfügbar gemacht. Wie der Meter als Massstab für die Längenberechnung verwendet wird, legt die Metrik in der Poetik das Versmass fest. Ich gehe, also dichte ich. Dichten ist etwas, das mit den Füssen geschieht. So, wie jemand zur Tat schreitet. «Fuss» heisse die metrische Einheit, erklärte der französische Germanist Pierre Bertaux in seiner beeindruckenden Untersuchung «Friedrich Hölderlin», weil «damals, zur Zeit der Griechen, Gesänge und Gedichte mit dem Fuss skandiert wurden». Ob sich ein Zusammenhang zwischen dem Versmass des Jambus und dem Bein (franz. «jambe», vergleiche franz. «jambon», Schinken) ergibt, lässt sich etymologisch nicht feststellen. Auf jeden Fall sind die Füsse ein fabelhaftes Schreibwerkzeug. Was damit gemeint ist, ist das Verfertigen von Versen, Gedanken, Gesängen gehenderweise. Durch Gehen zum Schreiben kommen, bringt es Robin Jarvis auf die Formel. Auf Englisch hört es sich ungleich besser an: «Walking generates writing.» Das Gehen verursacht das Schreiben. Es geht ihm voraus.

Vieles, was diesen Sachverhalt veranschaulicht, lässt sich am Beispiel Hölderlins bei Bertaux nachlesen. Friedrich Hölderlin (1770–1843) war ein «rüstiger Wanderer», auch noch nach 1807, als er zum Schreinermeister Ernst Zimmer in Tübingen in Pflege kam. Er konnte «mühelos fünfzig Kilometer, und notfalls mehr als das, am Tag zurücklegen, am folgenden Tag weiterwandern, und sich dabei wohl, ja am wohlsten fühlen». Solche «Gewaltmärsche» (Bertaux) wirkten sich auf sein psychisches Gleichgewicht günstig aus (Nietzsche sprach davon, dass «ungeheure Märsche» gut seien gegen die «extreme Verletzlichkeit» des Genies).

Zu Beginn seiner Universitätszeit im Tübinger Stift unternahm Hölderlin einmal einen Ausflug nach dem Kloster Maulbronn, um seine damalige Geliebte Louise Nast zu treffen. Das waren 18 Stunden hin und 18 zurück, «um mit der Geliebten ein paar Stunden zu verbringen».

An Ostern 1791 reiste Hölderlin mit den Freunden Hiller und Memminger in die Schweiz. In der «Vogelfluglinie» betrug der Reiseweg «etwa 400 km: eine wohlausgefüllte Osternvakanz», stellt Bertaux dazu fest.

Andere Reisen Hölderlins hat Bertaux ebenfalls dokumentiert: Pfingsten 1794, weil er sich und die Welt «in voller Unabhängigkeit geniessen» wollte; im Winter 1794–95, als er «eine kleine Fussreise» nach Halle, Dessau und Leipzig unternahm, wobei er in sieben Tagen 210 Kilometer zurücklegte. Er hatte sich während des vorausgegangenen Winters «ziemlich müde gesessen» und litt an einem «Mangel an Bewegung», den er durch diesen «Spaziergang» kurieren wollte. Als ihm die Hofmeisterstelle bei einem holländischen Kaufmann in Offenbach angetragen wurde, sah er vor, von Jena nach Frankfurt zu Fuss zu gehen und sich dabei zu «menagiren», das heisst ein Tagespensum von acht Stunden am Tag in schnellem Lauf zurücklegen, zwischen 40 und 50 Kilometer am Tag.

Die Reise nach Bordeaux, im Dezember 1801 angetreten, ging über Strassburg und weiter nach Lyon. Die Strecke von dort nach Bordeaux beträgt ungefähr 600 Kilometer, Hölderlin legte sie in 19 Tagen zurück, «zum grössten Teil oder ganz zu Fuss» (Bertaux), in schonenden Tagesetappen, aber «in Sturm und Wildnis, in eiskalter Nacht und die geladene Pistole neben mir im rauhen Bett» (Hölderlin), über die Höhen der Auvergne. (Später hat Bertaux seine Angaben ergänzt und sich auf das «Carlsruher Conversations-Taschenbuch für das Jahr 1826» berufen, aus dem hervorgeht, dass die Postkutsche 18 Tage von Lyon nach Bordeaux brauchte, was mit Hölderlins Angaben für die Abreise in Lyon und Ankunft in Bordeaux übereinstimmt. Damit bleibt offen, auf welche Weise Hölderlin die Strecke zurückgelegt hat. Überraschend ist höchstens, dass er, wäre er zu Fuss unterwegs gewesen, nicht mehr Zeit gebraucht hätte als die Post.)

Die grossen Fussmärsche hören 1807 im Haus Zimmer in Tübingen auf. Bertaux gibt dafür genaue Gründe an. Hölderlin hätte sich um seine Rente gebracht, wenn er sich auf seine Wanderungen wie in früheren Zeiten begeben hätte. Die Pension sollte nur ausbezahlt werden, bis er wieder hergestellt sei; Bertaux leitet daraus seine These ab, dass Hölderlin nie wahnsinnig war, wie immer wieder unterstellt worden ist. Hätte er mehrtägige Wandertouren unternommen, wäre er als geheilt angesehen worden.

Zurückgezogen in einsiedlerischer Art im Turm in Tübingen lebte er trotzdem nicht. Das Zimmer verliess er nur zum Essen, Kaffeetrinken und Klavierspielen. Die meiste Zeit ging er in seinem Zimmer, im Hausflur oder im sogenannten Zwinger, einem Gang zwischen dem Haus und dem Neckar, auf und ab: «alle Tage mit gewaltigen Schritten», vier, manchmal fünf Stunden am Tag, wie Ernst Zimmer oder Hölderlins Besucher, zum Beispiel Wilhelm Waiblinger, überliefert haben. Dabei fällt einem Karl Marx in seinem Londoner Exil ein, der auf den abgewetzten Teppichen hin und her ging (Kapitel 2).

Die Zeitgenossen haben von Hölderlin auch berichtet, dass er vor allem im Sommer frühzeitig aufstand und grosse Spaziergänge «ausser dem Hause» (Ernst Zimmer an Hölderlins Schwester), in der Umgebung Tübingens, machte. Daran gab es wegen der Pension offenbar nichts auszusetzen. Andere geben an, dass er erst nach dem Eindunkeln zurückgekehrt sei. Vielleicht, um nicht gesehen zu werden. Die Besucher haben auch wiederholt auf Hölderlins Unruhe und innere Getriebenheit hingewiesen, die in Wirklichkeit nur verzweifelte Versuche waren, ein starkes, geradezu überdurchschnittliches Bewegungsbedürfnis in einer eingeschränkten Lebenssituation zu unterdrücken. Fest steht, dass er mit 65 Jahren «noch so munter und lebhaft» war, «als wenn er erst 30 wäre» (Ernst Zimmer an Hölderlins Schwester).

Das Wandererlebnis war für Hölderlin eine körperliche Erfahrung, aber nicht weniger, wie Bertaux sagt, auch «ein kosmisches Erlebnis». Tatsächlich machen die zahlreichen Gedichte mit dem Wanderthema («Der Wanderer», «Der Spaziergang», «Der Gang aufs Land», «Das fröhliche Leben» aus der Spätzeit) die Bedeutung deutlich, die der Dichter dem Gehen beimass. Im Wandern habe Hölderlin «die Welt als immergegenwärtiges Göttliches» erlebt, und zwar «nicht nur durch die Betrachtung der Landschaft, sondern auch ebensosehr durch die aktive, physische Beteiligung des Laufens, des Atmens, des Herzschlags».

Es kommt hinzu, dass er «beim Spazieren dichterisch produktiv war», wie Bertaux bemerkt, wobei mit dem Spaziergang nicht die überlieferte bürgerliche Gehweise in Betracht kommen kann. Bertaux meint vielmehr, dass Hölderlins Gedichte «im Schreiten komponiert» wurden. In einem Brief als Achtzehnjähriger schrieb Hölderlin an seine damalige Geliebte Louise Nast:

Ich mache wirklich über Hals und Kopf Verse – ich soll dem braven Schubart ein Paquet schiken. Auf meinen Spaziergängen reim' ich allemal in meine Schreibtafel – und was meinst Du? – an Dich! an Dich! und dann lösch' ichs wieder aus. Diss hatt' ich eben gethan, als ich vom Berg herab Dich kommen sah. (Hölderlin hatte offenbar dem Dichter, wegen freiheitlicher Äusserungen zu zehn Jahren verurteilten Staatsgefangenen und späteren Theaterdirektor Christian Friedrich Daniel Schubart eine Anzahl Gedichte zur Veröffentlichung in dessen Chronik zugestellt, Anm. A.S.)

Auch gesprochen haben muss Hölderlin unterwegs viel, wie aus einer Stelle aus einem Brief von Anfang 1801 an den Bruder Karl hervorgeht: «Wie vieles hab' ich Dir auf der Stelle, indem ich meines Weges gieng, im Geiste geantwortet!»

Aufschlussreicher sind in diesem Zusammenhang jedoch die Untersuchungen, die Bertaux in Bezug auf Versmass und Tempo des Gangs beziehungsweise das motorisch geprägte Temperament Hölderlins und das Verhältnis zu seiner Dichtung angestellt hat. Er vergleicht die Hexameter in Goethes «Hermann und Dorothea» und Hölderlins «Archipelagus», misst beide mit dem Metronom und kommt zum Ergebnis, dass Goethe 60 Schritte in der Minute zurückgelegt haben muss, Hölderlin dagegen 80. Er sieht Goethe «in langsamen Schritten um den Tisch» gehen (Tempo 60), während Hölderlins Hexameter, mit dem Schritt des «rüstigen Wanderers» vorgetragen, ein Tempo von 80 Schritten in der Minute ergibt, weil das Gedicht «in diesem Tempo konzipiert wurde».

Hölderlins Dichtung steht unter dem Zeichen des Schreitens, wie Bertaux deutlich macht. Jeder geschriebene Satz ist ein gesprochener und kann daher erst richtig verstanden werden, wenn er laut gelesen wird, «und zwar im richtigem Tempo: im Schritt». Jedes Wort, die Prosa ausgenommen, ist «ein aktives, bald ein schreitendes, bald ein wie bei Paul Valéry tanzendes Wort», das der Schwerkraft, der Sedimentierung, entrissen ist.

Schliesslich entdeckt Bertaux im elegischen Versmass des Pentameters, wo nach dem dritten und sechsten Fuss eine stimmlose Pause folgt, ein Aussetzen der Stimme, sodass man meint, das Schluchzen des Schreitenden hören zu können. Bei Klaus Jeziorkowski liest man, dass die Elegie die literarische Form der körperlichen und rhythmischen Bewegung sei, die das einfache Gehen ebenso umfasst wie das Tanzen.

Die starke motorische Unruhe, die innere Gereiztheit, das stundenlange Hin- und Hergehen, das viele Besucher bei Hölderlin beobachtet haben, kann also nur schwer als Symptom einer katatonischen Schizophrenie gedeutet werden, wie Adolf Beck, der Herausgeber der Stuttgarter Ausgabe von Hölderlins Werken, dies getan hat. Näher liegt es, darin eine rhythmische und sprachliche, letztlich dichterische Übung zu sehen, die Hölderlin bis zuletzt nicht aufgegeben hat.

Dichtendes und philosophierendes Ich

Dieser Gedanke kann noch weitergeführt werden, wenn man in Betracht zieht, dass Bertaux von Hölderlin sagte, er sei kein Denker «im üblichen Sinn des Wortes», sondern «eben ein Dichter». Im Unterschied zum «üblichen» Denken, das geradeaus geht, das ein logisches, lineares, konsequentes, das heisst fortschreitendes, sequenzielles Denken auf ein definiertes Ziel hin ist, muss das «poetische» Denken beziehungsweise Dichten als ein eidetisches, assoziatives Verfahren verstanden werden: als Denken in Bildern, und aus diesem Grund als Dichten, als freie, durch keinerlei Vorsatz oder Vorschrift bestimmte Entfaltung. Diese poetische Praxis ist nicht geradlinig und zielstrebig wie das logische Denken, sondern abschweifend, es sucht mit jedem Schritt einen Weg, lässt sich auf keine Linie festlegen und folgt den «krummen Wegen», von denen William Blake gesagt hat, dass es Wege des Genies seien.

Nach allem Gesagten ist der wiederholte Hinweis auf den Tanz als Gehbewegung und als körperliche, vitale Bewegungsform in diesem Zusammenhang auffallend. In Schillers Gedicht «Der Spaziergang», aber auch in Hölderlins «Gang aufs Land» sieht Jeziorkowski «Choreografien für Körper, Kopf und Herz in einem Grad, der weit über das willentliche und bewusste Vermögen und die inszenierte Absicht» hinausführt. Daktylischer Gang sowie rhythmischer Klang der Verse ebenso wie ihre rhetorische Energie setzen das «sprechende» (also auch dichtende) Ich in Bewegung und übersetzen den Schwung der sich bewegenden Beine und Arme «in den Schwung des Herzens und des Kopfes».

Ob daraus gleich, wie es schon gesehen ist, ein Zusammenhang zwischen Poesie und muskulärer Tätigkeit abgeleitet werden kann, ist vielleicht doch ein etwas gewaltiger Luftsprung, Da leuchtet der Einfluss von Atmen und Artikulation und vielleicht sogar aufrechtem Gang auf die dichterische Inspiration noch eher ein. Der Rap wäre dann, wenn man die Silbe als denkbar kleinste Artikulationseinheit annimmt und auf den Sprachfluss verzichtet, das Ende der heute erreichten Entwicklung, die mit Homer begann. Eine entsetzliche Hypothese.

Was Valéry festgestellt hatte, dass der Rhythmus (also der Körper) dem Wort und der Wortschöpfung vorausgeht, ist eine Feststellung, zu der auch Robin Jarvis gelangt. Er meint, dass in der englischen Lyrik, als am Ende des 18. Jahrhunderts die Dichter («the poetry-writing classes») die körperliche Freiheit der ausgiebigen Wanderungen entdeckten, dazu neigten, den Blankvers als metrische Struktur anzuwenden, weil der muskuläre Rhythmus am besten geeignet war, «das Gehen und die Dichtung in eine intuitive Wechselbeziehung zu bringen».

Besonders bezieht er diese Einsicht auf die Person des Dichters William Wordsworth. Die Vertreter der englischen romantischen Schule, die sich nach 1800 im Lake District niederliessen (neben Wordsworth Coleridge, De Quincey, Keats und andere), waren alle im gleichen Mass grosse Poeten wie ausgiebige und gewohnte, geübte, passionierte Geher, Wanderer und Marschierer (Kapitel 5).

Wordsworth war ein Fussgänger-Dichter (a «pedestrian poet», Seamus Heaney), der das Gehen nicht lassen konnte. Er zog es vor, im Freien und im Gehen zu dichten. Jarvis schreibt sogar von einem «hypnotischen, metronomischen Gehen». Das Gehen gehörte zu seinem habituellen Umgang. Gehen, um zu dichten, bestand für ihn im Versuch, einen körperlichen Rhythmus zu finden als Grundlage für die dichterische Praxis. In dem kleinen Garten hinter Dove Cottage in Grasmere im Lake District, der in wenigen Schritten von einem Ende zum anderen durchquert war, auf engstem Raum, und später an seinem Wohnsitz in Rydall entstand ein grosser Teil seines Werks und müssen die mehr als 175-180 000 Meilen, von denen De Quincey gesprochen hat, zurückgelegt worden sein, auf denen er seine Gedanken in eine literarische Form gebracht hat.

William Hazlitt hat in seinem Essay «My First Acquaintance with Poets» eine Begegnung mit Samuel Taylor Coleridge beschrieben und eine kleine Begebenheit wiedergegeben, die den Unterschied aufzeigt, wie Coleridge und Wordworth gedichtet haben.

> Coleridge hat mir erzählt, dass er selber am liebsten dichte, wenn er über unebenen Grund gehe oder sich einen Weg über verstreut liegende Äste quer durch das Dickicht bahne; während Wordsworth immer (wenn er konnte) im Auf- und Abgehen auf einem ebenen Kiesweg (im Original «gravel-walk») schrieb oder an irgend einem Ort, wo der Fluss seiner Verse durch kein kollaterales Hindernis gestört werde.

Sollte die Anekdote nicht stimmen, wäre sie hübsch erfunden. Berühmt ist sie wie in der Literatur auf jeden Fall. Im Übrigen wirkt sie ein ferner Gruss an die Passage bei William Coxe, wo er die Vorzüge des unebenen Weges hervorhebt, auf dem man mehr sieht als auf den schnurgeraden Wegen in der Ebene.

Was Hazlitt überliefert hat, hat der amerikanische Philosoph und Schriftsteller Ralph Waldo Emerson (1803–1882) während einer Reise im Jahr 1833 nach England an Ort und Stelle bestätigt. Er besuchte William Wordsworth in Mount Rydall. Viel war zwischen den beiden Männern von gehen («walking») die Rede. Zum Schluss führte der Engländer seinen Gast, der die Begegnung in «English Traits» wiedergegeben hat, in den Garten und zeigte ihm den Kiesweg («gravel walk», ohne Bindestrich wie bei Hazlitt, um genau zu sein), auf dem er Tausende seiner Verse gedichtet hatte und auf den Hazlitt angespielt hat.

In seiner Beziehung zu Coleridge erinnerte sich Wordsworth später, dass dieser sich nicht an die Hauptstrasse halten wollte, «sondern eine Absperrung übersprang und den Weg hinunter über weglose Felder einschlug und eine Abkürzung nahm». In einem Brief meinte Coleridge selber, dass er es in der dichterischen Praxis vorzog, das «weiche, grüne, unwegsame Feld der Erfindung zu wählen», anstatt die «weiläufige, staubige, ausgetretene Hauptstrasse der Diktion» zu begehen. Wenn er über Hügel und durch Täler zog, war er in der Lage, «die Landschaft in ein didaktisches Gedicht oder eine Pindar'sche Ode umzusetzen», hat Hazlitt von Coleridge gesagt. Der Dichter auf Ab- und Umwegen, die er bewusst wählt und beschreitet, um desto sicherer an das Ziel des poetischen Ausdrucks zu kommen.

Nicht ganz das Gleiche, aber auch nicht etwas ganz anderes ist es, wenn Michel de Montaigne sagte, er führe sein Urteil oder Urteilsvermögen spazieren («promener mon jugement», Herbert Lüthy hat den Ausdruck «jugement» mit Denken übersetzt). Weil er sich mit seinen Gedanken, Auffassungen, Ansichten auf den Weg macht, auf den Weg schlechthin. Er setzt seine Fähigkeit zu urteilen und zu unterscheiden in Bewegung um, er bringt sie auf den Weg und lässt ihr freien Lauf.

Das Motiv des Gehens verwendet Montaigne überraschend häufig. So sagt er im Essay «Von der Eitelkeit», er liebte «die hüpfende, springende Gangart der Poesie», also eigentlich das abschweifende Vorgehen, sie sei, nach Platon, «eine leichtfüssige, flüchtige, vom Dämon beschwingte Kunst».

Ich gehe auf Abwechslung aus, hemmungslos und aufs Geratewohl. Mein Stil schlendert umher wie mein Geist. (Mon style et mon esprit vont vagabonder de mesme.)

Was Lüthy mit Schlendern übersetzt, heisst bei Montaigne «vagabonder», wörtlich übersetzt vagabundieren, im übertragenen Sinn so viel wie umherschweifen, suchen, unterwegs sein, weil es kein Ziel gibt, unter Umständen sogar streunen. Eine gewisse ziellose Bewegung, die zu Montaignes Denken genau passt, soll damit ausgedrückt werden. Im Essay über die Kindererziehung gesteht Montaigne ein, seine Vorstellungen und Einfälle tappten im Dunkeln und suchten sich «schwankend, strauchelnd, stolpernd einen Weg». Montaigne fängt ohne «Projekt», ohne bestimmte Idee, an, der erste Schritt bringt den zweiten hervor, der zweite den dritten. So lässt er sich von von Einfall zu Einfall tragen oder treiben und lässt sich davon überraschen, wo er am Ende ankommt.

> Wer sieht nicht, dass ich einen Weg eingeschlagen habe, auf dem ich ohne Ende und ohne Mühe immer weiter gehen werde, solange es nur Tinte und Papier in der Welt gibt.

Hugo Friedrich hat in Montaignes Bewegungsvokabular die «Veränderlichkeit» als zentrales Motiv seines Denkens herausgelesen. Alles bewegt sich, wogt, pulsiert, nichts ist beständig. Er hat deshalb von einem «heraklitischen» Weltbild Montaignes gesprochen und die offene Form des Essays auf die «fliessende» Denkweise des Autors zurückgeführt. Sie gleiche «einem Spaziergang, und Montaigne will das so». Der Essay ist unter dieser Voraussetzung «das Organ eines Schreibens, das nicht Resultat, sondern Prozess sein will». Weil Montaigne so und nicht anders dachte, bot sich der Essay, die essayistische, vorwärts tastende, versuchsweise vorgehende, ausprobierende Schreibweise, als einzige mögliche Form an. Was bei Rousseau, wenn er über sein Bedürfnis nach Bewegung schreibt, zu einer körperlichen Aktion und Erfahrung führt, bestimmt bei Montaigne seine Praxis als Schriftsteller, seinen Gedankengang.

Mobile und sitzende Lebensweise

Beim einen wie beim anderen bleibt zuletzt oder von allem Anfang an der Drang zu gehen bestimmend. Er entspricht einem Lebens- und Daseinsbedürfnis, das im Gegensatz zur sitzenden Lebensweise steht. Entweder gehen oder sitzen wir, so wie wir entweder durch die Welt reisen oder zu Hause bleiben und aus dem Fenster oder auf den Bildschirm schauen. Bewegung oder Stillstand – ein Drittes gibt es nicht. Wir sind entweder ein Homo ambulando oder ein Homo sedentarius, wir machen uns entweder auf den Weg, brechen auf, ziehen los, oder wir lassen uns vom Müssiggang befallen und rühren uns nicht von der Stelle. Diese Alternative bezieht sich nicht allein auf die reinen Körperfunktionen, sondern betrifft in einem viel weiter gezogenen Rahmen auch sämtliche Manifestationen des Lebens, die innere Einstellung, das Denken.

Wer sich mit dem Thema Gehen auseinandersetzen will, kommt um dieses Oppositionspaar gehen und sitzen nicht herum. Les Snowdon und Maggie Humphreys haben überlegt, was wir im Leben falsch machen, und sind zur Einsicht gekommen: Wir sind «sesshaft» geworden. Wir sitzen zu viel herum. Ihr bescheidener Ausreissversuch heisst: Walking. «wir leben wie tiere, die nie aus dem stall herauskommen», hat der Wüstenwanderer otl aicher gesagt. (Auch ich sitze beim Schreiben dieses Buchs, anstatt dass ich den Computer abstelle und in den Bergen wandere. Aber das hole ich nach.)

Nietzsche misstraute dem «Sitzfleisch», während Gottfried Benn im Gedicht «Radio» mit sarkastischem Vergnügen bemerkte, alles, was das Abendland «sein Höheres» nenne, im «männlichen Sitzen produziert» sei. Er indessen, Benn, ziehe «Seitensprünge» vor, auch dann, wenn er, wie er sagte, nie aus Brandenburg hinauskomme. Die Menschen sind heute mehr an Sitzungen als irgendwo sonst. Der Computer hat den Menschen noch sesshafter gemacht, als es dem Ackerbau vor Tausenden vor Jahren und der industriellen Revolution vor 150 Jahren gelungen ist. Die Börsenjobber standen früher wenigstens noch am Ring, heute schauen sie gebannt auf den Bildschirm, vor dem sie sitzen, und hoffen auf die von der City erwartete Hausse, der die ebenso grosse Baisse in regelmässigem Abstand einen Strich durch die Rechnung macht.

So viel Sitzen ist fatal. Kein Wunder, läuft nichts mehr, stockt alles und breitet sich eine Lähmung aus. Oder aber wird das Gehen zu einem virtuellen Akt und Ersatz, zu einem Gehen und Treten an Ort und Stelle wie im Fitness-Studio.

Seitdem der Stuhl zum repräsentativen Zivilisationsmöbel par excellence geworden ist, gehen wir auf eine «zivilisatorische Paralyse» zu, wie Vintila Ivanceanu und Josef Schweikhardt bemerkt haben. In ihrem Buch «ZeroKörper» über den «abgeschafften Menschen» sprechen sie vom «Drama der Verstuhlung» des Menschen. Die Welt ist ein Stuhl: Schaukelstuhl, Fahrstuhl, Gebärstuhl, elektrischer Stuhl. Als ob auch ein Weg wäre, wo ein Stuhl ist. Es geht nicht. Man merkt gleich, was für eine paradoxe Sache es wäre, wenn der Stuhl den Weg oder wenigstens das Ziel ersetzen würde. Auch das Auto ist zuletzt ein Stuhl auf Rädern, eine moderne Prothese, die das Versprechen in Umlauf setzt, die Welt zu erschliessen, während sich die Auto Fahrenden nicht von der Stelle bewegen. Sie sitzen, wenn sie am Ziel aussteigen, immer noch an der gleichen Stelle, auf dem gleichen Untersatz, wie bei der Abfahrt.

Das Verhältnis von Bewegung und Sesshaftigkeit ist seit dem Übergang von der nomadischen Lebensweise zum ortsgebundenen Ackerbau im Neolithikum ein Thema, das die Menschen bewegt hat. Es wäre verkehrt, die Nomaden zu idyllisieren, aber ihre symbolische, über das Thema hinausweisende Bedeutung ist von aussagekräftiger Bedeutung. Die Men-

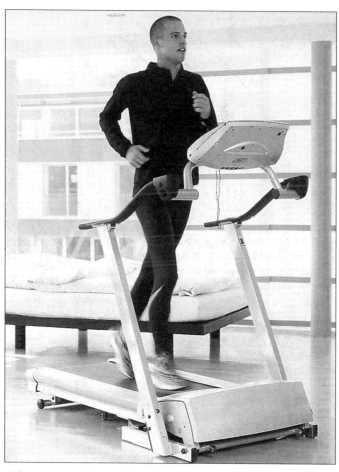

Kilometer zurücklegen, ohne sich von der Stelle zu bewegen. Läufer auf einer Treadmill.

Das Gehen machte ihm ein stilles Vergnügen.

Robert Walser

schen waren zuerst Jäger und Sammler, bevor sie sich niederliessen und anfingen, das Land zu kultivieren.

Wo die Füsse sind, da ist die Heimat, sagt das römische Recht. Die älteren Inuit in Labrador berufen sich auf ihre Vorfahren, wenn sie ihre Landansprüche einfordern und ihre Rechte geltend machen. «Weil unsere Vorfahren hier gegangen sind, gehört das Land uns», sagen sie. Aldo Leopold, der amerikanische Land-Ethiker, meinte im gleichen Sinn, dass es, Grundbuch hin oder her, eine Tatsache sei, «dass bei Tagesanbruch alles Land, über das ich laufen kann, allein mir gehört». Das ist der Anspruch des Naturrechts. Die Erzählung «Wieviel Erde braucht der Mensch?» von Leo Tolstoi ist die Negativ-Illustration dazu. Am Ende sind es zwei Quadratmeter Erde für das Grab.

Mit dem Beginn von Ackerbau und Sesshaftigkeit wird das Recht auf Land aus der Überlegung abgeleitet, dass es demjenigen gehören soll, der es bebaut und die Früchte des Feldes erntet. Das ist die christlich inspirierte, gottgefällige Legitimation. Die biblischen Gestalten von Kain und Abel sind die Exponenten der zwei unterschiedlichen Auffassungen. Der Nomade, der fortzieht, ist der Gegentypus dessen, der bleibt und stationär lebt. Die wenigen Nomaden, die heute noch leben, zum Beispiel die Massai in Kenya und Tanzania, werden immer mehr zurückgedrängt und des Rechts, sich frei mit ihren Herden auf dem Land zu bewegen, beraubt, auch dann, wenn das Land sonst nichts hergibt. Nicht einmal einen Golfplatz. Es handelt sich hier um einen innerafrikanischen Kolonialismus. Dass die Menschen in den Amazonaswäldern, die autochthone Bevölkerung, den neuen Nomaden, den Einwanderern, Migranten, Arbeitssuchenden aus anderen Teilen Brasiliens auf der Suche nach Land und Lebenschance, Platz machen müssen, ist die paradoxale oder eigentlich verkehrte Erweiterung des Problems.

Die Entwicklung führen Ivanceanu und Schweikhardt konsequent weiter bis zu den «Highwaynomaden»: «Autostoppern», «Interrail-Benützern» und «Schnellfliegern», diesen «Gehbehinderten der Sesshaftigkeit», wie sie sagen, «die ihren ‹Nomadismus› als Rehabilitationsübungen pflegen».

Gehen, aber wie? Und warum? Um anzukommen? Sicher nicht. Es sieht alles danach aus, als müssten die Menschen in der Enge der Sesshaftigkeit, in die sie sich selber manövriert haben, einen Notausgang finden und eine Hintertür öffnen, einen Auslauf, um in freier Luft doch noch atmen zu können.

Das scheint ein Bedürfnis, auch ein geistesgeschichtliches, zu sein, das weit verbreitet ist. Die halbe Menschheit mag in der Sesshaftigkeit zufrieden sein und nicht mehr weder erwarten, noch begehren. Für die anderen ist es viel zu wenig. Ein schöner Moment, wo der angedeutete Reserveausgang geöffnet wird, ist vielleicht derjenige, in welchem sich der Schweizer Naturforscher Johann Jacob Scheuchzer auf den Weg in die Alpen begibt. Er verfolgt dabei eine doppelte Absicht: etwas für seine Gesundheit zu tun und zugleich seine naturwissenschaftlichen Kenntnisse, die für ihre Zeit noch begrenzt waren, zu erweitern. Dabei fiel ihm die robuste Konstitution der Bergbewohner auf, die so etwas wie Halbnomaden waren, wenn sie von Staffel zu Staffel zogen, und er stellt sie «gegen die weiche Lebens-Art zarter Höflinge, oder der Gelehrten bald immerwährendes Stillsitzen in ihren Studier-Stuben».

Auch Friedrich Schiller hat in seinem Versuch «Über das Erhabene» eine ähnliche Bemerkung gemacht, dass «kein Studierkerker, und kein Gesellschaftssaal» in der Lage wären, grosse Gedanken hervorzubringen. Der Charakter der Städter neige «gern zum Kleinlichen», während der Anblick unbegrenzter Fernen und unabsehbarer Höhen den Geist «der engen Sphäre des physischen Lebens» entreisse und der Sinn des Nomaden offen und frei bleibt, «wie das Firmament, unter dem er lagert».

Das könnte sehr wohl noch im Sinn einer Idealisierung des Nomaden gemeint sein, ein Leben mit offenen Sinnen ist auch in den Städten möglich, aber die Aussage ist, ebenso wie die Absicht Scheuchzers, klar: Das Leben kann sich nur im Freien und in Übereinstimmung mit einem «Denken des Draussen» entfalten (Michel Foucault). Es ist ein Denken, das sich gehend, mit den Füssen vorwärts bewegend und schreitend, im Raum ausbreitet und einen Bezugspunkt ausserhalb von sich sucht, den es im geschlossenen Raum, also gewissermassen in sich selbst, innerhalb der eigenen Ordnung, nicht finden kann. Wer geht, erschliesst einen anderen, einen weiten Horizont. Ein Nomaden-Gehen, körperlich und geistig, ist dazu unerlässlich. Wenn Gilles Deleuze Nietzsche ein «Nomaden-Denken» bescheinigte, dann meinte er damit eine Art zu denken, die sich jeder Reglementierung und Repräsentation, jeder Indienstnahme und Verwertbarkeit entzieht und zuletzt danach strebt, sich von der Wahrheit zu befreien, wenn es sich nicht bereits tatsächlich davon befreit hat und es ihm auf diese Weise gelungen ist, seine Autonomie zu erlangen.

Der Nomade wird, wenn er keiner Romantisierung unterworfen wird, nichts hinter sich zurücklassen als den zuletzt aufgegebenen Rastplatz, die flach getretene Erde, wo das Zelt stand, die erloschene Feuerstelle. Anders gesagt: Das Denken ist unterwegs oder es ist kein Denken. Es ist jedes Mal schon ein Stück weiter, wenn man seine Spur in der Erde gefunden und aufgenommen hat. Oder noch einmal anders gesagt: Das Gehen, die Bewegung, die Veränderung sind das, was den Menschen definiert (aber nicht eingrenzt). Leben mit den Füssen, nicht mit den Händen. Mit den Füssen geht man, mit den Händen klammert man sich fest. Aber wozu, wenn alles im Wandel ist? Das Flüchtige ist das einzige Feste und Beständige, mit dem man sicher rechnen kann.

Unter diesen Umständen verkörpert der Nomade die Skepsis, die Unruhe, den Aufbruch, die Passage, der Sesshafte dagegen die unerschütterliche Gewissheit und die bürokratische Verwaltung des Raums. Man erinnert sich in diesem Zusammenhang, dass Immanuel Kant in der Vorrede zur ersten Auflage der «Kritik der reinen Vernunft» die Skeptiker «eine Art Nomaden» genannt hat, «die allen beständigen Anbau des Bodens verabscheuen» und auf diese Weise «von Zeit zu Zeit die bürgerliche Vereinigung» auseinanderdividieren. Der Skeptiker ist ein Suchender mit einer mobilen Art zu denken.

Nomade und Sesshafter vertreten mithin zwei divergierende Formen der Erkenntnis und Wissensaneignung. André Leroi-Gourhan hat dazu bemerkt:

> Die Wahrnehmung der umgebenden Welt erfolgt auf zwei Wegen, der eine ist dynamisch und besteht darin, den Raum zu durchqueren und dabei von ihm Kenntnis zu nehmen, der andere Weg ist statisch und gestattet es, um sich herum die aufeinanderfolgenden Kreise anzuordnen, die sich bis an die Grenzen des Unbekannten erstrecken.

Sesshaftigkeit ist eine ortsgebundene Sitzfähigkeit, die zur Vermehrung des Besitzes führt. Die Erde ist ein wertvolles Gut. Viel wertvoller ist sie, wenn man einen Zaun um ein Stück Erde zieht und erklärt: Das gehört mir! Die Wahrnehmung des Sesshaften, dessen, der sitzt, hört an den Grenzen des Besitztums auf, während der Nomade sie für seinen Teil immer weiter hinausschiebt, um seinen Lebensraum zu erweitern. Wenn der Augenblick gekommen ist, zieht er weiter und sucht einen neuen Platz zum Verweilen, eine neue Lagerstätte, einen neuen Horizont. Er verkörpert/beansprucht keinen Besitz, beansprucht freilich auch keinen, sondern hält sich an ein Denken (und Leben), das sich von allen Formen von Abhängigkeit ge-

löst und befreit hat; das sich emanzipiert und selbstständig gemacht; das auf dem Weg ist.

Denn Denken ist Bewegung. Wer kein Land besitzt, hat
keinen Ort zum Bleiben und muss weiterziehen. Er muss, was
ihm an Land ermangelt, durch ein anderes Produktions- und
Ertragsprinzip ersetzen, das in der Fähigkeit besteht zu denken,
zu analysieren und zu urteilen. Wissen ist die Alternative zum
Besitz, dem es durch einen Wissensvorsprung zuvorkommen
muss. Nur so ist es möglich, sich auf dem Laufenden zu halten.
Aber dann ist, wer so handelt, im denkbar besten Sinn des
Wortes bewandert.

Jeder Schritt ist eine Potenzialität

Dass im Gehen Beobachtungen gemacht werden, die weiter
gehen als beim Reisen, und Fremdes aufgenommen wird, das
durch die langsame, gleichsam mikroskopische Betrachtung
vertieft wird, wodurch das Wissen in ganz anderer Weise vermehrt wird als der Besitz durch Aneignung, haben wir gesehen. Ich gehe, also weiss ich Bescheid. Ich komme voran, also
erweitere ich mit dem Bewegungsradius auch zugleich mein
Wissen. Was an Ländern, Maschinen, Strassen, Festungen, Armeen, an Stühlen und Bürokratien sowie neuerdings an Über-
wachungsanlagen, Rasterfahndungstechnologien, Nachtsicht-
geräten, Aufklärungsdrohnen fehlt, muss der nomadische
Mensch durch eine Fähigkeit zur Übersicht und eine einfallsreiche, erfinderische Überlegenheit zur blitzschnellen Disposition und Umdisposition durch kleine Detachements und
Überraschungskommandos wettmachen.

Noch einmal: Gehen ist ein Grundbedürfnis, eine Grund-
voraussetzung des menschlichen Lebens und Denkens. Ohne
Gehen geht nichts. Wer geht, macht Fortschritte, kommt voran,

macht mehr Erfahrungen, versteht mehr. Wer dagegen zu viel sitzt, ermüdet schnell, hat keine Einfälle mehr und schläft zuletzt ein. Der empfindsame Autor Karl Gottlob Schelle schrieb:

> Menschen, die eine sitzende Lebensart führen und ihre Körperkräfte nicht üben, fühlen sich bald von einem Spaziergang erschöpft. Sobald dies der Fall ist, mischen sich körperliche Gefühle in den Empfindungszustand und es ist um die Freyheit des Gemüths geschehn.

Das Gleiche, jedoch nur mit einer etwas anderen Ausdrucksweise, hatte auch Michel de Montaigne schon gemeint: Ohne Beine kein Geist. Sie stehen in Wechselwirkung zueinander.

> Meine Gedanken schlafen ein, wenn ich sitze. Mein Geist geht nicht voran, wenn ihn nicht meine Beine in Bewegung setzen.

Und fast das Gleiche (also etwas Zwingendes) noch einmal. In einem Brief an die Schwester schrieb Hölderlin 1795, er habe sich «müde gesessen»:

> Diesen Winter über hab' ich mich ziemlich müde gesessen, ich glaubte, es wäre nötig, meine Kräfte wieder ein wenig aufzufrischen und es ist mir gelungen durch eine kleine Fussreise, die ich nach Halle, Dessau und Leipzig machte.

Wie ungesund das Sitzen an sich ist, hat schliesslich auch der von Kurt Wölfel ausgegrabene Michael von Loen in seinem Werk «Von den Mitteln die Gesundheit zu erhalten» 1752 festgestellt.

> Die armen Gelehrten und überhaupt alle diejenigen welche ihre Arbeit sitzend, mit Nachdenken, Überlegen und Schreiben ver-

richten müssen, ziehen sich dadurch allerhand Übel zu und werden nicht selten dickblütig und hypochondrisch. Diesen Leuten ist die Thon-Kunst, die Garten-Lust, die Gesellschaft artiger Leute, imgleichen reiten, fahren, spazieren gehen und dergleichen eine Artzney des Lebens.

Offenbar bleibt dabei nur die Frage, ob das Sitzen krank macht oder eher das Denken und Schreiben, das um das Sitzen meistens nicht herum kommt. Aber es gibt ja auch ein peripatetisches Denken.

Schelle hatte auch gemeint, wer zu schnell gehe, dessen bemächtige sich bald eine «peinliche Empfindung». Damit meinte er mit einem gewissen Raunen, dass der Körper erhitzt und von Mattigkeit befallen werden könne. Also bitte schön langsam gehen, nicht übereilt, sondern bedächtig, besonnen, vorsichtig, sonst wird man eine «wandelnde Maschine». Das war noch in der Anfangsphase des Spaziergangs, als die Menschen sich um des gesellschaftlichen Ansehens und allgemeinen Vergnügens ein bisschen Bewegung im Freien verschafften, in schöner Selbststilisierung sich vorwärtsbewegten und die edle, gezierte Gangart mit der Bezeichnung Lustwandel belegten. Aber schon Wilhelm Heinse hatte gemeint, dass Reisen «die natürliche Bestimmung des Menschen» sei und «stille sitzen und Phantasien schmieden» sein «unnatürlicher Zustand». Später hat Nietzsche gegen das Sitzfleisch «ungeheure Märsche» empfohlen, die dem Genie, dem er sie empfahl, gut tun würden.

Im zeitlichen Abstand der beiden Zitate von Schelle und Nietzsche kommt eine starke Steigerung des Bedürfnisses nach körperlicher Bewegung zum Ausdruck, das aber vielleicht schon längst umgekippt und in der Gegenwart beim virtuellen Laufen im Fitness-Studio und der modernen Walking-Industrie angekommen ist.

Alexandre Dumas hat in seinem Roman «Les Mille et un Fantômes» (1849) eine ebenso aufschlussreiche wie verstörende Bemerkung über das Gehen gemacht, wenn er schreibt:

Was mich betrifft, gehe ich wie die Anderen; ich bin die Bewegung. Gott bewahre mich davor, die Bewegungslosigkeit zu predigen. – Die Bewegungslosigkeit, das ist der Tod. Jedoch gehe ich wie einer jener Menschen, von denen Dante gesprochen hat, – deren Füsse geradeaus gehen, – in der Tat, – aber deren Kopf zur Seite seiner Absätze gedreht ist.

Schwer vorstellbar, wie das gehen soll. Es ist eine Körperbaufrage, vielleicht auch mehr. Vorwärts gehen, mit dem Blick zurück oder mit dem wie auf dem Schwenkdisplay der Digitalkamera gespeicherten Blick rückwärts auf das zurückliegende und zurückgelegte Land, der einem Blick in die Vergangenheit gleichkommt, der auf dem Weg in die Zukunft mitgenommen wird? Im Schnittpunkt dessen, was war und was kommt?

Nicht sitzen, nicht stehen bleiben, sondern gehen, auf einem Weg, der nicht begonnen hat und nicht aufhört, der mitten durch die Zeit und den Raum führt: durch die Zeit, die beim Gehen abläuft, und durch den Raum, der im Gehen erschlossen wird. Wie auch immer: Allein auf das Gehen kommt es an. Alles andere ist Stillstand, Stagnation, Erstarrung, Abschied. Eine deterministische Philosophie.

«Das Gehen ist ein Zu Leben Kommen», hat Paul Nizon geschrieben. «Ich setze mich zusammen. Im Gehen.» Er müsse als Schriftsteller laufen, um den Roman in Gang zu halten. Indem er durch die Stadt laufe, säe er, was er später ernten werde. «Ich laufe den Sätzen nach. Wenn man doch die Sätze aus sich herausstampfen könnte. Das Schreiben hat seine physische Vorstufe, Synkope.» Das führt Nizon zur Schlussfolgerung: «Roman gleich Wanderung.»

Wenn das stimmt, muss es auch im umgekehrten Sinn gelten können: Wanderung gleich Roman. Was ich beim Gehen erlebe, ist ein Roadmovie, ein Roman, eine Autobiografie (meine eigene). Der zurückgelegte Weg ist ein Lebensroman. Ich laufe um mein Leben.

Das Gehen geht dem Weg, der Zeit, dem Raum, der Erfahrung, dem Wort, dem Wissen, der Welt voraus.

Gehen ist der Anfang von allem, der Aufbruch, der erste Entschluss und erste Schritt, der erste Tag, die Umstellung auf eine andere Gangart. Nicht nur eine körperliche Leistungsfähigkeit ist damit verbunden, sondern auch eine umfassende Lebenseinstellung. Jeder Schritt ist eine Potenzialität.

Glossar der Gangarten

Bummeln – Harmloses Schlendern, Nichtstun. Schlachten-bummler, Weltenbummler (Trübner). Langsames Gehen, müssiggehen, sich schwerfällig umherbewegen, «etwa wie eine Glocke, deren tiefer Ton ‹bum› nachahmt» (Küpper). Schlendern, ohne Ziel durch die Strassen spazieren gehen (Duden). Das seit dem 18. Jh. in der Bedeutung hin und her schwanken bezeugte Verb geht vom Bild der beim langsamen Ausschwingen bum, bum! läutenden Glocke aus; daraus wurde schlendern, nichts tun (Etymologie).

Eilen – Zur Erreichung einer Absicht mit Geschwindigkeit gehen. Jemandem zu Hilfe eilen (Adelung). Sich in Eile, eilenden Fusses fortbewegen (Wörterbuch). Sich schnell fortbewegen (Wahrig).

«Abraham eilte in die Hütte» (1. Moses 18,6).

Ergehen, sich – Der Weg ist mir zu weit, ich kann ihn nicht ergehen. (Adelung). Ausgehen, fortgehen, spazieren gehen (Trübner). Sich durch Gehen Bewegung verschaffen, etwas spazieren gehen (Wörterbuch). Im Freien hin und her gehen und die frische Luft geniessen (Wahrig). An einem Ort spazieren gehen, lustwandeln (Duden).

Exkursion machen, eine – Einen Ausflug, besonders unter wissenschaftlicher Leitung zu Forschungs- und Bildungszwecken, unternehmen (Wahrig). Vgl. Exkurs, Erörterung in

Form einer Abschweifung. Wie Diskurs von lat. «currere», laufen, rennen.

Fahren – Sich bewegen, den Ort verändern, auf einem Fahrzeug oder Fuhrwerk fahren (Adelung). Fahren ist ursprünglich der umfassende Ausdruck für jede Art von Fortbewegung. Im Besonderen waren alle gemeint, die im Land umherzogen, von den fahrenden Sängern und Schülern bis zu den Landstreichern, die Fahrende genannt wurden. Gen Himmel, in die Grube, zur Hölle fahren. In neuerer Sprache auf die Benützung eines Fahrzeugs beschränkt (Trübner). Sich mit Hilfe einer antreibenden Kraft rollend oder gleitend fortbewegen (Wörterbuch). Wanderbetteln (Küpper). Schnelle Bewegung (aus der Haut fahren); Vorfahr(en), Nachfahr(en), Vorgänger, Nachfolger (Etymologie).

Flanieren – Müssig (d. h. mit Musse) umherschlendern. Veraltet für müssig gehen (Wörterbuch). Ziellos herumlaufen, langsam spazieren gehen an einem Ort, an dem man andere sehen kann und selbst gesehen wird (Duden). Aus dem Altskandinavischen «flana», hin und her gehen (Etymologie).

Vgl. Kapitel 4.

Footing (Neologismus) – Von engl. «foot», Fuss. Deutsch 1932 von Franz Hessel gebraucht.

Gehen – Den Ort vermittelst der Füsse verändern. Zu Bett, auf Reisen gehen, spazieren gehen. Den Ort verändern, ohne die Art und Weise zu bestimmen. Auch machen, handeln, verfahren. Müssig gehen, schwanger gehen (Adelung). «Jedes Bein steht beim Gehen abwechselnd auf dem Boden, und wird abwechselnd vom Rumpf, an dem es hängt, getragen.» Die Geschwindigkeit des Gangs lässt sich dadurch vergrössern, dass man die Schritte schneller aufeinander folgen lässt und sie zugleich verlängert (Weber und Weber). «Gehen ist Ortsveränderung. Das vollziehen in erster Linie die Beine.» Die Leistung des Fusses besteht in der Erhaltung des Gleich-

gewichts und dem Fortbewegen des Körpers in verhältnis-
mässig gleichem Abstand vom Erdboden (Bogen und Lipmann). Im umfassenden Sinn sich begeben, schreiten, fortgehen, auch im Sinn von sterben. Der Ausdruck: zu Fuss gehen
zeigt, dass ursprünglich damit keineswegs die Vorstellung von
Schreiten verbunden war, vgl. zu Pferd gehen (Trübner). Sich
zu Fuss fortbewegen, sich irgendwohin begeben. Laufen, in
regelmässiger Bewegung sein. Schwanger, bankrott gehen
(Wörterbuch). Aktiver Ortswechsel ist fast allen nicht festsit-
zenden tierischen Lebewesen eigen und vollzieht sich meist
über Muskelkontraktion, wobei chemische Energie in mechanische umgesetzt wird. Gehen und Laufen sind auf dem
Land (im Unterschied zum Schwimmen im Wasser und
Schlängeln) die am weitesten verbreitete Fortbewegungsme-
thoden. Der Schritt eines Einzelbeins lässt sich dabei in zwei
Phasen zerlegen: Während der Stemm- oder Retraktionspha-
se wird das Bein vorn auf den Boden aufgesetzt und nach hinten gedrückt; der Körper bewegt sich vorwärts. Dann folgt
die Schwing- und Protraktionsphase, in der das Bein vom Boden abgehoben und nach vorn bewegt wird. Beide Phasen
zusammen bezeichnet man als Schreitzyklus» (Meyer). Sich
aus eigener Kraft zu Fuss fortbewegen, laufen (Wahrig). Es
geht heisst auch: es funktioniert, es ist möglich (Küpper). Der
aufrechte Gang beim Gehen auf zwei Beinen findet sich als
reguläre Fortbewegungsart ausser beim Menschen auch bei
den Straussen, gelegentlich bei bestimmten Affenarten
(Brockhaus). Sich in aufrechter Haltung auf den Füssen
schrittweise fortbewegen, eine bestimmte Strecke gehend zurücklegen, zu Bett gehen, in sich gehen, weggehen. Die Uhr
geht nicht mehr, etwas geht zu Ende (Duden). Ursprünglich:
sich zu Fuss, in aufrechter Haltung und Schritt für Schritt,
fortbewegen. Das Wort hat sich aber auch zu einer allgemeinen Bezeichnung für Bewegung jeder Art entwickelt (Paul).

«Das Sichfortbewegen auf der kürzesten Verbindungslinie zweier Punkte in gemässigtem Tempo nennt man Gehen» (Peter Rosei), was nicht ganz stimmt, weil man beim Gehen auch Umwege machen kann.

Hinken – Sich im Gang mehr auf die eine als auf die andere Seite neigen (Adelung). Sich ungleichmässig bewegen (Trübner). Lahm gehen. Ein hinkender Vergleich (Wörterbuch). Einen Fuss nachziehen, sich hinkenderweise vorwärts bewegen. «Hinkender Bote»: Volkskalender. Verwandt mit Schinken, Schenkel (Wahrig). Infolge eines Gebrechens oder einer Verletzung am Bein oder an der Hüfte einknicken oder ein Bein nachziehend gehen (Duden).

Humpeln – Gebrechlich gehen (Adelung). Krumm gehen, schlecht gehen (Trübner). Mühsam gehen (Wörterbuch). Schlecht, ungleichmässig, schwerfällig gehen, weil man mit einem Fuss nicht richtig auftreten kann (Wahrig). Auf Grund einer Verletzung mit einem Fuss nicht fest auftreten können und daher ungleichmässig gehen (Duden).

Hüpfen – Ausdruck, der «diejenige Bewegung ausdrückt, da ein Geschöpf sich schnell ein wenig in die Höhe hebt, da es denn einen geringeren Grad der Erhebung ausdrückt als springen» (Adelung). Wie hopsen Bezeichnung für schnelle, fröhliche Bewegung (Trübner). Sich in kleinen Sprüngen fortbewegen (Wahrig).

Joggen (Neologismus) – Besonders als Freizeitsport betriebener Dauerlauf (Wahrig). Fitnesstraining, bei dem man in entspannt mässigem Tempo läuft (Duden). Von eng. «to jog», sich mechanisch auf und ab bewegen, schütteln, trotten.

Latschen – Diejenige Art des Ganges, da man entweder aus einem Fehler an den Füssen oder aus Nachlässigkeit die Füsse beim Gehen nicht aufhebt, sondern mit denselben auf dem Boden hinstreicht. Soviel wie schlurfen. «Daher man weite ausgetretene Schuhe oder Pantoffeln, welche nicht fest an den Füssen sitzen und daher keine andere Art des Gangs verstatten, gleichfalls Latschen, Singular Latsche, nennt» (Adelung). Schleppend, nachlässig, ohne Haltung gehen (Wörterbuch). Langsam schlurfend, schwerfällig, nachlässig gehen (Duden).

Laufen – Beschleunigte Bewegung der Füsse. Von einigen Tieren sagt man, dass sie laufen, wenn sie sich begatten (eine läufige Hündin). Den Ort oder einen Zustand eilfertig verändern (aus dem Dienst laufen). Schnelle Bewegung verschiedener Körper (das Schiff läuft in den Hafen ein). Mir lief ein Schauer über den Körper. Das Fass läuft über (Adelung). «Das Laufen besteht aus einer Verbindung des Schrittes mit dem Sprung» (Magendie). «Das Laufen unterscheidet sich vom Gehen dadurch, dass an die Stelle des Zeitraums beim Gehen, wo beide Beine auf dem Boden stehen, ein Zeitraum tritt, wo kein Bein den Boden berührt. Das Laufen ist eine Methode der Bewegung, deren Geschwindigkeit nicht an jene dem Gehen gesetzte Grenze gebunden ist, sondern sowohl zahlreichere als grössere Schritte zu machen gestattet. Eine noch grössere Geschwindigkeit der Fortbewegung, als beim Gehen möglich ist, ist also der Hauptzweck des Laufens» (Weber und Weber). Schnelle, gleichmässige Fortbewegung von Mensch und Tier, während gehen die gemessenere, springen die satzweise Fortbewegungsart ausdrückt (Grimm). Beschleunigte Gangart. Kleine Kinder lernen zuerst laufen, erst später gehen. Unter Umständen anhaltendes, anstrengendes Gehen. Spiessruten, Sturm, Gefahr laufen. Reislaufen: in fremde Kriegsdienste ziehen. Leerlauf. Ein Modell läuft aus, eine Maschine läuft auf Hochtouren. Auf dem Laufenden sein (Trübner). Sich zu Fuss fortbewegen, sich mit einem Sportgerät im sportlichen Wettkampf fortbewegen (Schlittschuh, Rollschuh laufen). Vom Stapel laufen. Laufen im Sinn von fliessen: eine Flüssigkeit läuft aus. Sich verlaufen, der Verlauf einer Handlung (Wörterbuch).

Im Sport als Gegensatz zum Gehen diejenige Fortbewegungsart, bei der nie beide Füsse zugleich den Boden berühren
(Meyer). Schnelle Fortbewegung ohne Hilfsmittel, schnelle
Gangart, Marathonlauf. Sportlich betriebenes Laufen, besonders im Wettkampf. Den Dingen ihren Lauf lassen (Wahrig).
Schnellere Fortbewegungsart als beim Gehen. Sich in aufrechter Haltung auf den Füssen in schnellerem Tempo so fortbewegen, dass sich jeweils schrittweise für einen kurzen Augenblick
beide Sohlen vom Boden lösen, eine bestimmte Strecke zurücklegen (Duden). Gewehrlauf, Vorderlauf, Auflauf, Laufbahn
(Etymologie). Wie gehen eine mit den Beinen ausgeführte Bewegung, meist langsamer als rennen (Paul).

«Ich rat Euch (Mäusen), lieber barfuss zu laufen,/als bei der
Katze Pantoffeln zu kaufen.» Heinrich Heine, «Rote Pantoffeln»

Lustwandeln – Für das Hochdeutsche spazieren oder spazieren gehen (Adelung). Philipp von Zesen (1619-1689) wollte das Wort spazieren durch das Wort lustwandeln ersetzen,
«das, anfangs verspottet, dennoch schon im 17. Jh. allgemeine
Aufnahme fand und als literarisches, gewähltes Wort noch jetzt
gebräuchlich ist» (Grimm). Scherzhaft für: mit innerem Wohl-
behagen spazieren gehen (Wörterbuch). In einem Park langsam und gemächlich gehen, sich ergehen (Duden).

Vgl. spazieren, wandeln.

Marschieren – «Kunstmässiger Gang der Soldaten» (Adelung). Einen Marsch unternehmen. In den Zeiten des Dreissigjährigen Krieges noch halb fremd «marchieren» geschrieben
(Grimm). Militärisches Fachwort aus dem Dreissigjährigen
Krieg. Marschieren bezeichnet die Gangart der Fusstruppe.
Marsch im Gleichschritt, Bewegung einer geschlossener Trup-
penabteilung, marschmässig gehen. Abgeleitet von franz. «mar-
che», Gang, Tritt, von lat. «marcus»: Hammer, um den Marsch-
schritt zu bezeichnen. Ersetzt Anfang des 17. Jhs. das ältere

Gleichschreiten. Jemandem den Marsch blasen. Marsch! (Kommando). Aufmarsch, Vormarsch, Mussolinis «Marsch auf Rom» im Jahr 1922 (Trübner). Über grössere Entfernung (in geordneter Gruppe) zu Fuss gehen, in den Krieg marschieren (Wörterbuch). Sich gleichmässig in geschlossenen Reihen fortbewegen (Wahrig). Aus dem Altfränkischen mit Bedeutung: eine Fussspur hinterlassen. Verwandt mit Mark, March (Grenzland, Grenzzeichen). Von altfranz. «marcher»: mit den Füssen eine Marke setzen (Duden). Sich in gleichmässigem Rhythmus fortbewegen (Etymologie).

«Getrennt marschieren, vereint schlagen» (Moltke).

Patrouillieren – Umhergehende Soldatenwache. Es ist wie andere Kriegs- und Soldatenwörter aus dem Franz. «patrouille» entlehnt, deutsch Patrulle, Patrolle (Adelung). Auf Patrouille gehen. Patrouille: eine von einem Trupp Soldaten durchgeführte Erkundung, Spähtruppe (Wörterbuch). Als Posten auf Wache auf und ab gehen. Patrouille: Trupp, der eine Erkundung oder einen Kontrollgang durchführt (Wahrig). Mit flachem Fuss klatschend auf etwas schlagen. Von franz. «patte», Pfote. Vgl. patschen (Duden).

Pilgern – Pilger von lat. «peregrinus»: Fremder, Fremdling, Ausländer im Gegensatz zum Einheimischen. Jemand, der aus Andacht zu entfernten gottesdienstlichen Orten reist oder wallfährt (Adelung). Jemand, der nach einem Andachtsort wallt. Der Ausdruck «gehört in die grosse Gruppe von Begriffen, die das Deutsche übernommen hat, als es mit der römisch-christlichen Welt Südwesteuropas in Fühlung trat». «Gerettet vor dem Schicksal, in unedlem Gebrauch zu versinken», hat der Ausdruck in seiner Verweltlichung als Erden-, Weltenpilger und Pilger auf der Lebensreise «seinen edlen Klang bewahrt» (Trübner). Zu berühmten religiösen Stätten wallfahren, nach Rom, Mekka pilgern (Wörterbuch). Wallfahren, beschaulich gehen. Ins Grüne pilgern (Wahrig). Einen weiten Weg zu Fuss zurücklegen (Küpper). Sich an einen bestimmten Ort begeben. Alte Wagnerianer pilgern jedes Jahr nach Bayreuth (Duden). Wallfahren, wandeln (Etymologie).

Promenieren – Spazieren gehen, lustwandeln, gemächlich eine Weile unter Bäumen promenieren. Promenade: repräsentativer, oft baumbestandener, durch Grünanlagen führender Spazierweg (Wörterbuch). Gemächlich spazieren gehen. Promenade: Spazierweg, meist mit Grünanlage (Wahrig). Gemächliches Spazierengehen über breite Stadtstrassen oder Alleen (Küpper). An einem belebten Ort auf einer Promenade langsam auf und ab gehen (Duden). Anfang des 17. Jhs. von franz. «mener», treiben, führen übernommen (Etymologie).

Vgl. Kapitel 4.

Rennen – Sich schnell bewegen, besonders um die eigene Achse (die Welle an einer Haspel wird Rennbaum genannt). Sich vermittelst der Füsse sehr schnell fortbewegen. Vgl. rinnen für flüssige Körper (Adelung). Ursprünglich gleichbedeutend mit rinnen. Im frühen Jh. schwindet die alte Bedeutung und wird zu eilig laufen. Eilen, laufen, rennen bezeichnen steigende Geschwindigkeiten. Vgl. Velorennen, Autorennen. Wie die Zeit davonrennt (Trübner). Die Renne (Promenade). Vgl. Rennbahn (Küpper). Meist in ausholenden Schritten laufen (Duden). Bezeichnung des höchsten Geschwindigkeitsgrades, schnell laufen (Paul). Um die Wette, um sein Leben rennen. Die Beine unter den Arm nehmen.

«Wenn man den Wolf nennt, kommt er gerennt» (Sprichwort).

Schleichen – Einen leisen und dabei langsamen Gang haben, leise und langsam gehen, insofern man damit seinen Gang zu verheimlichen sucht, unbemerkt bewegen (Adelung). Zunächst für fusslose und kurzfüssige Tiere gebraucht. Umhertreiben, ruhiger Gang nach höfischer Sitte. Im Allgemeinen gilt der Sinn des Verstohlenen. Ein anderes Schleichen beruht auf

Altersschwäche, Krankheit (Trübner). Möglichst lautlos, heimlich, ängstlich, unbemerkt gehen, sich fortbewegen, auf leisen Sohlen nach Hause schleichen (Wörterbuch). Vorsichtig, leise, möglichst unbemerkt (irgendwohin) gehen (Wahrig). Auf Zehenspitzen in ein fremdes Zimmer schleichen (Duden). Die Grundbedeutung ist gleiten, glätten (Etymologie).

Schlendern – Langsam, träge, gedankenlos einhergehen, eine Handlung auf gedankenlose Art, ohne Bewusstsein der Bestimmungsgründe verrichten. Davon: Schlendrian (Adelung). Langsames, feierliches, lässiges, behagliches Gehen. Als Schlendergang wird ein träger, nachlässiger Gang bezeichnet (Trübner). Langsam, gemächlich, gemütlich, beschaulich gehen (Wörterbuch). Gemächlich, mit lässigen Bewegungen gehen (Duden).

Schlurfen – Geräuschvoll gehen, indem man die Füsse über den Boden schleifen lässt, durch das Zimmer schlurfen (Wörterbuch).

Schreiten – Die Füsse zum Gehen auseinandertun, einen Schritt machen, mit festem, angemessenem Schritt gehen, sich bedächtig zur Vollziehung einer Handlung begeben. Zu Werk schreiten (Adelung). Gleitende Bewegung, das «Voreinandersetzen der Füsse», Schritte machen. Der Ausdruck ist auf die gehobene Sprache beschränkt und zielt auf das Feierliche, Abgemessene des Schritts. Vgl. einschreiten: vorgehen gegen jemanden oder etwas, fortschreiten: weitergehen, sich entwickeln. Die Grenze überschreiten (Trübner). Gemessenen Schritts, würdig gehen (Wörterbuch). Gemessenen Schritts gehen. Zum Altar schreiten (Wahrig). Würdevoll, feierlich, aufrecht, langsam, gemächlich gehen. Zur Tat schreiten (Duden).

Schwanken – Im Gehen sich von einer Seite zu anderen bewegen, besonders wenn es aus Kraftlosigkeit geschieht (Adelung). Hin und her schwingen. Der unsicher Gehende meint, der Boden schwanke ihm unter den Füssen (Trübner). Sich schwingend bewegen, sich taumelnd, schaukelnd in einer bestimmten Richtung fortbewegen (Wörterbuch). Taumeln, torkeln (Wahrig). Sich schwingend hin und her, auf und ab bewegen, einem Zustand ständiger Veränderungen ausgesetzt sein (Duden).

«Ihr naht euch wieder, schwankende Gestalten» (Johann Wolfgang Goethe, «Faust», Zueignung).

Vergl. streifen.

Schweifen – Sich in einem weiten Raum hin und her bewegen, sich in eine ungewisse Richtung bewegen, ausschweifen (Adelung). Ziellos wandern. Verwandt mit schweben, schwingen. Vor allem Dichterwort. Der Blick schweift in die Ferne (Trübner). Ziellos auf und ab wandern, durch die Gegend streifen (Wörterbuch). Ziellos durch die Gegend ziehen, wandern, streifen (Duden). Von altgerm. «sweifen», schwingen, in Drehung versetzen; im Nhd. bedeutet schweifen umherstreifen, besonders von Blicken und Gedanken. Davon: ab- und ausschweifende (verwerfliche) Gedanken (Etymologie).

Spazieren – Zur Aufheiterung des Gemüts langsam gehen, besonders in der frischen Luft (Adelung). Zum Vergnügen gehen, lustwandeln. Seit dem 13. Jh. nachweisbar. Philipp von Zesen wollte das Wort durch lustwandeln ersetzen. Auch in den Mundarten weit verbreitet, in Basel mit der scherzhaften Weiterbildung «spazifizozle» (Grimm). Vor allem ein gemächliches Gehen, das körperlicher und geistiger Erholung dient. Soviel wie sich ergehen, schlendern, lustwandeln, promenieren (Trübner). Ohne festes Ziel gemächlich gehen, schlendern, Spaziergang im Freien, der der Erholung und dem Vergnügen gilt (Wörterbuch). Zur Erholung, Unterhaltung im Freien (umher)gehen, fröhlich, unbekümmert gehen (Wahrig). Gemächlich, ohne bestimmtes Ziel gehen, schlendern, auf und ab durch die Strassen gehen (Duden). Von lat. «spatium», Raum.

Der Spaziergang ist der «Gang des Denkertypus» (Bogen und Lipmann).

Vgl. lustwandeln sowie Kapitel 4.

Springen – Ausdruck für eine sehr schnelle Bewegung, den Ort schnell, mit Erhebung des Körpers und Überschreitung der Zwischenräume verändern. Von scharf gespannten Körpern sagt man, dass sie springen (das Glas ist gesprungen) (Adelung). «Wenn man diese Bewegung aufmerksam betrachtet, so findet man, dass sich dabei der menschliche Leib wie ein geworfener Körper verhält, und dass er allen von diesen geltenden Gesetzen folgt.» Der Sprung kann in die Höhe oder nach vorne erfolgen. Aus dem Zustand einer allgemeinen Beugung erfolgt eine «plötzliche Streckung aller gebogenen Gelenke», daraus geht eine «Projektionskraft» hervor, «durch welche der Körper als Ganzes und zwar um so viel in die Höhe geworfen wird, als die Kraft seine Schwere übersteigt» (Magendie). Hüpfende Bewegung. Weit springen, einen grossen, weiten Sprung machen, auf die Füsse, in die Luft springen, einen Luftsprung machen. Vgl. sprengen, im Galopp davoneilen, engl. «spring»: Quelle, Springbrunnen (Trübner). Einen Sprung machen, sich schnell zu Fuss fortbewegen, in grossen Sprüngen laufen, mit äusserstem Kraftaufwand und ausgefeilter Technik einen Sprung machen, zum Beispiel in der Leichtathletik, einen Sprung im Sinn von Riss bekommen, von einem Thema zum anderen springen (Wörterbuch). Vom Boden durch kräftigen Abstoss mittels der Beine wegschnellen (Wahrig).

Stampfen – Mit einem dicken, schweren Körper oder mit Heftigkeit stossen, «sodass der dumpfige Laut erfolgt, welchen dieses Zeitwort zunächst ausdrückt, und welcher dasselbe von dem allgemeinen Stossen unterscheidet» (Adelung). Mit dem Fuss auf die Erde stampfen, vor Erregung mit dem Fuss stampfen. Mit den Füssen den Takt stampfen. Wie stapfen (Trübner). Laut und mit Nachruck auftreten, in einem Rhythmus oder

Takt auftreten, schwer, wuchtig irgendwohin gehen (Wahrig). Heftig mit dem Fuss auf den Boden treten (Duden).

Stapeln, im Sinn von **steigen** – Mit langen, hoch aufgehobenen Beinen langsam daherschreiten (Adelung). Stapel: Haufen, Anhäufung. Von Stapel laufen (Wahrig).

«Wenn man zu Fuss stapelt, muss man sich huronisch behelfen» (Johann Gottfried Seume, siehe Kapitel 5).

Stapfen – Im Gehen fest auftreten (Adelung). Stapf: Fussspur, davon: Fussstapfen. Festes Auftreten des Fusses, gehen mit schwerem Schritt. «Ein veraltetes aber mahlerisches Wort für stark und fest auftreten», Johann Christoph Martin Wieland, 1780 (Trübner). Mit schweren, stampfenden Schritten (über einen weichen Untergrund) gehen. Die Stapfe: vom Fuss eines Menschen in den weichen Untergrund gedrückte Spur (Wörterbuch). Kräftig auftretend gehen, Schritte machen, in dem man die Füsse aufhebt und kräftig auf den Boden, in die weiche Bodenmasse tritt. Durch den Schnee stapfen (Wahrig).

Bei Johann Wolfgang Goethe: der Tapf. «Auf die Reise, meine Herren! die Betrachtung so eines grossartigen Tapfs macht unsre Seele feuriger und grösser als das Angaffen eines tausendfüssigen königlichen Einzugs» («Zum Shakespeares-Tag»).

Stelzen – Auf Stelzen gehen, um vermittels von Stelzen durch einen Bach zu gehen. Hochtrabender, übertriebener Gang (Adelung). Auf Stelzen gehen, gekünsteltes Wesen in Benehmen und Sprache. Stelze: hölzernes Bein, Krücke, zwei Stangen mit Trittklötzen zum Durchschreiten von Sümpfen (Trübner). Mit Stelzen, grossen Schritten gehen, spöttisch abwertend für steif, geziert, gespreizt gehen (Wörterbuch). Auf Stelzen gehen, auf langen, dünnen Beinen einherschreiten (Vögel), steif, geziert gehen (Wahrig). Steifbeinig gehen (Küpper).

Stiefeln – Stiefel anlegen (Adelung). In Stiefeln gehen. Siebenmeilenstiefel (Trübner). Mit weit ausgreifenden, festen

Schritten gehen. Mit Riesenschritten nach Hause stiefeln (Wörterbuch). Mit langen, weit ausgreifenden, festen Schritten irgendwohin gehen (Wahrig). Einen beschwerlichen Weg gehen (Küpper). Mit Siebenmeilenstiefeln gehen.

Stolpern – Im Gang anstossen und dadurch aus dem Gleichgewicht geraten, in der edleren Schreibart: straucheln (Adelung). Klangmalerische Wirkung in der Nähe von holpern. Man stolpert, wenn man beim Gehen die Füsse nicht ordentlich hebt und mit ihnen an ein Hindernis stösst. Das grösste Ungeschick ist es, wenn man über seine eigenen Füsse stolpert (Trübner). Beim Laufen mit dem Fuss gegen ein Hindernis stossen und dadurch aus dem Gleichgewicht geraten (Wahrig). Unkoordinierte Schrittfolge.

Stolzieren – Seinen Stolz durch ein Gepränge im Äusseren verraten (Adelung). Stolz einherschreiten (Trübner). Auffällig, steif, von falschem Stolz erfüllt einhergehen, um aufzufallen (Wörterbuch). Sich sehr wichtig nehmen, gravitätisch einhergehen (Duden).

Streichen – Langsame, ziellose Fortbewegungsart. Vgl. Landstreicher.

Streifen – «Den Ort schnell verändern, von mehreren Personen, wenn es in der Absicht geschieht, eine Gegend zu durchsuchen, wo es besonders von Soldaten, Krieg führenden Parteien, Polizei-Bedienten u.s.f. gebraucht wird» (Adelung). Gilt «auch ausserhalb der kriegerischen Sphäre» (Trübner). Sich ohne bestimmtes Ziel durch ein Gebiet vorwärtsbewegen, eine Gegend kreuz und quer durchwandern, militärische Streifzüge unternehmen (Wörterbuch). Ohne erkennbares Ziel, ohne eine bestimmte Richtung einzuhalten, wandern, kleine Streifzüge machen (Duden). Vgl. Polizeistreife.

Vergl. schweifen.

Streunen – Neugierig nach etwas forschen, durchstöbern, sich umhertreiben (Trübner).

Stromern – Mhd. stromern: hin und her fahren. Landstreichen, strolchen, umherstreifen (Trübner). Umherschweifen, eine Stadt, einen Wald ohne bestimmtes Ziel durchwandern. Abwertend für: sich herumtreiben (Wörterbuch).

Taumeln – Im Gehen mit schwerem Kopf hin und her wanken, als wenn man fallen wollte (Adelung). Bei Taumeln tritt immer stärker der Begriff der Benommenheit auf. Taumel der Liebe. Vgl. toll (Trübner). Sich schwankend, schaukelnd bewegen, sich unsicher hin und her bewegen, torkeln (Wörterbuch). Unsicher hin und her schwanken, sich ungleichmässig bewegen (Wahrig). Von mhd. «tümeln», sich im Kreis bewegen. Nebenform von taumeln ist tummeln (Etymologie).

Tippeln – Zu Fuss gehen, wandern. Tippelbruder: wandernder Handwerksbursche.

Torkeln – «Es scheint eine Onomatopöie des Taumelns, der Form nach aber mit torquere, stürzen, verwandt zu sein» (Adelung). Von lat. «torculum», Drehpresse zur Weinbereitung. «Von der drehenden Presse übertrug man das Wort auf die Drehung, die der Rausch verursacht» (Trübner). So stark schwanken, dass kaum die aufrechte Haltung beibehalten werden kann (Wahrig). Besonders bei Trunkenheit oder wegen eines Schwächezustands taumeln, schwankend gehen (Duden).

Tornistern – «Von Budin bis hierher (Prag) stehen im Kalender sieben Meilen, und diese tornisterten wir von halb acht Uhr früh bis halb sechs Abend sehr bequem ab» (Johann Gottfried Seume).

Trampeln, trampen – Mit dem Fuss auf die Erde treten, «also eine Onomatopöie dieses Stossens» (Adelung). Ausdruck für schwere oder sonst laute Schritte. Trampel: plumper Mensch. Trampeltier, Trampelpfad. Der Tramp ist ein Landstreicher (Trübner). Neubedeutung: per Anhalter reisen (Wörterbuch). Mehrmals mit den Füssen heftig aufstampfen, schwerfällig, ohne Rücksicht zu nehmen (Duden). Von engl.

«to tramp», mit lauten Schritten gehen, als Landstreicher umherziehen.

Trippeln – Viele kleine Schritte machen (Adelung). Mit kurzen, schnellen Schritten gehen. Leichter, zierlicher Gang (Trübner). Mit kleinen, schnellen Schritten (zierlich) gehen. Trip (Neuwort): kurze Reise, Fahrt, zu der man sich kurzfristig erschliesst. Trippelschritt (Wörterbuch). Beim Laufen kleine Schritte machen (Wahrig). Mit kleinen Schritten tanzen (Küpper). Trippelschritt: kleiner, schneller, leichter Schritt (Duden). Von engl. «to trip», sich leicht und schnell bewegen, und «trip», Fahrt, Ausflug, kurze Reise, aber auch anregende Erfahrung (Oxford). In der 2. Hälfte des 20. Jhs. hat der Trip die Bedeutung von Rauschzustand nach Drogenkonsum bekommen (Etymologie).

Trollen – Mit kurzen, plumpen Schritten einhertraben. Er kommt dahergetrollt (Adelung). In kurzen Schritten laufen. Mhd. trolle: Tölpel, Unhold, grober Kerl. Von franz. «trôler», sich herumtreiben (Trübner). Ein wenig beschämt und unwillig weggehen (Wahrig).

Trotten – Mit schnellen und kurzen Schritten einherlaufen. Von treten, stossen im Sinn von pressen. Daher: Wein trotten. (Adelung). Bestimmte, schnelle Gangart des Pferdes, eine Art Traben. Im Gegensatz dazu bei den Menschen eine «keineswegs besonders schnelle, sondern gerade nur eine mässige, gleichartige Gangart, die etwas eintönig Langweiliges hat», Alltagstrott (Trübner). Sich gemächlich, müde, schwerfällig fortbewegen (Wörterbuch). Schwerfällig, lustlos (irgendwohin) gehen. Mhd. trotten: laufen (Wahrig). Davon: Trottel. Vgl. auch die Bezeichnung (schweizerisch) Trottoir für Gehsteig.

Trottieren – Ausdruck bei Johann Gottfried Seume.

Vagabundieren – Durchs Land streichen, herumtreiben, von lat. «vagari», umherschweifen. Vgl. vage, unbestimmt (Etymologie).

Walken, walking (Neologismus) – Intensives Gehen, Trimmtrab (Duden), unter Verwendung von Stöcken («Stick Walking»). Von engl. «to walk», zu Fuss von einem Ort zum anderen gehen. Auch Nordic Walking («Skigang»), Power Walking.

Wallen, wallfahren – Sich wellenförmig bewegen, «besonders als ein anschauliches Wort in der dichterischen Schreibart». Ohne Zweifel vom Wallen des Bluts hergenommene Figur. Gehen, zu Fuss reisen, «eine im Hochdeutschen veraltete Bedeutung, vermutlich, weil die Figur hier nicht passt, und man so viele andere Wörter an dessen Stelle hat» (Adelung). Von Ort zu Ort ziehen, pilgern. Vgl. Welle, Walze (drehende Rolle). Dazu: Walzer (Trübner). Oft spöttisch für: gemessenen Schrittes gehen (Wörterbuch). Umherschweifen, unstetig sein (Duden). Eigentlich sprudeln, bewegt fliessen. Von mhd. «wallen», drehen, winden, wälzen; umherschweifen, unstet sein. Verwandt mit walzen (Etymologie). Im 18. Jh. bis auf bibelsprachliche Verwendung ausser Gebrauch gekommen (Paul).

«Walle! walle manche Strecke/dass zum Zwecke/Wasser fliesse» (Johann Wolfgang Goethe, «Der Zauberlehrling»).

«Halt an! Waller, was suchst du hier?» (Friedrich Schiller, «Die Grösse der Welt»)

Vgl. walzen.

Walzen – Wandern, schlendern, Walzer tanzen. Die Walz: als Handwerksbursche wandernd von Ort zu Ort ziehen, auf der Wanderschaft beziehungsweise auf der Walz sein (Wörterbuch). Sich drehend hin und her bewegen. Langsam, schwerfällig gehen, auf Landstreicherart das Land durchziehen (Küpper). Von mhd. «walzen», rollen, drehen; in der 2. Hälfte des 18. Jhs. mit drehenden Füssen auf dem Boden schleifen, tanzen. Dazu gehört die Bedeutung Walzer (Drehtanz), auf der Wanderschaft sein (Etymologie). Sich drehen, rollen (wälzen). Rotwelsch im 19. Jh.: auf Wanderschaft sein (Paul).

Vgl. wallen.

Wandeln – Seit Klopstock edle Art des Gehens. Den Ort verändern, gehen, reisen, wandern. Mit Gott wandeln (Adelung). Von ahd. «wanton», wenden, mnd. «wandelen», verändern, verkehren, gehen, spazieren gehen. Die Beschränkung der Bedeutung von sich hin und her bewegen auf die Tätigkeit des Gehens tritt am Anfang des 14. Jh. hervor. Die Verbindung «handeln und wandeln» als verkehren ist bis ins 18. Jh. auf den kaufmännischen Verkehr beschränkt. Als hin und her gehen trifft es mit wandern zusammen und kann das Gehen schlechthin, im Gegensatz zur Ruhelage, bezeichnen (Grimm). Hin und her gehen, verwandt mit wandern. Luther zieht in der Bibelübersetzung wandeln dem Wort wandern vor im Sinn von: einen guten sittlichen Lebenswandel führen. In der gehobenen Sprache besonders seit Klopstock gebräuchlich, der den Ausdruck aus Luthers Bibelsprache übernahm und in die Literatursprache einführte, um damit «eine edlere Art des Ganges» zu bezeichnen. Langsames feierliches Schreiten. Wandelgang, Wandelhalle. Ein wandelndes Lexikon. Bis heute nicht über die Dichtersprache hinaus gedrungen (Trübner). Langsames, geruhsames Gehen, Schreiten, Lustwandeln (Wahrig). Langsam, mit gemessenen Schritten, meist ohne Ziel sich fortbewegen. Ein wandelnder Vorwurf (Duden). Von mhd. «wandeln», wenden; die Bedeutung von hin und her gehen kam im 14. Jh. auf (Etymologie).

«Stehe auf und wandle» (Lukas 5, 23 nach der Luther-Übersetzung).

«Majestätischer/wandeln die Wolken herauf» (Friedrich Gottlob Klopstock).

«Ich gehe durch Maria Maggiore. Man macht durch einen solchen Tempel ordentlich einen Spaziergang; man tritt von der Strasse in einen Umfang, der zum Wandeln Raum verstattet» (Karl Philipp Moritz, «Reisen eines Deutschen in Italien in den Jahren 1786 bis 1788»).

Wandeln ist die «ruhevolle Bewegung des dichterischen Menschen» (Wölfel).

Vgl. lustwandeln.

Wandern – Zu Fuss reisen, besonders Handwerker und Gesellen, um fremde Orte zu besuchen, weil ihre Reise meistens zu Fuss erfolgt (Adelung). «Wandern kann sich auch auf Reisen beziehen, die man zeitweise unternimmt, um die Welt zu sehen und Kenntnisse zu erwerben» (Grimm). Hin und her gehen. Luther benützt das Wort wandern für das Zurücklegen grösserer Strecken. Wandern zielt auf Ortsveränderung hin, von Ort zu Ort ziehen als Pilger, Fahrender. Lehrlinge und Gesellen begeben sich auf Wanderjahre. Seit Romantik und Turnbewegung gibt es die Wandervogel-Bewegung als frohes Durchstreifen der Natur, um Körper und Geist zu erfrischen. Hin und her gehen in einem beschränkten Raum. Wandern drückt also neben der sportlichen Tätigkeit immer auch ein Moment der Unruhe aus, was sich bei Spukgestalten äussern kann. Wandern kann auch rein geistig erfolgen, zum Beispiel ins Reich der Fantasie. Seine Gedanken wanderten in die Ferne (Trübner). Nachdem durch Romantik und Turnbewegung die Wanderfreude geweckt war, ist das Wort in diesem Sinn gebräuchlich. Die Dichtung knüpft dabei gern an die Wanderlust der Handwerksgesellen an (Wörterbuch). Zu Fuss reisen, weit marschieren, gehen, ohne ein Ziel zu haben. Grössere Strecken zurücklegen (Wahrig). Nicht sesshaft, ohne festen Aufenthaltsort sein. Zu einem entfernten Ziel ziehen, als Nomade durchs Land wandern (Duden). Mhd. «wanderen» hat die ursprüngliche Bedeutung von wandeln, winden, wenden. Daraus entwickelte sich die Bedeutung von hin und her gehen, seinen Standort ändern (Etymologie).

«Gibt wandern nicht mehr verstandt, als hindern ofen sitzen?» Paracelsus

Johann Gottfried Seume hatte auf seinem «Spaziergang» nach Italien die Absicht, sich «das Zwerchfell auseinander zu wandeln» und sich so vom vielen Sitzen zu kurieren.

«Das Wandern ist des Müllers Lust» (Liederzyklus «Die schöne Müllerin» von Franz Schubert nach Gedichten von Wilhelm Müller)

«In der Sprache des Zhuangzi ist ‹wandern› ein Terminus technicus für die transzendente Art, sich frei zu bewegen, die das Kennzeichen eines erleuchteten Wesens ist» (Zhuangzi, Glossar).

Waten – Durch das Wasser gehen, von lat. «vadere», gehen, schreiten.

Watscheln Im Gehen von einer Seite zur anderen neigen. Von: waten (Adelung). Schwankend nach den Seiten hin wackelnd gehen, schwerfällig gehen, unbeholfener Gang (Trübner). Sich mit nachgezogenen, plumpen Füssen schwerfällig und nach der Seite schwankend fortbewegen (Wörterbuch). Schwerfällig, schwankend gehen, wie eine Ente gehen (Wahrig).

Ziehen – Sich langsam fortbewegen, zum Beispiel wie die Wolken (Adelung). Unterwegs sein, durch die Lande, in den Krieg ziehen (Duden).

Quellen

Adelung – Johann Christoph Adelung: Grammatisch-kritisches Wörterbuch der Hochdeutschen Mundart. Leipzig 1793.

Bogen und Lipmann – Vgl. Bibliografie.

Brockhaus – Brockhaus. Die Enzyklopädie. Leipzig – Mannheim 1996.

Duden – Duden. Das grosse Wörterbuch der deutschen Sprache. Mannheim – Leipzig – Wien – Zürich 1999.

Etymologie – Duden. Das Herkunftswörterbuch. Mannheim –
    Leipzig – Wien – Zürich o.J. (2001).

Grimm – Jacob und Wilhelm Grimm, Deutsches Wörterbuch
    (ab 1852).

Küpper – Dr. Heinz Küppers Illustriertes Lexikon der deut-
    schen Umgangssprache. Stuttgart 1982.

Magendie – Vgl. Bibliografie.

Meyer – Meyers Enzyklopädisches Lexikon. Mannheim –
    Wien – Zürich 1971ff.

Oxford – The Oxford English Dictionary 1989.

Paul – Hermann Paul, Deutsches Wörterbuch. Tübingen 2002.

Trübner – Trübners Deutsches Wörterbuch. Giessen 1937.

Wahrig – Brockhaus Wahrig. Deutsches Wörterbuch. Stuttgart
    1980.

Weber und Weber – Vgl. Bibliografie.

Wölfel – Kurt Wölfel, «Kosmopolitische Einsamkeit». Vgl.
    Bibliografie.

Wörterbuch – Wörterbuch der deutschen Gegenwartssprache.
    Berlin 1964.

Zhuangzi – Vgl. Bibliografie.

Bibliografie

Aicher, Otl: Gehen in der Wüste. Frankfurt a. M., 1982.

Albrecht, Wolfgang, und Kertscher, Hans-Joachim (Hg.): Wanderzwang – Wanderlust. Formen der Raum- und Sozialerfahrung zwischen Aufklärung und Frühindustrialisierung. Tübingen 1999.

Apollinaire, Guillaume: Le Flâneur des deux rives (1928).

Aristoteles: Über die Bewegung der Lebewesen. Über die Fortbewegung der Lebewesen. Übersetzt und erläutert von Jutta Kollesch. Berlin 1985.

Ashton, Rosemary: The Life of Samuel Taylor Coleridge. A Critical Biography. Cambridge (Massachusetts) 1996.

Auster, Paul: Die New York-Trilogie. Stadt aus Glas, Schlagschatten, Hinter verschlossenen Türen. Deutsch von Joachim A. Frank. Reinbek bei Hamburg 1989.

Balzac, Honoré de: Theorie des Gehens. Aus dem Französischen von Alma Vallazza. Vorangestellt «Piedestal» von Thomas Schestag. Lana – Wien – Zürich, 1997.

Ders.: Die menschliche Komödie. München 1972.

Ders.: Histoire et Physiologie des Boulevards de Paris. In: Œuvres Complètes. Edition nouvelle établie par la Société des Etudes Balzaciennes. Paris o.J. (1963).

Ders.: Physiologie du Mariage. Paris 1891.

Bartmann, Ulrich: Laufen und Joggen für die Psyche. Ein Weg zur seelischen Ausgeglichenheit. Tübingen 2001.

Becker, Otfried: Das Bild des Weges und verwandte Vorstellungen im frühgriechischen Denken. Berlin 1937.

Benjamin, Walter: Gesammelte Schriften. Band V, 1 und 2. Das Passagen-Werk. Frankfurt a. M. 1982.

Ders.: Die Wiederkehr des Flaneurs. In: Franz Hessel, Ermunterung zum Genuss. Berlin 1981.

Benn Gottfried: Gesammelte Werke. Wiesbaden 1959ff.

Bertaux, Pierre: Friedrich Hölderlin. Frankfurt a. M. 1978.

Ders.: Hölderlin-Variationen. Frankfurt a. M. 1984.

Bloch, Ernst: Tübinger Einleitung in die Philosophie. Frankfurt a. M., 1970.

Boegle, Carl: Über den Mechanismus des menschlichen Gangs und seine Beziehungen zwischen Bewegung und Form. München 1885.

Bogen, Hellmuth, und Lipmann, Otto: Gang und Charakter. Ergebnisse eines Preisausschreibens. Leipzig 1931.

Braune, Wilhelm, und Fischer, Otto: Der Gang des Menschen. Leipzig 1895, 1899, 1900.

Burckhardt, Lucius: Warum ist Landschaft schön? Die Spaziergangswissenschaft. o.O. (Berlin) o.J. (2006)

Burroughs, John: The Exhilarations of he Road. In: The Writings of John Burroughs, Vol. II. Boston – New York 1895.

Büscher, Wolfgang: Berlin – Moskau. Eine Reise zu Fuss. Reinbek 2003.

Butt, John, und Tillotson, Kathleen: Dickens at Work. London – New York 1968.

Catlin, George: Life Among the Indians (1875). London 1996.

Certeau, Michel de: Kunst des Handelns. Aus dem Französischen übersetzt von Ronald Voullié. Berlin 1988.

Chatwin, Bruce: Traumpfade. Aus dem Englischen von Anna Kamp. München – Wien 1990.

Coleridge, Samuel Taylor: Selected Letters. Edited by Earl Leslie Griggs. Vol. I und II. Oxford 1956

Ders.: The Notebooks. Edited by Kathleen Coburn. Vol. I 1794 – 1804. London 1957.

Ders.: Poems. Edited by Richard Holmes. London 1996.

Coxe, William: Briefe über den natürlichen, bürgerlichen und politischen Zustand der Schweiz. Zürich 1781.

Ders.: Travels in Switzerland. To which are added the Notes and Observations of Mr. Ramond, translated from the French. 3 Bände. Basel – Paris 1802.

Dalesi, Elmar, und Kersten, Rolf: Zen im Gehen. Zürich – Düsseldorf 1996.

Davis, Mike. City of Quartz. Ausgrabungen der Zukunft in Los Angeles. Aus dem Amerikanischen von Jan Reise. Berlin – Göttingen 1994.

Deleuze, Gilles: Nomaden-Denken. In: Ders., Die einsame Insel. Texte und Gespräche 1953 – 1974. Herausgegeben von David Lapoujade. Aus dem Französischen von Eva Moldenhauer. Frankfurt a. M. 2003.

De Quincey, Thomas: Recollections of the Lakes and the Lake Poets. Edited by David Wright. Harmondsworth 1970.

Ders.: Bekenntnisse eines englischen Opiumessers. Übersetzt aus dem Englischen von Peter Meier, herausgegeben mit einem Nachwort von Wolfgang Wicht. Leipzig – Weimar 1981.

Descartes, René: Meditationen über die Grundlagen der Philosophie mit sämtlichen Einwänden und Erinnerungen. Herausgegeben von Arthur Buchenau. Hamburg 1972.

Dickens, Charles: The Uncommercial Traveller (1859–1870). London 1898.

Ders.: Der Ungeschäftliche Reisende. Ins Deutsche übertragen von Paul. In: Charles Dickens' sämtliche Romane und Erzählungen. Naumburg a.S. o.J.

Ders.: Londoner Skizzen (Sketches by Boz). Schilderungen alltäglichen Lebens und alltäglicher Leute. Ins Deutsche übertragen von Paul Heichen. Naumburg o.J.

Ders.: Dickens' Journalism. Edited by Michael Slater and John Drew. 4 Bände. London 1994–2000.

Dickens. Interviews and Recollections. Edited by Philip Collins. Vol. 1 and 2. Totowa, New Jersey 1981.

Dronke, Ernst: Berlin. Neuwied 1974.

Droysen, Johann Gustav: Historik. Band 2. Stuttgart – Bad Cannstatt 1977.

Duchenne, Guillaume Benjamin: Physiologie der Bewegungen nach elektrischen Versuchen und klinischen Beobachtungen. Cassel 1885.

Dumas, Alexandre. Les Mille et un Fantômes. 1849.

Ebel, Johann Gottfried: Anleitung auf die nützlichste und genussvollste Art in der Schweitz zu reisen. Zürich 1793.

Emerson, Ralph Waldo: The Collected Works. Volume V: English Traits. Cambridge, Massachusetts, 1994

Ette, Ottmar: Weltbewusstsein. Alexander von Humboldt und das unvollendete Projekt einer anderen Moderne. Weilerswist 2002.

Fargue, Léon-Paul: Le Piéton de Paris. (1932)

Fittko, Lisa: Mein Weg über die Pyrenäen. Erinnerungen 1940/41. München 1985.

Foucault, Michel. Überwachen und Strafen. Die Geburt des Gefängnisses. Frankfurt a. M. 1976.

Fournel, Victor: Ce qu'on voit dans les rues de Paris. Paris 1858.

Friedrich, Hugo: Montaigne. Bern 1949.

Garbrecht, Dietrich: Gehen. Plädoyer für das Leben in der Stadt. Weinheim – Basel 1981.

Ders.: Walkability: A Pre-Requisite for Livable Cities. Vortragsmanuskript Mai 1989.

Ders.: Nagoya liegt am Ganges. Rêverien eines Flanierkritikers auf Schweizer Stadtplätzen. Vortragsmanuskript 24. Mai 1989.

Gay, John: Poetry and Prose. Edited by Vinton A. Dearing. Oxford 1974.

Gill, Stephen: William Wordsworth. A Life. Oxford 1989.

Glassbrenner, Adolf: Welt im Guckkasten. Ausgewählte Werke in zwei Bänden. Herausgegeben und mit einer Einleitung versehen von Gert

Ueding. Berlin 1985.

Gloy, Karen: Das Verständnis der Natur. I: Die Geschichte des wissen-schaftlichen Denkens. München 1995.

Glutz-Blotzheim, Robert: Handbuch für Reisende in der Schweiz. Zü-rich 1830.

Gray, Thomas: The Works in Prose and Verse. Edited by Edmund Gosse. London 1912.

Greenfield, Susan A.: Reiseführer Gehirn. Aus dem Englischen übersetzt von Monika Niehaus-Osterloh. Heidelberg – Berlin 2003.

Gribbin, John: Wissenschaft für die Westentasche. München 2000.

Groh, Marianne: Zur Geschichte der Untersuchung des Ganges des Menschen. Inaugural-Dissertation, Universität Saarbrücken, ca. 1969.

Hayward, Malcolm: William Wordsworth Walking: Art, Work, Leisure, and a Curious Form von Consumption. www.english.iup.edu/mhay-ward/Recent/Wordsworth.htm

Hazlitt, William: Selected Essays 1778 – 1830. London 1946.

Heinse, Wilhelm: Tagebuch einer Reise nach Italien. Herausgegeben von Christoph Schwandt. Frankfurt a. M. 2002.

Heiz, André Vladimir: Knapp. Eine Novelle. Zürich 1993.

Hessel, Franz: Ein Flaneur in Berlin. Berlin 1984.

Ders.: Heimliches Berlin. Frankfurt a. M. 1982.

Ders.: Ermunterung zum Genuss. Kleine Prosa. Berlin 1981.

Howarth, William: Walking with Thoreau. Boston 1982.

Huart, Louis: Physiologie du Flaneur. Paris 1841.

Hucks, J(oseph): A Pedestrian Tour through North Wales in a Series of Letters. Edited by Alun R. Jones and William Tydeman. Cardiff 1979.

Humboldt, Wilhelm von: Briefe an eine Freundin. Leipzig 1848.

Humphreys, Maggie: siehe Snowdon, Les.

Ivanceanu, Vintila, und Schweikhardt, Josef: ZeroKörper. Der abgeschaff-te Mensch. Wien 1997.

Jarvis, Robin: Romantic Writing and Pedestrian Travel. London – New York 1997.

Johnson, Edgar: Charles Dickens. His Tragedy and Triumph. London 1953.

Jouy, Etienne: L'Hermite de la Chaussée d'Antan. Paris 1812 – 14.

Kamo no Chomei: Aufzeichnungen aus meiner Hütte. Frankfurt a. M. 1997.

Kant, Immanuel: Der Streit der Fakultäten. In: Werkausgabe Band XI. Frankfurt a. M. 1978.

Keats, John: The Letters. Edited by Hyder Edward Rollins. Cambridge 1958.

Kierkegaard, Sören: Briefe. Aus dem Dänischen und mit einem Nachwort von Walter Boehlich. Frankfurt a. M. 1985.

Köhn, Eckardt: Strassenrausch. Flanerie und kleine Form. Versuch zur Literaturgeschichte des Flaneurs von 1830–1932. Berlin, 1989.

Kolloff, E(duard).: Paris. Reise-Handbuch. Braunschweig 1855.

König, Gudrun M.: Eine Kulturgeschichte des Spazierganges. Spuren einer bürgerlichen Praktik 1780–1850. Wien – Köln – Weimar 1996.

Krolow, Karl: Schönen Dank und vorüber. Gedichte. Frankfurt a. M. 1984.

Ders.: Im Gehen. Frankfurt 1985.

Lafargue, Paul: Persönliche Erinnerungen an K. Marx. Die Neue Zeit, IX Jhrg. 1890–91.

Leopold, Aldo: Am Anfang war die Erde. «Sand County Almanac». München 1992.

Leroi-Gourhan, André: Hand und Wort. Die Evolution von Technik, Sprache und Kunst. Übersetzt von Michael Bischoff. Frankfurt a. M. 1980, 1988.

LeShan, Lawrence: Psychotherapie gegen den Krebs. Stuttgart 1993.

Loderer, Benedikt: Stadtwanderers Merkbuch. Begriffsbestimmung «Stadtraum» am Beispiel Fabriano. München 1987.

Richard Long: In Kreisen gehen. München – Stuttgart 1991.

Ders.: Walking into Existence. du – Zeitschrift für Kultur, Nr. 4, Mai 2005.

Machado, Antonio: Poesias completas. Madrid 1994.

Magendie: François: Lehrbuch der Physiologie. Tübingen 1826.

Maitland, Frederic William: The Life and Letters of Leslie Stephen. Bristol 1991.

Mann, Thomas: Herr und Hund. (1919)

Marti, Kurt: Högerland. Ein Fussgängerbuch. Frankfurt a. M. 1990.

Meier, Herbert: Manifest und Reden. Zürich 1969.

Mercier: Tableau de Paris. Amsterdam 1782ff.

Ders.: Tableau de Paris. Bilder aus dem vorrevolutionären Paris. Auswahl, Übersetzung aus dem Französischen und Nachwort von Wolfgang Tschöke. Zürich 1990.

Ders.: Tableau de Paris. Paris 1994.

Milz, Helmut: Der wiederentdeckte Körper. Vom schöpferischen Umgang mit sich selbst. München – Zürich, 1992.

Montaigne, Michel de: Essais. Auswahl und Übersetzung von Herbert Lüthy. Zürich 1953.

Ders.: Œuvres complètes. Bibliothèque de la Pléiade. Paris 1962.

Ders.: Essais. Herausgegeben und mit einem Nachwort von Ralph-Rainer Wuthenow. Revidierte Fassung der Übertragung von Johann Joachim Bode. Frankfurt a. M. 1976.

Moritz, Karl Philipp: Werke in 3 Bänden. Frankfurt a. M., 1981.

Muir, John: A Thousand-Mile Walk to the Gulf (1916). Boston 1981 und Penguin Books 1992.

Müller, Werner: Glauben und Denken der Sioux. Zur Gestalt archaischer Weltbilder. Berlin 1970.

Ders.: Archaische Sprachen und archaisches Sprechen. In: Scheidewege. Jahresschrift für skeptisches Denken Nr. 14/1984–85.

Muybridge, Eadweard: The Human Figure in Motion. New York 1955.

Paul Nizon: Meine Ateliers. Eine Flaschenpost. Akzente, Heft 2/April 1994.

Ders.: Hund. Beichte am Mittag. Frankfurt a. M. 1998.

Norman, Charles: John Muir. Father of our National parks. New York 1958.

Noyes, Russell: William Wordsworth. Boston 1991.

Osenbrügge, Eduard: Das Hochgebirge der Schweiz. Basel o.J. (um 1875).

Pfyffer, Franz Ludwig: Spaziergang auf den Pilatus-Berg im Kanton Luzern. In: Archiv kleiner zerstreuter Reisebeschreibungen durch merkwürdige Gegenden der Schweiz. St. Gallen 1796.

Rellstab, Ludwig: Paris im Frühjahr 1843. Briefe, Berichte und Schilderungen. Leipzig 1844.

Riehl, W(ilhelm) H(einrich): Wanderbuch als zweiter Teil zu «Land und Leute», Stuttgart – Berlin 1903.

Rodenberg, Julius: Zum billigen Vergnügen. In: Reymond, M./Manzel, I. (Hg.), Berliner Pflaster. Berlin 1893.

Rosei, Peter: Gehen. In: Ders., Wege. Erzählungen. Salzburg 1974.

Rousseau, Jean-Jacques: Schriften. 2 Bände. Herausgegeben von Henning Ritter. München 1978.

Ders.: Die Bekenntnisse. Die Träumereien des einsamen Spaziergängers. München 1978.

Saint-Pol-Roux: Vitesse. Précédé de «Une Définition sans Fin» par Gérard Macé. Limoges o.J.

Schelle, Karl Gottlob: Die Spatziergänge oder die Kunst spatzieren zu gehen. Herausgegeben und mit einem Nachwort versehen von Markus Fauser. Hildesheim – Zürich – New York 1990.

Schestag, Thomas: Piedestal. In: Honoré de Balzac, Theorie des Gehens. Lana – Wien – Zürich, 1997.

Scheuchzer, Johann Jacob: Natur-Geschichte des Schweizerlandes (1706–08). Aufs neue herausgegeben von Johann Georg Sulzer. Zürich 1746.

Schild, Heinz: Sie laufen und laufen – aus Freude. via Nr. 2/2005.

Schlör, Joachim: Einblicke im Gehen und Nachtwanderungen. Manuskript.

Ders.: Nachts in der grossen Stadt. Paris, Berlin, London 1840–1930. München – Zürich 1991.

Schoch, Agnes: Gute Haltung – schöner Gang. München – Basel 1963.

Schweizer, Thomas: Fussverkehr mit fussgängerfrendlichen Infrastrukturen fördern. equiterre info, Zeitschrift Nr. 2/Juni 2005.

Sebald, W. G.: Die Ringe des Saturn. Eine englische Wallfahrt. Frankfurt a. M. 1995.

Seume, Johann Gottfried: Mein Leben. Frankfurt a. M. 1993.

Snowdon, Les, und Humphreys, Maggie: Gehen ist besser als Fasten. Walking – auf eigenen Füssen zur Schlankheit und Fitness. Genf – München 1991.

Solnit, Rebecca: wanderlust. A History of Walking. London 2001.

Springer, Robert: Berlin's Strassen, Kneipen und Clubs im Jahre 1848. Berlin 1850.

Stefani, Guido: Der Spaziergänger. Untersuchungen zu Robert Walser. Zürich – München 1985.

Stephen, Leslie: Studies of a Biographer. London 1902.

Ders.: Der Spielplatz Europas. Zürich 1942.

Stevenson, Robert Louis: Reise mit dem Esel durch die Cevennen. Fusswanderungen. Eine Stadt in den Bergen Frankreichs. Aus dem Englischen neu übersetzt von Christoph Lenhartz. Bergisch-Gladbach 2001.

Stierle, Karlheinz: Der Mythos von Paris. Zeichen und Bewusstsein der Stadt. München 1993.

Sulzer, Johann Georg: Tagebuch einer von Berlin nach den mittäglichen Ländern von Europa in den Jahren 1775 und 1776 gethanen Reise und Rückreise. Leipzig 1780.

Thoreau, Henry David: Walking with Thoreau. Herausgegeben von William Howarth. Boston 1982.

Ders.: Vom Gehen. In: Ders., Leben ohne Grundsätze. Ausgewählte Essays. Leipzig – Weimar 1986.

Ders.: Wild Fruits. New York – London 2000.

Tillotson, Kathleen. Siehe Butt, John, und Tillotson, Kathleen.

Trevelyan, Georges Macaulay: Walking. In: Ders., Clio, A Muse and other Essays. London – New York – Toronto 1931.

Tschudi, Iwan: Schweizerführer. Reisetaschenbuch. Zweite Auflage. St. Gallen 1857

Valéry, Paul: Werke, Band 5. Frankfurt a. M. 1991.

Vierordt, Hermann: Das Gehen des Menschen in gesunden und kranken Zuständen. Tübingen 1881.

Virilio, Paul: Rasender Stillstand. Aus dem Französischen von Bernd Wilczek. München 1992.

Vollmann, Rolf: Das Tolle neben dem Schönen. Jean Paul. Frankfurt a. M. 1996.

Vosseler, Martin: Direkte Auskunft und Auszüge aus einem unveröffentlichten Manuskript.

Wallace, Anne D.: Walking, Literatur, and English Culture. The Origins and Uses of Peripatetic in the Nineteenth Century. Oxford 1993.

Robert Walser: Das Gesamtwerk. Genf – Hamburg 1966ff., Wilhelm, und Weber, Eduard: Mechanik der menschlichen Gehwerkzeuge. Göttingen 1836.

Wellmann, Angelika: Der Spaziergang. Stationen eines poetischen Codes. Würzburg 1991.

Wentworth Thompson, D'Arcy: Über Wachstum und Form (1917). Frankfurt a. M. 1983.

Williams, John: William Wordsworth. A Literary Life. Houndsmill – London 1996.

Weppen, Wolfgang von der: Der Spaziergänger. Eine Gestalt, in der die Welt sich vielfältig bricht. Tübingen 1995.

Wölfel, Kurt: Kosmopolitische Einsamkeit. Über den Spaziergang als poetische Handlung. In: Jahrbuch der Jean-Paul-Gesellschaft. Herausgegeben von Kurt Wölfel. München 1980.

Ders.: Andeutende Materialien zu einer Poetik des Spaziergangs. Von Kafkas Frühwerk zu Goethes «Werther». In: Zur Geschichtlichkeit der Moderne. Der Begriff der literarischen Moderne in Theorie und Deutung. Ulrich Füllhorn zum 60. Geburtstag herausgegeben von Theo Elm und Gerd Hemmerich. München 1982.

Wordsworth, William: The Poetical Works. The Excursion. The Recluse. Edited by E. de Selincourt and Helen Darbishire. Oxford 1949.

Ders.: Descriptive Sketches. Edited by Eric Birdsall with the assistance of Paul M. Zall. Ithaca/London 1984.

Ders.: An Evening Walk. Edited by James Averill. Ithaca/London 1984.

Zhuangzi: Das klassische Buch daoistischer Weisheit. Herausgegeben und kommentiert von Victor H. Mair. Frankfurt a. M. 1998.

Zuntz, Schumburg: Studien zu einer Physiologie des Marsches. Berlin 1901.